国家社会科学基金青年项目"我国发展型社会救助模式研究"资助
(项目批准号:13CSH107)

发展型社会救助研究

国际经验与中国道路

张浩淼 著

2017年·北京

图书在版编目（CIP）数据

发展型社会救助研究：国际经验与中国道路 / 张浩森著 . —北京：商务印书馆，2017
ISBN 978-7-100-14979-2

Ⅰ. ①发… Ⅱ. ①张… Ⅲ. ①社会救济—研究—中国 Ⅳ. ① D632.1

中国版本图书馆 CIP 数据核字（2017）第 180202 号

权利保留，侵权必究。

本书系国家社会科学基金青年项目"我国发展型社会救助模式研究"的最终成果并受其资助（项目批准号：13CSH107）

发展型社会救助研究：国际经验与中国道路
张浩森　著

商务印书馆出版
（北京王府井大街36号　邮政编码100710）
商务印书馆发行
北京市白帆印务有限公司印刷
ISBN 978 - 7 - 100 - 14979 - 2

2017年8月第1版　　　　开本 880×1230　1/32
2017年8月北京第1次印刷　印张 11 3/4

定价：39.00元

前　　言

国际上社会救助改革的趋势和实践，我国在经济新常态、新型城镇化和人口老龄化背景下日益复杂的贫困形势以及社会救助自身的问题与弊端，都要求对社会救助进一步改革与完善，使之逐步向发展型社会救助制度迈进，这关系到我国社会救助制度能否实现公平和可持续发展并承担起兜住民生底线的重要职责。

本书论及的发展型社会救助制度，是指社会救助在满足贫困群体的基本生活需求并使其适度共享经济社会发展成果的基础上，使制度设计具有促进贫困群体发展的作用，最终从根本上摆脱贫困。基于此，通过梳理国际经验并结合本国实际，借助抽样调查数据分析和深度访谈获得的相关资料，评价中国社会救助的现状并阐明制度面临的现实挑战，开展对建构中国发展型社会救助制度的研究。研究的内容主要包括以下几部分：

1. 阐述本书背景和意义，对社会救助、最低生活保障、发展型社会救助等相关概念进行了清晰界定，概念的清晰化是研究的前提与基础，并分析了研究现状、提出了研究方法和内容结构等。这些内容在第一章中予以论述。

2. 考察分析国际上发展型社会救助的情况和经验。分析、阐释发展型社会救助制度的理论基础，主要包括人力资本理论、第三条道路理论、发展型社会政策理论和积极反贫困理论；描述与分析工作福利模式、有条件现金转移支付模式和专项救助模式这三大类国外发展型社会救助的制度实践模式以及特点和效果等。这部分内容是本书的第二章与第三章。

3. 评价中国社会救助制度的现状并阐明制度面临的挑战。利用文献研究和实证数据，通过回顾社会救助改革与发展的历程，分析社会救助的价值理念和制度设计，指出中国现有的社会救助是以维持生存为目的、以经济补偿为主要方式，属于生存型的制度安排，无法促进贫困者的发展，反贫困效果有限。此外，与过去相比，我国的贫困问题更加复杂与多样，相对贫困、能力贫困增多，儿童贫困、老年人贫困突出，社会排斥与贫困传递显现，复杂化的贫困形势和制度环境使我国社会救助面临诸多现实挑战。这部分内容在第四章与第五章予以论述。

4. 指出构建中国发展型社会救助制度的必要性和迈向发展型制度的途径和思路。构建中国发展型社会救助制度是改变生存型救助制度现状的有效途径，是应对国内复杂贫困形势的有力手段，是顺应国际社会救助改革总趋势的必要之举，也是汲取社会救助历史经验的合理选择。迈向发展型制度，需要对现有制度进行整体重构，包括培育发展型的救助理念，选择符合国情的制度模式，进行适应性的制度再设计，完善社会救助的管理与服务体系等。这部分内容在第六章与第七章予以论述。

5. 总结社会救助制度安排和其背后社会福利观念的变化，强调向发展型社会救助迈进的必然性以及我国发展型社会救助制度的整体重构过程和益处。这部分内容在第八章予以总结性地论述。

本书的创新有如下几点：第一，澄清了关于发展型社会救助存在的两种误解：一是认为社会救助保障的是底层弱势群体，提供的是最低生活的保障，因此将发展作为社会救助的目标与特点似乎是悖论；二是认为发展型社会救助即是促进救助对象参与劳动力市场，通过就业来自力更生。本书通过梳理理论和考察国际实践经验，提出发展型社会救助需要满足受助者的基本生活需要并使其适度共享经济社会发展成果，这说明社会救助不仅包括让受助者维持生存，还包括让他们渡过难关、摆脱困境，并适度分享发展成果，目前的"最低"水平只是一种策略性选择，而非社会救助的最终目标；还提出发展型社会救助要具有并发挥积极的、促进贫困群体发展的功能和作用，而促进贫困群体发展，不能被狭义地理解为促使受助者就业，虽然促进有劳动能力的低保对象就业是我国发展型社会救助的重点，但是因为就业只能针对有劳动能力的受助者，而无法解决无劳动能力受助者的自身发展和融入社会的问题，发展型社会救助是指需要通过提供医疗、教育、养老等多种服务型救助措施促进受助者能力和素质的整体提升，使受助者获得发展并最终摆脱贫困、融入社会。第二，提出了国外发展型社会救助的三大实践模式以及我国建立发展型救助应选取的制度模式。国外的制度实践包括工作福利模式、有条件现金转移支付模式和专项救助模式，一国原有的社会救助基础、经济、社会与文化背景等都是发展型社会救助制度模式选择的相关决定性因素，而依据我国目前的社会救助政策基础，结合经济社会条件以及文化背景等因素，宜选择混合型制度模式，即包含工作福利、专项救助与有条件现金转移支付的因素。第三，提出建立我国发展型社会救助要从理念上进行突破，即培育发展型的社会救助理念。培育发展型社会救助理念需要从两条重要途径入手：其一是调整政府的社会救助思路：包括从消极救助转向积极救助的思路，从单一救助转向多元救助的思路;其二是转变救助对象的心理感受:包括要使救助对象的感受从感激之情转变为应得权利,要使救助对象的感受从"羞耻感"转变为"上进心"。第四,提出社会工作者介入社会救助有利于建构我国的发展型社会救助制度,应该借助社会工作者介入的机会,彻底改变现有的救助递送模式,建立以贫困者及其家庭的需求为导向的递送模式,为其提供符合其实际需要的有针对性的、综合性的"救助套餐",通过各项社会救助制度和资源的有机组合去满足贫困家庭的需要,提升其发展的能力。

由于作者经验和水平有限,研究成果中的不当之处还望同仁及读者批评指正、不吝赐教。

目　　录

第一章　绪　论 ·· 1
　1.1　选题背景与意义 ·· 2
　1.2　相关概念界定 ··· 3
　1.3　研究现状和方法 ·· 11
　1.4　结构安排 ·· 17

第二章　国外发展型社会救助的理论基础 ······················· 19
　2.1　人力资本理论 ··· 19
　2.2　中间道路理论 ··· 24
　2.3　发展型社会政策理论 ··· 31
　2.4　积极反贫困理论 ··· 42

第三章　国外发展型社会救助制度的实践模式 ················· 48
　3.1　工作福利模式 ··· 50
　3.2　有条件现金转移支付模式 ···································· 68
　3.3　专项救助模式 ··· 92

第四章　中国社会救助的现状评价：生存型的制度安排 ······106
　4.1　社会救助改革与发展历程 ····································106

v

4.2　保障生存的救助理念 ································· 136
　　4.3　维持生存的制度设计 ································· 141

第五章　中国社会救助的现实挑战：复杂化的贫困形势 ········· 183
　　5.1　从绝对贫困到相对贫困 ······························· 183
　　5.2　从收入贫困到能力贫困 ······························· 186
　　5.3　儿童贫困与老年贫困 ································· 191
　　5.4　社会排斥与贫困代际传递 ····························· 203

第六章　构建中国发展型社会救助制度的必要性 ··············· 218
　　6.1　改变生存型救助制度现状的有效途径 ··················· 218
　　6.2　应对国内复杂贫困形势的有力手段 ····················· 223
　　6.3　顺应国际社会救助改革总趋势的必要之举 ··············· 225
　　6.4　汲取社会救助历史经验的合理选择 ····················· 228

第七章　中国社会救助的整体重构：迈向发展型制度 ··········· 232
　　7.1　培育发展型的救助理念 ······························· 232
　　7.2　选择符合国情的制度模式 ····························· 241
　　7.3　进行适应性的制度再设计 ····························· 248
　　7.4　完善社会救助管理与服务体系 ························· 296

第八章　结　语 ··· 318

参考文献 ··· 334

附录1　2013—2014年成都市城镇低保家庭调查问卷 ………… 352

附录2　2013—2014年成都市低保家庭访谈提纲 ……………… 361

附录3　2013—2014有关成都市低保情况对社区工作
　　　　人员的访谈提纲 ……………………………………… 363

后　　记 …………………………………………………………… 365

第一章　绪　论

20世纪90年代初,伴随着社会主义市场经济体制的建立和发展,中国的新型社会救助体系逐步确立并不断发展完善。最低生活保障制度在城乡地区普遍建立,医疗、教育、住房、就业等专项救助也随之建立发展起来。2014年,《社会救助暂行办法》的颁布正式明确了我国社会救助的体系框架和制度结构,意味着综合性的社会救助体系已基本建立。

不可否认,新型社会救助体系的建设取得了不小的成绩,但也应注意到,最低生活保障制度是在相关政府部门意识到社会保险难以为全社会在转型期提供迫切需要的安全网和有效保护之后,为了配合国有企业改革和为失业与下岗职工提供相应的物质补偿才建立起来的,其采取的是绝对贫困标准,救助水平偏低,缺乏工作激励。之后建立的医疗、教育等专项救助覆盖范围有限、水平较低、制度不完善,大大影响了其效果的发挥。因此,我国的新型社会救助体系主要以维持生存为目的、以经济补偿为主要方式来解决贫困群体的生存危机,采取的是保障生存的救助理念,在促进贫困者发展方面的效果有限。

1.1 选题背景与意义

阅读可以使人获得研究的灵感,这既包括阅读文献资料,也包括阅读社会现实。[①] 阅读文献资料时,可以发现,发达国家从20世纪90年代开始,为了应对全球化和福利国家危机的挑战,纷纷改变了传统的直接提供现金的援助方式,代之以一系列与工作相关的条件,即采取工作福利的模式来促进长期受助者摆脱福利依赖,重返劳动力市场;发展中国家在过去20多年里,其社会救助也经历了重大变革,实现了跨越式发展和制度设计方面的创新,主要包含以工作换救助、有条件现金转移支付和专项救助等新的项目[②],这些救助项目越来越多地与基本公共服务的获得和人力资本的投资相结合,反映出发展中国家开始认识到贫困的多维性并希望贫困者获得长期发展以最终摆脱贫困。阅读社会现实时,可以发现:转型期内的中国社会救助仍然受到传统慈善观念的影响,带有剩余主义社会福利政策的本质,它以保障贫困者生存为理念,需要发挥维护社会稳定的功能。然而,随着我国全球化步伐的加快以及国内经济与社会的发展,贫困形势已发生变化,当前的贫困更多是能力的贫困而非仅仅是收入的贫困,因此,社会救助在未来发展中需要针对新的贫困形势,促使受助者获得发展的能力和机会,从根本上缓解和消除贫困。基于以上的阅读,笔者选择了本书

[①] 周怡:"贫困研究:结构解释与文化解释的对垒",《社会学研究》2002年第3期,第49—63页。
[②] Barrientos, A. (2011), "Social Protection and Poverty", *International Journal of Social Welfare*, 20:240-249.

的题目,即研究如何在借鉴国际经验的基础上,立足本土来逐步构建中国的发展型社会救助制度。

在学术研究方面,目前许多研究仍是在既有的社会救助理念和制度设计框架中开展的,迄今为止以"发展"为理念来对社会救助的长期制度建设进行科学设计的研究尚未获得足够重视。因此,研究中国发展型社会救助制度是该领域有待解决的问题并有着重要意义。一方面,它可以从新的视角为进一步完善我国社会救助制度提供理论依据;另一方面,它有助于在提高救助水平的同时增强贫困者的脱贫能力,实现从消极救助到积极救助和从生活救助到能力救助的转变,不仅有助于缓解现时贫困,还有助于防范和减少未来贫困,具有特定的现实意义。

1.2 相关概念界定

概念的清晰化是研究的基础与前提,本部分将对本书中涉及的一些重要概念做出界定和解释。

1.2.1 社会救助制度

社会保护体系包括劳动力市场规制、社会保险和社会救助[①],其中,社会救助是最古老的社会保护措施,也是直接针对贫困者等弱势群体的保护手段。一般而言,社会救助制度涵盖两个层次的

[①] Barrientos, A. (2011), "Social Protection and Poverty", *International Journal of Social Welfare*, 20:240–249.

目标：一是为贫困者提供满足其最低生活标准的帮助，在不同国家"最低生活标准"会有不同的操作定义，比如有些国家是指维持生存的标准，有些是保障基本生活的标准，有些则是保障体面和有尊严生活的标准；二是作为反贫困手段它应该防止受助者被边缘化或被社会排斥。[①] 换句话说，社会救助不应只是提供款物帮助以维持一个低收入水平的群体，还应该使受助者群体获得发展的机会和能力并最终融入社会。

根据待遇给付情况，社会救助项目大致可以分为三类：一是普遍型救助，主要指最低生活标准支持制度提供的救助待遇，即对收入水平低于给定的最低生活标准的个人或家庭提供现金救助，使其收入水平到达最低生活标准。二是类别型救助，主要是对低于一定收入水平的特定弱势群体提供的现金救助待遇，这些群体涉及残疾人、老年人、单身父母、孤儿、失业者等弱势人群。三是专项型救助，主要是指提供医疗、教育等方面的实物或服务的救助待遇，包括住房救助、医疗救助、教育救助、就业培训等。[②] 从上述三类救助来看，普遍型救助和类别型救助均是提供现金，能够为弱势群体提供最直接的帮助，在缓解贫困方面的针对性较强，尤其是普遍型救助，这种救助不论贫困原因，对所有最低生活标准以下的群体提供现金救助，在反贫困方面见效快、效果好。绝大多数发达国家都建立了普遍型救助，即最低生活标准支持制度，因

[①] Eardley, T., Bradshaw, J., Ditch, J., Gough, I., and Whiteford, P.(1996), *Social Assistance in OECD Countries (Volume I): Synthesis Report*, London: HMSO, p.47.

[②] Abt Associates Inc. (2002), "Survey of Social Assistance in OECD Countries Cross-Country Paper", http://info.worldbank.org/etools/docs/library/78802/Fall%20 2002/elearning/fall2002/readings/pdfpapers/crosscountry.pdf.

为这些国家社会信用体系良好，家计调查较准确，而大多数发展中国家进行普遍性的家计调查困难且成本高，因此一般只建立了类别型救助，即根据某些社会人口学特征，例如老年人、残疾人、儿童等，选择性地确定受助对象的范围，然后再通过家计调查来进行瞄准和定位。以上两类救助虽然能在短期内缓解贫困，但无法根治贫困，只是提供较为消极的现金补偿。专项型救助并不提供现金，而是提供实物或服务，它可以通过提供住房、医疗服务、就业培训服务等来改善贫困与弱势群体的生活条件，提高其人力资本，最终促进受助者的发展。应该说专项型救助虽也有一定缓解贫困的作用，但和其他两类救助相比，它更突出的是在促进发展方面的作用。

在中国，政府和学界均把社会救助制度视为我国社会保障体系的基础。在整个社会保障体系中，社会救助制度是处于基础地位的最后一道安全网，是指国家和社会面向由贫困人口等组成的社会脆弱群体提供款物接济和扶助的生活保障政策，它通常被视为政府的责任和义务，采取的是非供款和无偿救助的方式。[①]尽管学者对社会救助制度的概念界定在语言表述上存在一定差异，但本质非常接近，主要包括以下几个方面：一是社会救助的主体是政府和社会，政府承担社会救助的主要责任，社会则承担补充责任；二是社会救助的对象具有选择性，对象主要是弱势与脆弱群体，因此救助资格的获得需经过较严格的审查；三是社会救助的水平以保障最低生活为标准，救助方式包括提供现金、实物或服

---

① 郑功成：《社会保障学——理念、制度、实践与思辨》，商务印书馆2000年版，第13—14页。

务。①2014年颁布实施的《社会救助暂行办法》正式确立了中国社会救助制度的体系框架和制度内容，它包含八项制度：最低生活保障、特困人员供养、受灾人员救助、医疗救助、教育救助、住房救助、就业救助和临时救助，这八项制度基本可以归为三大类，即长期生活类救助制度、专项分类救助制度和临时应急类救助制度三类。其中，最低生活保障和特困人员供养属于长期生活类救助，医疗、教育、住房和就业救助属于专项分类救助，受灾人员救助和临时救助则属于临时应急类救助。②

另外，需要指出的是和社会救助相关的社会救济一词，辨析社会救济与社会救助之间的区别和联系。中华人民共和国成立后，中国政府在制定社会救助的相关政策时，均将 social assistance（社会救助）一词本土化地译为"社会救济"，欲寻求与中国历史上的既存"救济"相统一。③在古代中国，"救济"一词意味着对灾民及特殊困难群体进行临时帮助以维护稳定和统治秩序，它强调的是一种消极的救贫济穷措施，基于同情与仁慈的心理，多是临时的及随意性很强的救济行为，所以，不难理解在制度名称为"救济"的时期，支撑制度的道德基础是一种仁慈、恩惠的理念。然而，随着经济社会的发展和现代化的进程，学术界开始对西方社会福利和社会工作理论有了深入的了解和认识，并于20世纪90年代初开始广泛使用"救助"一词；之后，官方也受到了影响，2002年国

---

① 丁建定："中国社会保障相关专业术语"，载郑功成、〔日〕武川正吾、〔韩〕金渊明主编：《东亚地区社会保障论》，人民出版社2014年版，第78页。
② 郑功成、杨立雄："中国社会救助改革与发展战略：从生存救助到综合救助"，载郑功成主编：《中国社会保障改革与发展战略（救助与福利卷）》，人民出版社2011年版，第22页。
③ 汪雁、慈勤英："中国传统社会救济与城市居民社会救助理念建设"，《理论与现代化》2001年第6期，第73页。

务院发表的《中国劳动和社会保障状况》白皮书中还把我国社会保障体系的内容之一称之为社会"救济",而 2004 年国务院发表的《中国社会保障状况和政策》白皮书就发生了变化,改称为社会"救助",另外,主管这方面事务的民政部的相关部门也从"救灾救济司"拆分为"救灾司"和"最低生活保障司",后者又逐步发展为"社会救助司"。"救助"一词最早是西方社会工作者针对"济贫"这一类代表旧的伦理思想的旧概念而提出的新概念,强调提供制度化的救助措施是政府的责任和受助者应得的权利[①],正义在于应得或权利,实现和维护权利就是实现正义,所以,在制度名称为"救助"的时期,支撑制度的道德基础是正义的理念。制度名称从"救济"转为"救助",表面看来似乎在玩文字游戏,但实质却是中国社会救助制度的道德基础和精神动力从仁慈转向正义的真实写照。[②]

1.2.2 最低生活保障制度

最低生活保障制度 1993 年在上海最早出现,其背景是转型期国有企业改革导致了以失业下岗人员为主体的城市新贫困群体的出现,这些人生活困难却无法获得政府只针对"三无"人员的救助,于是,最低生活保障制度应运而生,它以收入为划分标准,把有劳动能力的贫困者也纳入了政府救助的范畴。经过一段时间的试点,在中央政府的强力推进下,1999 年最低生活保障制度在城

[①] 郑功成等:《中国社会保障制度变迁与评估》,中国人民大学出版社 2002 年版,第 207 页。
[②] 张浩淼:"中国社会救助制度:从仁慈到正义之路",《井冈山大学学报》2014 年第 4 期,第 76—80 页。

镇地区普及并不断发展完善，2007年该制度普及到所有农村地区并向城乡一体的方向迈进。

最低生活保障制度是指以保障全体公民的最低生活为目的，科学合理地确定最低生活保障标准，由政府对家庭实际人均收入低于最低生活标准的公民，给予差额补助的一项基本生活类社会救助制度[①]，它属于普遍型的现金社会救助。确定最低生活保障对象的受助资格，要通过家计调查的方式衡量其家庭收入是否低于当地政府制定的低保标准，无论贫困者是否具有劳动能力，只要符合条件均可享受低保待遇。在最低生活保障标准的确定方面，我国没有规定统一的标准制定依据和调整机制，各地使用不同的办法划定低保线，每年的调整幅度也各不相同，导致我国低保标准存在比较大的地区和城乡差距。[②]

另外，需要指出的是，虽然在我国"最低生活保障"在媒体中的出现频率高于"社会救助"，但它只是我国社会救助制度中的一项，社会救助制度的含义更广，它涵盖长期生活类救助制度、专项分类救助制度和临时应急类救助制度三类，最低生活保障和特困人员供养一样，属于我国社会救助体系中长期生活类救助下的子制度。

1.2.3 发展型社会救助

发展型社会救助属于新兴议题，少数学者对其进行了探讨，比

---

① 时正新主编：《中国社会救助体系研究》，中国社会科学出版社2002年版，第51页。
② 焦培新："中国城乡统一的最低生活保障制度救助标准计发办法和调整机制的探讨"，《第十届社会保障国际论坛论文集》，2014年版，第241页。

如，有学者认为发展型模式的社会救助应该能促进贫困者积累人力资源并彻底摆脱贫困[①]，它应该能够使受助者进行能力提升、资本积累和资产建设以助其最终脱贫[②]。发展型社会救助的关注点应该是能力救助、积极救助和预防性救助[③]，并关注无形的、精神的及心理的服务[④]。这些观点与其说是对发展型社会救助的定义，不如说是对其功能和关注重点的概括。要对发展型社会救助进行概念界定，需要从国际上发展型社会救助的实践经验中总结共性并加以提炼。

20世纪90年代以来的福利国家改革浪潮，开始提倡"发展型社会政策"、"积极福利国家"与"社会投资国家"，受其影响，许多国家的社会救助发生了重大变革，向发展型社会救助迈进。西方发达国家在社会救助中普遍引入了工作福利，即通过积极的就业促进措施使受助者积累人力资本并回归劳动力市场，而非依靠救助金生活，以改变原有的依赖文化。在拉美发展中国家，社会救助作为应对贫困的最直接手段，受到了高度关注并经历了重大变革，原有随意性强、目标定位不准确的无条件收入转移项目被有条件收入转移类的正式救助项目取代，这些项目把救助资格和医疗服务、个人就业、教育培训等促进贫困群体发展的政策有机结合起来，在缓解短期收入贫困的同时，致力于改善和提高受助者的

[①] 张浩淼："中国社会救助制度改革的新思考——基于发展型模式的视角"，《黑龙江社会科学》2011年第4期，第134—138页。
[②] 周沛："社会福利视野下的发展型社会救助体系及社会福利行政"，《南京大学学报（哲学社会科学版）》2012年第6期，第59—66页。
[③] 尹乃春："走向发展型救助：社会救助的制度转型与目标选择"，《广西社会科学》2012年第1期，第131—134页。
[④] 刘振杰："走向发展型社会救助的新福利时代"，《行政管理改革》2014年第1期，第55—59页。

能力以减少长期贫困。在东南亚发展中国家,社会救助同样在20世纪末金融危机后受到关注并迅速发展,原有零星的、临时性的救济举措被医疗、教育、就业等专项救助项目取代,这些项目旨在改善受助者的生活质量,提高其能力和人力资本积累,以从根本上缓解和消除贫困。

由上可见,发展型社会救助是指社会救助除了要满足受助者的基本生活需要并使其适度共享经济社会发展成果之外,还要具有并发挥积极的、促进贫困群体发展的功能和作用,使受助者最终从根本上摆脱贫困、融入社会。以上对发展型社会救助的概念界定正契合了上文社会救助制度定义中两个层次目标的论断,即第一层目标是确保最基本生活,第二层目标是反社会排斥。[①]目前,中国的社会救助只关注了第一层目标,且第一目标还没有完全实现,第二层目标更是被忽视,也就是说,现有的社会救助只发挥了保障生存的作用,还没有保障受助者的基本生活并使其共享发展成果。另外,制度促进受助者发展并使其融入社会的功能没有受到足够重视。社会救助改革的国际经验,国内贫困形势的改变和社会救助制度本身的问题,都要求对中国社会救助制度进行重构,使之迈向发展型的制度安排。

发展型社会救助这一概念的提出,有助于澄清我国关于这一概念存在的两种误解,一是认为社会救助保障的是底层弱势群体,提供的是最低生活的保障,因此将发展作为社会救助的目标与特点似乎是悖论;二是认为发展型社会救助即是促进救助对象参与劳动力市场,通过就业来自力更生。发展型社会救助概念其实包

---

① Eardley, T., Bradshaw, J., Ditch, J., Gough, I., and Whiteford, P. (1996), *Social Assistance in OECD Countries (Volume I): Synthesis Report*, London: HMSO, p.47.

含两个层面的含义：一是要满足受助者的基本生活需要并使其适度共享经济社会发展成果，这说明社会救助不仅包括让受助者维持生存，还包括让他们渡过难关、摆脱困境，并适度分享发展成果，目前的"最低"水平只是一种策略性选择，而非社会救助的最终目标；二是发展型社会救助要具有并发挥积极的、促进贫困群体发展的功能和作用，而这并非只是狭义地把发展型的制度理解为促使受助者就业，虽然促进受助者就业是我国发展型社会救助的重点，但是不能忽略无劳动能力人口的素质提升与生活改善，发展型社会救助需要通过提供救助金、救助服务等多种措施促进受助者能力和素质的整体提升，使受助者获得发展并最终摆脱贫困、融入社会。

1.3 研究现状和方法

1.3.1 研究现状

国内关于社会救助的研究伴随着最低生活保障制度的建立与新型社会救助体系的建设而逐步增多。回顾与梳理既有研究，可以发现研究主要从政策制定者的角度出发，探讨社会救助的相关政策问题，主要包含如下几大方面的内容：第一，制度与相关具体项目的设计，除社会救助体系外，还涉及城乡最低生活保障、医疗救助、"五保"制度等，代表性著作与文章如下：《中国社会救助体系研究》（时正新、廖鸿，中国社会科学出版社2002年版），《转型时期中国社会救助》(洪大用,辽宁教育出版社 2004 年版),《社会救助研究》(杨立雄,经济日报出版社 2008 年版),《对中国农村社会救助政策的框架性思考》(杨团、杨刚,载高鉴国、展敏主编:《资产建设与社会发展》,社会科学文献出版社 2005 年版),《完善我国综合性社会救助体系的基本原则和主要议题》,(关信平,《中国人民大学学报》2010 年第 5 期),《中国最低生活保障制度研究与实践》(多吉才让,人民出版社 2001 年版),《城市贫困救助的目标定位问题——以中国城市居民最低生活保障制度为例》(林闽钢,《东岳论丛》2011 年第 5 期),《城市居民最低生活保障管理中的问题与完善对策——以武汉市武昌区最低生活保障制度实施为研究对象》(丁建定,《学习与实践》2008 年第 9 期),《农村低保标准及其配套政策研究》(童星、王增文,《天津社会科学》2010 年第 2 期),《超越统合救助模型:城市低保制度改革中的分类救助问题研究》(李迎生、韩央迪、肖一帆、张宁,《学海》2007 年第 2 期),《强化政府责任,改进农村五保》(洪大用、房莉杰、邱晓庆,《社会福利》2003 年第 12 期),《社会救助:优化配置兜住底》(何文炯,《第四届中国社会救助研讨会论文集》2015 年),《支出型贫困社会救助制度建设:必要性及难点》(钟仁耀,《中国民政》2015 年第 7 期)等。第二,制度资金与开支问题,代表性研究成果如下:《中国社会保障改革与发展战略——理念、目标与行动方案》(郑功成,人民出版社 2008 年版),《我国社会救助资源分配的公平性研究》(黎民,《福建论坛》2008 年第 9 期),《中央、地方与公民权利——中国城镇反贫困政策地区差异研究的综述与反思》(慈勤英、张建华,《江海学刊》2007 年 5 期)等。第三,国外社会救助政策的经验与启示,代表性研究成果包括:

《英国社会救助制度的历史变迁与核心争论》(刘继同,《国外社会科学》2003年第3期),《外国的社会救助》(冯英、聂文倩编著,中国社会出版社2008年版),《国外社会救助的经验和中国社会救助的未来发展》(江树革、比约恩·古斯塔夫森,《经济社会体制比较》2007年第4期),《德国社会救助制度的反贫困效应研究》(曹清华,《德国研究》2008年第3期),《英国促进贫困人群可持续就业政策及其借鉴》(王三秀,《中国行政管理》2011年第2期)等。

总的来看,以上研究多从宏观角度出发来探讨社会救助政策问题与完善对策,其本质是把社会救助看成对贫困群体的"补偿"方式并研究如何使补偿更为合理以维持受助者的生存,尽管部分学者在对国外社会救助的研究中,发现并考察了国际上发展型模式的社会救助,比如,杨立雄、陈玲玲(2004)指出欧美发达国家在社会救助方面的改革趋势是利用工作福利促使受助者重返劳动力市场以增强自立能力;[①] 顾昕(2008)指出东南亚国家的社会救助虽然缺少现金援助,但是这些国家通过医疗、教育、就业等专项救助来促进受助者积累人力资本;[②] 张浩淼(2010)指出拉美国家通过有条件现金转移支付这类社会救助项目,把参加就业培训、教育和医疗服务等人力资本发展政策作为获取救助的资格条件,旨在减少当前贫困与长期贫困。[③] 但是,由于既有研究缺乏底层的

[①] 杨立雄、陈玲玲:"发达国家社会救助制度改革趋势",《中国民政》2004年第9期,第31—32页。

[②] 顾昕:"为了公平与发展:东南亚地区发展中国家的社会救助",载顾昕著:《中国社会安全网的制度建设》,浙江大学出版社2008年版,第121—128页。

[③] 张浩淼:"拉美国家的社会救助改革及其启示",《新视野》2010年第4期,第91—93页。

微观视角，难以真正了解受助者对社会救助的期待与评价以及受助者对发展的特定需求，因此很难突破现有"补偿"视角的政策研究范式，尽管少数研究者已经认识到了应该为中国社会救助制度注入"发展"的理念并以此拓展其功能（江治强，2009）[①]，要重视劳动力市场的作用[②]并建立、完善一些积极的、促进人力资本发展的措施（康新营、张伯生，2010）[③]，但是对于基于"发展"视角来改革中国社会救助的原因和整体思路，以及逐步向发展型社会救助制度规范体系迈进的具体途径，还缺少较为系统和深入的探讨。理论研究的相对薄弱和滞后使社会救助在实践方面难以突破固有的维持生存的功能和作用，受助者难以获得发展的机会，社会救助的减贫效果较为有限[④]。应该说，国内理论界对发展型社会救助这一问题研究积累的薄弱表明了对其进行专门与深入探讨具有必要性。

1.3.2　研究方法

本书将理论研究与实证分析、个案访谈与统计分析相结合，具体有以下特点。

[①] 江治强："我国社会救助建设的经验、议题与展望"，《首届中国社会救助研讨会论文集》，2009年，第117页。

[②] 徐月宾、张秀兰、王小波："国际社会福利改革：对中国社会救助政策的启示"，《江苏社会科学》2011年第5期，第35—40页。

[③] 康新营、张伯生："发展型社会救助制度创新研究"，《南北桥·人文社会科学学刊》2010年第2期，第25—27页。

[④] Gustafsson, B., Deng, Q.(2011), "Dibao Receipt and its Importance Combining Poverty in Urban China", *Poverty & Public Policy*, 3 (1): 1–32.

1. 理论研究

本书借鉴国际上关于发展型社会救助的相关理论，包括人力资本理论、发展型社会政策理论和第三条道路理论，分析了"发展型社会救助"的本质。同时，划分并详细考察了目前国际上的三种发展型社会救助的制度模式，即工作福利模式、有条件现金转移支付模式和专项救助模式，并分析了它们的特点和效果。在此基础上借助贫困与社会救助的相关基础理论，结合中国社会救助的改革发展及制度特点，分析了中国构建发展型社会救助制度模式的必要性和具体途径。

2. 实证研究

本书的实证分析数据主要来源于两个方面。

（1）受助家庭生活状况与接受社会救助状况调查

本书主要采用受助者生活状况与接受社会救助状况调查的实证数据进行分析，该数据源自本课题组2013—2014年对成都市低保家庭进行的问卷调查，考虑到样本的代表性和调查的可操作性，选取了成都市的两个城区作为样本，共回收了250份问卷，其中有效问卷210份，涉及641名低保家庭成员。本次调查的主要内容包括以下几个方面：一是家庭及个人基本信息调查，包括家庭主要经济收入来源、家庭收入与支出、是否有贷款或欠债等。二是消费和生活状况调查，包括居住场所、居所内设施、就医方式和费用、社会关系等。三是获得的救助状况和发展需求调查，包括救助金种类和金额、领取低保的年限、获得的救助能否解决家庭困难、对政府救助政策的了解程度和满意度、家庭最迫切需要的帮助等。四是工作状况调查，包括就业状态、就业类型、选工作时的考虑因素、是否希望摆脱救助获得就业机会等。五是子女情况调查，包括子女的就业或就学状况、身体状况、心理状况、获得过的政府救助状况、子女对救助的需求状况等。

（2）受助者访谈和其他二手数据

为了具体了解受助者对发展的需求情况，课题组于2014年年末对成都市15户28名低保受助者进行了深度访谈，获得了大量内容丰富的一手材料，同时为了了解社会救助政府部门工作人员以及基层社会救助工作者对于发展型社会救助的看法，还对2名区民政局的相关工作人员和4名基层社区的相关工作人员进行了访谈，这对本书的分析形成了一定支撑。同时，借鉴了各年中国统计年鉴、中国民政统计年鉴和中国财政支出决算表等公开的官方数据，还借助了2013年民政部城乡困难家庭社会政策支持系统建设课题组的调查数据，该数据涉及全国10个省份（含东、中、西三大地带）的城市、农村和流动困难人口，分别包含6062、6166和3162个样本，具有丰富的关于全国困难群体的生活现状、受助情况和救助需求等方面的信息。此外，还参考了上海市民政局2008年城乡低保人口状况调查的相关数据和资料以及南开大学社会工作和社会政策系关信平教授2009年组织的低保户调查数据，对受助者的受助状况和发展需求进行了分析。

当然，由于多方面的限制，本书开展问卷调查和访谈的规模和地点均受到了制约，这会造成局限性。为此，本书尽量结合了全国权威的官方数据和其他全国及地方性调查数据给予补充。

1.4 结构安排

本书共分五大部分,八章内容。具体结构安排如下:

第一部分阐述选题背景和意义。对社会救助、最低生活保障、发展型社会救助等相关概念进行了清晰界定,概念的清晰化是研究的前提与基础,并分析了研究现状、提出了研究方法和内容结构等。这些内容在第一章中给予论述。

第二部分考察分析国际上发展型社会救助的情况和经验。分析、阐释发展型社会救助制度的理论基础,主要包括人力资本理论、第三条道路理论、发展型社会政策理论和积极反贫困理论;描述与分析工作福利模式、有条件现金转移支付模式和专项救助模式这三大类国外发展型社会救助的制度实践模式以及特点和效果等。这部分内容是本书的第二章与第三章。

第三部分评价中国社会救助制度的现状并阐明制度面临的现实挑战。利用文献研究和实证数据,通过回顾社会救助改革与发展的历程,分析社会救助的价值理念和制度设计,指出中国现有社会救助以维持生存为目的、以经济补偿为主要方式,属于生存型的制度安排,无法促进贫困者的发展,反贫困效果有限。此外,与过去相比,我国的贫困问题更加复杂与多样,相对贫困、能力贫困增多,儿童贫困、老年人贫困突出,社会排斥与贫困传递显现,复杂化的贫困形势和制度环境使我国社会救助面临诸多现实挑战。这部分内容在第四章与第五章予以论述。

第四部分指出构建中国发展型社会救助制度的必要性和迈向发展性制度的途径和思路。构建中国发展型社会救助制度是改变生存型救助制度现状的有效途径,是应对国内复杂贫困形势的有力手段,是顺应国际社会救助改革总趋势的必要之举,也是汲取社会救助历史经验的合理选择。迈向发展型制度,需要对现有制度进行整体重构和重建,包括培育发展型的救助理念,选择符合国情的制度模式,进行适应性的制度再设计,完善社会救助的管理与服务体系等。这部分内容在第六章与第七章予以论述。

第五部分总结社会救助制度安排和其背后社会福利观念的变化,强调向发展型社会救助迈进的必然以及我国建立发展型社会救助制度的基本思路和重要意义。这部分内容在第八章予以论述。

第二章　国外发展型社会救助的理论基础

随着对贫困的认识与研究的深入，贫困已经不仅仅是收入短缺和物质匮乏，而是对基本生活需要的剥夺以及被排斥在社会之外。因此，相应的社会救助措施不能再停留在为贫困群体提供收入补偿与简单的现金保护，而是要促进其获得发展能力以融入社会并享受参与社会生活的普遍权利。由此，发展型社会救助制度在各国得以建立，其背后的理论基础主要包括人力资本理论、中间道路理论、发展型社会政策理论和积极反贫困理论。

2.1　人力资本理论

人力资本理论最初萌芽于经济学领域，从亚当·斯密的《国富论》开始，人在劳动生产中的价值或经济作用逐渐被重视。直到马克思在他的《资本论》中谈到剩余价值时强调劳动力是一种商品，这种商品能够创造剩余价值，进而是一种可变资本，人力资源才逐渐被视为一种资本。① 依照马克思的逻辑，劳动力这种商品是依附于人而存在的，因此，在马克思的《资本论》中，人已经被视

---

① 〔德〕卡尔·马克思：《资本论》，郭大力、王亚南译，上海三联书店2009年版，第21页。

为一种资本来创造价值,马克思从价值论的角度肯定了人力资本。第二次世界大战后,有一些经济现象无法用传统的经济学理论解释,比如,德国和日本等资源贫瘠的国家为何可以在战后迅速恢复并崛起?经济学家通过研究发现,资本存量和劳动力数量的增加只能部分解释经济增长速度,对推动经济增长起决定作用的是人的质量。[①] 于是,有些经济学家不再局限于对物力资本的研究,而是转而关注到人,从人的教育水平、劳动技能、健康状况等对以上问题进行探讨并得出了可信的阐释。

20世纪60年代,关于人力资本的研究达到了鼎盛时期,美国的学者雅各布·明塞尔、西奥多·舒尔茨、加里·S.贝克尔这三位代表人物对人力资本理论的贡献尤其突出。其中,被誉为"人力资本之父"的舒尔茨对人力资本的定义得到广泛认可,即人力资本是体现在人身上的知识、技能、经验和技术熟练程度等的人的能力和素质的总和。[②] 这一定义有两点改变了以往人们的固有看法:一方面,人身上所体现的能力和素质是一种资本,根据马克思《资本论》中的观点,既然是资本就可以像土地、资金等资本一样创造价值,因此,人力资本是价值的一种来源;另一方面,人力资本存在于人身上的表象,如知识、技能、经验以及技术熟练程度等是可以从后天获得的,其获得需要相应的投资。综上,分析舒尔茨的人力资本的定义可以认识到人力资本可以创造价值以及人力资本需要后天投资获得,这两个人力资本认识上的改观为接下来人

---

① 杨雪冬:"新增长理论对人力资本理论的发展",http://www.china.com.cn/chinese/zhuanti/xxsb/545317.htm,2004年。
② 〔美〕西奥多·舒尔茨:《论人力资本投资》,北京经济学院出版社1990年版,第11页。

力资本投资思想的发展奠定了基础。

关于人力资本投资，一方面，从其方式上来看，不同学者对人力资本投资方式阐述的侧重点各有不同。明塞尔认为人力资本的投资贯穿于人一生的始终，孩子出生后，对孩子一生的投资就开始了，用于孩子的抚养和孩子各方面能力开发的投资属于学前投资；接下来是孩子正规教育的投资，包括初等教育和高等教育；正规教育结束后寻找工作、参加职业培训、劳动力的流动迁徙等投资贯穿于职业生涯的始终；当然，人的一生中，维护生命健康的投资直至死亡才会结束。[①] 舒尔茨总结了人力资本投资的五种方式：第一种是影响人寿命、精力、力量强度和生命力的医疗和保健的投资；第二种是在职人员的培训，包括企业为在职员工制订的培训方案和员工为获得更好的工作自己参加的培训；第三种是教育投资，包括初等、中等和高等教育的投资；第四种是不由企业组织的为成年人举办的一些学习项目；第五种是家庭或个人为了获得更好的工作机会而迁移。[②] 贝克尔则认为人力资本投资主要包括在职培训、正规学校教育、医疗保健、对价格和收入等信息的收集，在所有的投资方式中他着重分析了正规学校教育投资和在职培训投资。[③] 总的来看，三位学者对人力资本投资方式的阐述都可以归结在教育、工作和健康上。教育和健康的投资是人力资本投资的基础，工作是建立在这两者之上的，所提到的收集价格和收入信息等投资也都是为了更好地工作。

---

① 〔美〕雅各布·明塞尔:《人力资本研究》，中国经济出版社2001年版，第34页。
② 〔美〕西奥多·舒尔茨:《论人力资本投资》，北京经济学院出版社1990年版，第18—20页。
③ 〔美〕加里·S. 贝克尔:《人力资本》，北京大学出版社1987年版，第78页。

另一方面，从其作用上来看，宏观方面人力资本投资可以促进经济增长，受传统经济理论的影响，人们普遍认为只有物质资本和劳动力数量增加是经济增长的前提，但舒尔茨等研究者提出人的能力和素质的提高对经济增长的贡献远大于物质资本和劳动力数量的增加。明塞尔通过研究人力资本与经济增长、国民经济增长及人口的关系总结出以下结论，尽管充分发达的人力资本水平也许并不是在某一个特定时空下促使经济增长加速的一个前提，但是人力资本与经济的同时增长却是保证经济可持续发展的必要条件。[1]微观方面，人力资本投资对个人发展是可以产生连带效应的，比如健康状况的改善会刺激人们接受更多的教育，获取更多的职业技能或经验，从而获得更好的工作与更多的收益，健康的改善同时也意味着更强的劳动能力以及更长的工作时间，由此可以提高劳动生产率。[2]个人陷入贫困的原因之一是身体和文化素质的双重低下进而影响其收入能力，舒尔茨就曾指出贫困的根本原因并不在于"穷人的大量增殖"，而在于人力资本的缺乏。[3]针对此，对贫困人员进行人力资本投资可以提高贫困人口的健康水平，进而促进劳动者生产效率的提高，还可以通过教育和培训的结合，让贫困人口掌握新知识和新技能，提高贫困人口的知识技能存量，进而增加贫困人口的收入，也就是说，人力资本投资可以增强个人的市场竞争力和发展能力，为贫困人口提供可持续生计，使其摆脱

---

[1] 〔美〕雅各布·明塞尔：《人力资本研究》，中国经济出版社2001年版，第34页。
[2] 〔美〕西奥多·舒尔茨：《对人进行投资——人口质量经济学》，首都经贸大学出版社2002年版，第148页。
[3] 刘纯阳："西方人力资本理论的发展脉络"，《山东农业大学学报（社会科学版）》2004年第4期，第2—4页。

贫困并降低其返贫率。①

总而言之，人力资本理论的产生和发展大大拓展了经济学研究领域，而且该理论说明贫困可以被看成是人力资本短缺到不足以让人从外部环境中获取维持基本生存的收入的一种状态，也就是说，产生贫困的重要原因是人力资本投资不足和人力资本缺乏。现实中，贫困人口的显著特点就是人力资本存量低，表现为贫困人口的受教育水平低、贫困人口的身体素质和医疗健康保障差以及贫困人群流动性小并缺少就业和创业能力。那么，从这个角度来说，对穷人进行人力资本投资，对于反贫困具有重大意义，因为它不仅可以缓解当前贫困，还有助于防范未来贫困。人力资本理论为调整反贫困政策和改革社会救助制度进而缓解乃至解决贫困问题提供了新思路。比如，欧美发达国家的工作福利模式的社会救助，就包含了诸如培训和继续教育等人力资本投资取向的做法；拉美发展中国家的有条件现金转移支付模式的现金援助以要求受助家庭投资于家庭成员，尤其是儿童的健康、教育和培训等人力资本发展方面；东南亚发展中国家的专项救助模式则以教育救助、医疗救助、就业救助等项目为主，实质上是对贫困者教育、健康和工作的人力资本投资。以上各国的社会救助其实都注重了受助者及其家庭成员人力资本等方面的积累和发展，体现出了投资于受助者人力资本的救助思路，这不仅有利于贫困者的个人发展，也有利于国家的减贫和经济的可持续发展。当然，要注意的是，与现金救助和实物救助相比，对人力资本的投资不是一蹴而就的，现金和实物救助可以在短期内使贫困者的生活面貌得到改善，而人的

---

① 张友琴、肖日葵：“人力资本投资的反贫困机理与途径”，《中共福建省委党校学报》2008 年第 11 期，第 46—50 页。

能力和素质的提高是需要花费时间和精力的，需一定时日才可见成效。

2.2　中间道路理论

　　中间道路理论，顾名思义，是介于经济自由主义和国家干预主义之间的一种学说。1938年英国前首相麦克米兰出版了著作《中间道路》，他认为中间道路是要对资本主义进行适度调节，既使经济得到发展，还会提供一定社会福利。[①] 凯恩斯、贝弗里奇、马歇尔等人与麦克米兰在福利问题上的看法相似或相近，他们认为在分配资源、促进经济增长和保证个人自由等方面，市场是最好的机制，但是，市场机制确实也引发和加深了一些社会问题，需要控制和矫正。[②] 中间道路学派认为，资本主义在使经济快速增长外有着自身难以克服的缺陷，会造成不平等、失业和贫困等社会问题，政府的适度干预可以帮助应对这些问题，一定程度弥补资本主义的缺陷，因此，该理论的焦点在于从实用主义的角度出发来看待国家干预，力图在资本主义和社会主义之间探索出一条中间道路。[③]20世纪50—70年代晚期，中间道路理论对发达资本主义国家的经济政策产生了重大的影响，尤其是在90年代之后，英国前首相布莱尔及其幕僚吉登斯等人提出走介于欧洲传统的福利国家和新右派

[①] 郑功成：《社会保障学——理念、制度、实践与思辨》，商务印书馆2000年版，第103页。
[②] 同上。
[③] 徐丙奎："西方社会保障三大理论流派述评"，《华东理工大学学报（社会科学版）》2006年第3期，第24—31页。

的竞争资本主义之间的"第三条道路",之后,欧洲各国的社会民主党受到英国的影响,都选择了取自由主义和民主社会主义之长的"第三条道路"策略,提倡把促进社会公平和促进经济增长有机结合起来[①],"第三条道路"可以看成是中间道路理论的发展和延续,并广受瞩目[②]。

第三条道路在 20 世纪 90 年代末兴起并非偶然,而是有特定的经济社会背景。第一,福利国家陷入了危机和困境。20 世纪 70 年代后,"石油危机"的发生标志着战后资本主义发展的黄金时代已经结束,蔓延西方的石油危机和高通货膨胀伴随着高失业率的经济滞胀危机全面爆发,社会福利和社会政策的效用和承受力受到了质疑,发达福利国家开始重新检视既有的福利政策,因为经济危机以及社会救助开支的大幅增加使福利国家的财政状况堪忧,社会福利这个原来的宠儿一夕间成为众矢之的,经济增长的低迷甚至衰退使福利资金的供给不断减少,而经济危机造成的高通胀和高失业率又使对福利的需求不断增加。日益减少的税收收入难以应付快速增长的福利需求,福利国家入不敷出,面对这样的挑战连社会民主主义也不得不对这场危机和自身以往的政策进行反思,并酝酿福利改革。[③] 第二,政治支持结构发生改变。经济危机和信息技术的发展推动了社会变迁,产业结构由传统制造业向高科技企业和服务业转型,这种变迁的后果是产业工人队伍的萎缩

[①] 苑涛:"欧洲社会福利理论中的中间道路学派及其影响",《南开学报》2000 年第 2 期,第 91—96 页。

[②] 郑功成:《社会保障学——理念、制度、实践与思辨》,商务印书馆 2000 年版,第 103 页。

[③] 彭华民等:《西方社会福利理论前言》,中国社会出版社 2012 年版,第 142 页。

和以知识分子、高科技人才为主的中高层次群体的迅速扩充,工人阶级数量大幅缩减且其内部也发生分化,整体上看工人阶级意识弱化,阶级认同感下降,对社会民主主义的认同也在下降。[①] 传统工人阶级以往一直是欧洲左翼政党的阶级基础和依靠力量,而产业结构的变化引起的阶级结构的变化使得左翼政党的支持群已日益萎缩,想要重新获得选票就必须扩大依靠力量,选择第三条道路就是为了获得更多的支持。第三,经济全球化的快速发展带来的新的问题与挑战。20世纪90年代以来,经济全球化伴随着科技革命日益加快了步伐,这种变化一方面促进了国家之间的交流,为人类生活带来了诸多便利,但是同时也制造了不少问题,如国际竞争的激烈、生态环境的破坏,恐怖主义、地区冲突、宗教文化冲突等。这些全球性问题让人们认识到单靠国家自身和西方为中心的各种国际组织是难以解决这些经济、政治和社会等领域的冲突。这些问题和挑战需要西方国家尤其是福利国家重新确定自己的位置和选择发展战略。正是在以上背景下,以中间道路为基础发展出了"第三条道路"理论,它主张积极福利,为福利国家改革提供了可参考的思路。从学术上看,英国学者吉登斯分别于1994年和1998年出版了《超越左与右——激进政治的未来》和《第三条道路——社会民主主义的复兴》,在书中他提出了第三条道路的思想,探讨了后传统社会的危机并提出了社会福利转型的理论,其核心在于反思了现代化阶段全球化的加快以及全球化为社会带来的许多新型的不确定性因素,传统的左、右两大阵营都无法提供对这些新型不确定因素的全面合理的解释及有效的应对之策,因

---

① 罗云力:《西方国家的一种新治理方式——社会民主主义第三条道路研究》,重庆出版社2003年版,第67页。

此必须超越左和右的认识局限，综合众多理论，建立新的理论出发点，已解决面对的新挑战和新问题。由此，吉登斯成为了第三条道路理论的代表性人物，他除了积极构建理论、从事学术研究，并且积极参与政治生活，将自己的理论和主流政治相结合，被英国前首相布莱尔誉为精神领袖，其著作成为英国工党的指导性理论。①在福利方面，"第三条道路"认为国家应该让人们摆脱对福利的依赖，创建一种使所有公民都积极就业、自力更生的现代福利体制。第三条道路对福利国家制度提出了批判，认为它既不能减少经济不平等与贫富差距，也不能预防风险并切断风险根源。②第三条道路认为福利国家是与控制风险之间存在联系的，但是在后传统社会人们面临的风险有所不同，传统社会人们面临的主要是外部风险，基本能用保险方式预防，而后风险社会中的风险难以预料，也难以用传统的方法解决。由于风险性质的变化，传统福利国家必然发生危机，而这种危机并非表象上的财政危机，而是风险管理的危机。于是，再使用以往的事后补偿方式的消极福利制度，在全球化和人为风险为主的时代是难以适应的，必须进行改革使之转为积极的福利制度。③"第三条道路"倡导的积极福利除了应对风险类别的差异外，和消极福利相比，还存在目标、手段和机制上的差异：在目标方面，消极福利是维持人的生存状态，积极福利不只为了应对贫困，还要促进社会成员获得发展；在手段方面，消极福利是"输血"式的提供物质帮助，积极福利是"造血"式的提高人

---

① 彭华民等：《西方社会福利理论前言》，中国社会出版社2012年版，第145页。
② 〔英〕安东尼·吉登斯：《超越左与右——激进政治的未来》，李惠斌、杨雪冬译，社会科学文献出版社2003年版，第154页。
③ 同上书，第146页。

的能力；在机制方面，消极福利是对外部风险进行事后风险分配，积极福利则是对人为风险进行事先预防。英国作为福利国家的转型是通过第三条道路实现的，具体措施包括：采取工作福利模式，即以就业机会代替救助措施，注重教育和培训等人力资本投资，此外，还致力于消除社会排斥、促进社会融合，建立包容性的新型社会关系。[1]英国前首相布莱尔在20世纪90年代面对全球化和国内复杂环境，推行继贝弗里奇后的第二代积极福利的目的是要减少贫困并树立中产阶级的信心。[2]2007年，英国布朗政府执政后仍然按照这一思路进行社会福利的改革，倡导积极的社会福利。可以说，中间道路经过多年的发展已日臻成熟，不能再将其狭隘地看成是左派与右派路线的折中，而更多是为了超越"左"与"右"，是对"左"与"右"两维政治意识形态的颠覆和超越，正如意大利政治哲学家诺贝尔托·博比奥（Norberto Bobbio）在探讨"左"与"右"区分时所说的那样："在实践中，第三条道路在中间派那里；但在理论上，它主张的并不是两极之间的折中妥协，而是取代他们，因此，它同时接纳和取代它们。于是，它不是一个中介的第三方，而是一个超越的第三方。"[3]中间道路已经在欧洲各国的政治生活与社会生活中占据了重要位置，并在各国的福利改革实践中接受着考验并被不断改进和完善。

中间道路学派的基本观点有三个方面：第一，强调国家干预

---

[1] 彭华民等：《西方社会福利理论前言》，中国社会出版社2012年版，第153页。
[2] 苑涛："欧洲社会福利理论中的中间道路学派及其影响"，《南开学报》2000年第2期，第91—96页。
[3] 〔意〕诺贝尔托·博比奥：《左与右：政治区分的意义》，陈高华译，江苏人民出版社2012年版，第6—10页。

与市场自由之间以及经济政策和社会政策之间的平衡。中间道路学派认为,社会应当把自由竞争与国家干预一定程度地结合起来。① 另外,经济政策与社会政策之间也要平衡,在现实中,要根据具体情况在两者之间进行权衡。社会政策离不开经济政策,同时,社会政策也不应成为经济发展的负担,而是应为经济发展做出贡献,不能单纯地追求高福利。第二,从维护社会稳定出发支持再分配。根据中间道路学派的观点,当社会成员遇到风险和困难时,政府应该帮助其应对以化解风险、解决困难,否则将带来风险并不利于社会稳定。市场经济下会产生一定的不公平,当这种情况为社会大多数成员难以容忍时,国家就要加以适度干预进行矫正,使贫困的社会成员也能分享经济增长的成果。② 第三,中间道路学派倡导政府参与下的福利经济的多样化。他们认为在促进公平的同时国家福利很可能导致效率低下,因此需要社会的参与,即让志愿组织和私营部门参与福利服务的提供以提高效率和服务质量,这种混合或多样化的福利经济还能在加强个人责任的同时不影响公共责任。③

在福利国家与社会保障方面,中间道路理论不质疑福利领域的国家主导作用,然而,中间道路论者又对此表现出矛盾,即既渴望国家提供福利又希望限制国家行为,认为国家福利不宜过多,否则会造成国民的依赖心理,并侵蚀人们自力更生的意志。④ 随着

---

① 徐丙奎:"西方社会保障三大理论流派述评",《华东理工大学学报(社会科学版)》2006年第3期,第24—31页。
② 同上。
③ 同上。
④ 郑功成:《社会保障学——理念、制度、实践与思辨》,商务印书馆2000年版,第105页。

中间道路向"第三条道路"的发展，吉登斯等人认为基于近来福利国家面对的种种问题，福利国家不能继续一成不变，即使强烈支持其基本原则的国家也会如此。[1] 于是，他们倡导通过积极福利的建设来解决福利国家面对的一系列问题。积极的福利制度必须摆脱把"预后关怀"当作解决风险的主要手段以及对它的依赖，要把贝弗里奇所提出的消极的概念转化成积极的：变无知为持续的教育，变懒惰为创造，变匮乏为自主，变疾病为积极的健康。为此，政府的再分配重点应该是"对可能性的再分配"，对人类能力的开发应当在最大程度上取代"事后"的再分配[2]，主张国家通过各种方式使受助者积极参与劳动就业。对贫困的认识也随之发生改变，贫困不再被视为穷人个体失败的结果，而是将之归结为更广泛的社会排斥过程的结果，对于贫困的对策则倾向于采取积极的社会政策来应对，这包括相关救助政策的投入和强调个人责任与选择的结合，以防一些人依赖救助，强调变"授人以鱼"为"授人以渔"。

总之，由于中间道路理论力图超越传统的"左"与"右"典型二分思考方式，这使得中间道路这种意识形态内容与界限显得内容庞杂和模糊，其本身就是在妥协和矛盾中发展起来的，尽管它宣称自身是为了"超越"而非"折中"，但还是容易受到各方面的攻击，比如德赖弗（Driver）和马特尔（Martell）就认为"第三

---

[1] 〔英〕安东尼·吉登斯：《超越左与右——激进政治的未来》，李惠斌、杨雪冬译，社会科学文献出版社2009年版，第134页。
[2] 〔英〕安东尼·吉登斯：《第三条道路：社会民主主义的复兴》，郑戈译，北京大学出版社2000年版，第105页。

条道路"是试着调和最终不可能调和的目标①,这是因为"我们不可能将左派和右派对立的意见,社会民主主义、自由主义和保守主义都整合在一起。在这些意识形态以及它们各自秉承的基本理念——公平、自由和威权之间存在着本质的、不可消解的矛盾。"②但不可否认,中间道路理论又确实能够解决现实社会中的一些问题,并且对欧洲福利国家的建立与发展产生了巨大的作用。通过发展和完善,它又以"第三条道路"的形态对许多福利国家的改革产生了重要影响,它倡导的国家负责与个人负责并重以及权利和职责并重的理念,由政府、非政府组织和个人共同参与并提供积极福利的主张,其实为许多欧美国家"从福利到工作"式的社会救助改革提供了思想指导。欧美国家工作福利模式的社会救助,强调受助者参与培训、寻找工作和接受政府介绍工作的责任和义务,并以此换取获得相应救助的权利,这其实就体现了中间道路的所倡导的国家负责与个人负责并重的思想,是一种"积极福利"政策。

2.3 发展型社会政策理论

社会政策伴随着工业化而诞生,早在 1873 年,德国最先成立了社会政策学会,主要研究市场经济初期的德国的社会矛盾,致力于解决当时的各种社会问题。首位对社会政策给予概念界定的是

---

① 〔英〕艾伦·迪肯:《福利视角》,周薇等译,林闽钢校,上海人民出版社 2011 年版,第 102 页。
② Driver, S., Martell, L.(2000), "Left, Right and the Third Way", *Policy and Politics*, 28(2):147–161.

瓦格纳（Adelph Wagner），他认为社会政策是借助立法和行政手段，调节财产所得和劳动所得之间的分配不均问题。① 这之后，先期实现工业化的欧美国家对社会政策的重视程度与日俱增，社会政策的功效也越来越大，其首要目标就是调整不同阶层之间的收入分配差距，并对社会成员给予适度保护以增进其福祉，其核心理念是"再分配主义"。② 在这一理念的指导下，发达国家在第二次世界大战后都在完善再分配机制与社会保障制度，很多国家通过建立"福利国家"来促进社会公正与缓和阶级矛盾。这种再分配主义的传统社会政策认为，经济增长和福利实现分属于两个独立领域。③

与发达国家的再分配型的社会政策不同，后发工业化国家和发展中国家采取了不同的社会政策理念和实践模式。在以东亚地区为主的后发工业化国家，其采取的是生产型社会政策，而这也被归结为东亚福利体制的特征。生产型社会政策是指社会政策服务于经济生产和发展，这种价值理念其实早在社会政策诞生之时就已经具备④，只不过它湮没在西方先期工业化国家在战后对再分配的强调和福利国家的建设发展中，然而，后发工业化国家因为工业化、城市化起步晚、基础薄，反而注意到了社会政策对劳动力和就业的促进，并把其作为了为经济发展服务的战略。尽管在关于国家社会政策的讨论中，生产型社会政策处于边缘地位，且常因其

---

① 杨团："社会政策的理论与思索"，《社会学研究》2000年第4期，第16—26页。
② 林卡、赵怀娟："论生产型社会政策和发展型社会政策的差异和意蕴"，《社会保障研究》2009第1期，第15—26页。
③ 方巍："发展型社会政策：理论、渊源、实践及启示"，《广东工业大学学报（社会科学版）》2013年第1期，第5—12页。
④ 林卡、赵怀娟："论生产型社会政策和发展型社会政策的差异和意蕴"，《社会保障研究》2009年第1期，第15—26页。

服务于经济的理念而受批评,但实质上它提升了福利水平,至少在20世纪90年代末亚洲金融危机发生前确实如此。[①] 在发展中国家和欠发达国家,因市场经济体制不完善,公民普遍缺乏权利意识以及人与社会发展滞后等因素,这些国家更多采取了发展型社会政策,其价值理念和目标是促进"发展",其含义包括增加人力资本、个人和社区资产积累、社会资本、提高社会发展指标的水平、改善人们的生活环境和社会参与、摆脱依赖等,这种社会政策注重与经济政策的有机结合,强调发展不仅是经济发展,更是人与社会的发展。[②] 由此可见,虽然发展型社会政策一定程度上包含生产主义的要素,但它和生产型社会政策最本质的区别在于它不像生产型社会政策那样只关注经济发展并假定经济增长和发展最终会使全体社会成员的生活与福利水平得到改善,而是强调经济发展要有积极的社会成效[③],换句话说,经济发展只是手段而非终极目的,最终的目标应该是人与社会的发展。也正是因为这种本质上的区别,发展型社会政策更可信和具备可持续性,这种原本只是在发展中国家存在的边缘化政策引起了许多发达工业国家的重视,正在逐步走出边缘地位,成为国家社会政策研究的热点之一。以上三种不同类型社会政策的比较具体可见表2-1:

发展型社会政策理论形成的时间较短,它是20世纪90年代后才逐步形成并逐步扩大其影响的,其核心是将社会政策看成提

[①] 林卡、赵怀娟:"论生产型社会政策和发展型社会政策的差异和意蕴",《社会保障研究》2009年第1期,第15—26页。
[②] 同上。
[③] 同上。

升劳动力的素质和能力发展的手段并关系到国家的可持续发展①，力争协调经济和社会发展的关系，实现共同进步②。作为一种新兴理论，它还尚处于建设与发展过程中③，对其概念和实施手段存在一定争议④。其实，从发展型社会政策的多种称谓中也可以看出该理论尚处于成熟完善过程中。发展型社会政策又可称为包容性发展、社会发展、社会投资、能促型国家等，这反映了不同学者对该理论的不同理解。⑤笔者认为，上述不同称谓可归为两类，分别代表了发展型社会政策理论的两大思想路径。

表2-1 三种不同类型社会政策的比较

社会政策类型	代表地区与国家	核心价值	理论支撑	关注议题
再分配型	欧美发达国家	社会公正	公民权理论	再分配、社会公正和公民权
生产型	东亚国家	经济增长	现代化理论	经济与社会政策的关系
发展型	南非等发展中国家	人类发展	发展主义理论	人类发展、社会发展与社会政策的关系，社会投资战略

资料来源：林卡、赵怀娟："论生产型社会政策和发展型社会政策的差异和意蕴"，《社会保障研究》2009年第1期，第15—26页。

---

① 张秀兰、徐月宾："中国发展型社会政策论纲"，http://www.sociology.cass.cn/shxw/xstl/xstl37/P020070921343565318327.pdf，2011年。
② Midgley, J. (1994), "Defining Social Development: Historical Trends and Conceptual Formulations", *Social Development Issues*, 16(3).
③ 钱宁、陈立周："当代发展型社会政策研究的新进展及其理论贡献"，《湖南师范大学社会科学学报》2011年第4期，第85—89页。
④ 〔美〕米奇利，《发展型社会政策：理论与实践》，顾昕：《中国社会政策》，北京师范大学出版社2006年版。
⑤ 方巍："发展型社会政策：理论、渊源、实践及启示"，《广东工业大学学报（社会科学版）》2013年第1期，第5—12页。

一是社会发展思想,代表人物是美国的米奇利,他是最早提出发展型社会政策这一概念的学者。基于对发展中国家经验的总结,米奇利等学者对发展型社会政策的内容进行了具体且系统全面的阐释和论述。① 虽然关于如何界定社会发展还存在争议,但学术界也达成了一定共识,认为要实现社会发展需要完善福利的同时还要提升社会成员的能力和素质。② 社会发展的机制目标包括三个既独立又相互关联的基本原则,即人类尊严、平等和社会正义。③ 佩瓦和米奇利认为,社会发展的目标及其实质是人类的福祉,在许多发展中国家,社会发展等同于社会福利;④ 米奇利认为社会发展为了实现经济增长和福利提升的一个有计划的社会变迁过程。⑤ 关于如何测度社会发展水平,最具影响的是美国学者埃斯蒂斯的社会发展指数和联合国开发计划署的人类发展指数,这些指数综合社会、政治、经济等方面不同类别的数十项指标,衡量了包括经济、科技、教育、卫生健康、环境等众多领域,为比较和分析世界各国的社会发展状况提供了基础和依据。根据社会发展的思想路径,社会发展、包容性发展的概念等同于发展型社会政策。米奇利等人的社会发展思想主要包含以下内容:首先,社会发展的根本

---

① 林卡、赵怀娟:"论生产型社会政策和发展型社会政策的差异和意蕴",《社会保障研究》2009年第1期,第15—26页。
② Cusmings, R.(1983), "Social Development:The Economic, the Political and the Normative Emphases", *International Social Work*, 26(1):13-25.
③ 彭华民等:《西方社会福利理论前言》,中国社会出版社2012年版,第185页。
④ 同上书,第186页。
⑤ Midgley, J. (1995), *Social Development:The Development Perspectives in Social Welfare*, London:Sage publications, p.25.

目标是人类福祉。①发展不应仅被看作经济增长,还要注重福利改善,否则社会无法发展。②发展型社会政策理论认为社会政策不仅可以为经济发展提供一个稳定的社会环境,还具有经济效益,可以促进生产力进步并让社会成员分享发展成果,提升福利水平,也即是说,发展型社会政策与传统社会政策通过再分配来满足弱势群体的社会需要以解决社会问题的症状不同,它旨在通过提高福利水平来促进社会发展以消除产生社会问题症状的根源。③其次,社会发展思想在社会福利方面主张投资取向。无论是制度性社会福利还是剩余性社会福利,其特点均是事后补偿,不能防止问题也不能帮助受助者提升能力并最终自立。这种福利取向使得社会福利和经济发展完全不相关,获取经济产品的途径是市场,而社会福利产品的获取途径是国家,本质上是一种消费。由于这种福利对可支配收入的消费性依赖,使得福利国家受到新右派的批评和指责,福利国家被认为破坏了家庭、宗教等社会功能,造成了群体的依赖心理,并且庞大的社会开支直接影响了经济发展。于是,他们倡导削减社会福利项目,缩小福利开支④,它强调经济发展和社会发展的相互依存性,强调社会福利开支的投资取向,社会福利支出能够对经济发展和物质财富的增长做出贡献,满足人类物质需要。第二,在对福利对象的态度上,发展型社会政策试图使受助者

---

① 方巍:"发展型社会政策:理论、渊源、实践及启示",《广东工业大学学报(社会科学版)》2013年第1期,第5—12页。
② Midgley, J. (1995), *Social Development:The Development Perspectives in Social Welfare*, London:Sage publications, p.23.
③ 唐兴霖、周幼平:《整体型社会政策——对发展型社会政策的理性认识》,《学海》2011年第5期,第135—141页。
④ 彭华民等:《西方社会福利理论前言》,中国社会出版社2012年版,第186页。

自力更生。① 新右派认为传统社会福利造成了福利依赖,甚至催生了下层阶级,尽管有研究认为这属于无端指责,但是在经济全球化和福利国家普遍危机的背景下,无义务的权利被放弃,权利和义务的对应更加被认同,这在许多国家工作福利的改革中得到体现,这种趋势在发展型社会政策理论中也有所体现,其支持者主张社会福利要促使福利对象参与劳动就业,摆脱贫困和依赖,走向自力更生,与工作福利模式的惩罚和强制快速就业不同,社会发展思想认定福利对象自身也是愿意参与经济活动并希望自立的,要达成这一目标,政府和社会需要为其提供必要的支援和帮助。② 虽然社会发展思想特别关注没有享受到发展成果的社会成员,但它不同于传统福利模式,在对象上具有普遍性,试图提高整个社会的福利。第三,在组织形式上,社会发展思想继承了社会行政学派政府干预的观点③,认为福利国家的核心是社会福利应立法保证社会公民实现社会权利,政府是提供社会福利的最佳机构。社会发展思想基本承袭了上述立场,强调政府对市场干预的重要性,因为发展型社会政策对政府核心作用的重视,它又被称为新制度主义,它不是单纯突出社会权利而是力图让受助者自力更生,此外,在政府之外,它还提倡个人、社区和国家的合作。④ 再次,发展型社会政策理论在政策实施策略上,除了要将社会开支用于教育、健康、

---

① 彭华民等:《西方社会福利理论前言》,中国社会出版社 2012 年版,第 193 页。
② Midgley, J., Tang, K.L.(2001), "Social Policy, Economic Growth and Development Welfare", *International Journal of Social Welfare*, (10)4.
③ 彭华民等:《西方社会福利理论前言》,中国社会出版社 2012 年版,第 193 页。
④ 同上书,第 194 页。

培训等人力资本领域外,还主张采取一切具有产出作用的办法[①],比如,促进社会资本、鼓励人们多参与社区建设和地方事务,促进自谋职业等生产性就业和促进个人的资产积累,建立个人发展账户和鼓励穷人储蓄等。[②] 总之,社会发展应是全面的、包容性的,能增进整个人口的福利水平,反对扭曲性发展和不协调发展。[③] 人们曾经认为,经济增加将会自发地促进社会进步,但事实证明这不可能实现,在很多发展中国家,其存在的主要问题就是经济发展和社会发展不协调,在一些发达国家也是如此。发展型社会政策理论主张应该确保经济和社会的协调发展,应让成果惠及包括社会不同阶层的全体人口,让全部社会成员都能共享发展成果。[④]

二是社会投资思想,代表人物是英国的吉登斯,他基于"第三条道路"的立场提出了"社会投资国家"、"福利社会"等概念。[⑤] 根据社会投资的思想路径,社会投资、能促型国家的概念等同于发展型社会政策。当然,这种社会投资的思想路径与社会发展的思想路径有着完全不同的经济文化背景,20世纪80、90年代以来,西方福利国家面临严峻的挑战,特别是随着全球化加快、人口老龄化和家庭小型化等趋势,传统再分配型的社会政策暴露出种种问题,福利国家的财政压力巨大、劳动力成本走高且劳动积极

[①] 方巍:"社会福利发展策略的创新与偏颇——关于发展型社会政策的评论",《浙江工业大学学报(社会科学版)》2009年第4期,第361—366页。

[②] Sherraden, M. (1998), "Rethinking Social Welfare: Toward Assets", *Social Policy*, 18(3): 37–43.

[③] 方巍:"社会福利发展策略的创新与偏颇——关于发展型社会政策的评论",《浙江工业大学学报(社会科学版)》2009年第4期,第361—366页。

[④] 彭华民等:《西方社会福利理论前言》,中国社会出版社2012年版,第187页。

[⑤] 林卡、赵怀娟:"论生产型社会政策和发展型社会政策的差异和意蕴",《社会保障研究》2009年第1期,第15—26页。

性下降、就业机会减少等问题,都要求重新审视传统的社会政策并做出相应改变。另外,同一时期"社会排斥"开始在欧洲引发关注,虽然还没有关于社会排斥的统一概念,但基本上社会排斥具备多维、动态过程性的特点,是比贫困更宽泛的概念,它使弱势社会成员无法实现基本的权利并被排斥在正常的社会生活之外,而单纯给予弱势成员以经济救助无法使其真正融入社会,需要从教育、医疗、培训、就业等多维角度入手加以应对。[①] 在以上经济社会背景下,社会投资的思想路径应运而生,吉登斯等人的社会投资思想主要包含以下内容:第一,要充分认识社会政策是生产力。社会政策其实是对人力资本和社会资本的投资,对提升劳动力素质和促进经济发展十分重要,也就是说,社会政策既有再分配的功能也有社会投资的功能。[②] 第二,实现经济社会的协调发展必须要促进社会投资。经济政策和社会政策不应互相对立,而应协调发展。社会政策不应脱离劳动力市场,应与其结合并注重社会投资,提高社会成员的整体能力并有助于其参与经济社会活动。第三,要营造有利于社会成员发展的良好社会环境,运用善治理念使政府和社会及经济组织进行充分和广泛的合作。总的来看,社会投资包括三大基本功能:一是流动,通过国家帮助个人推进生命历程各阶段的资源再分配与重新配置,使个人能在生命历程中保持较高的劳动参与,能有效地参与劳动力市场;二是缓冲,即通过社会保障提供普遍的保护,能在长期动态历程中维持个人与家庭的经济安

[①] 于秀丽:《排斥与包容——转型期的城市贫困救助政策》,商务印书馆2009年版,第44页。

[②] 张伟兵:"发展型社会政策理论与实践",《世界经济与政治论坛》2007年第1期,第89—91页。

全与稳定,也能减缓不平等及促进经济稳定;三是存量,指通过人力资本积累提高其能力和素质,这与个人未来的生产力相关,且强化和维持个人的人力资本及个人生命历程中的劳动产出。① 总之,社会投资思想是为了回应后工业化社会的新的社会风险结构,并能在知识经济体系中同时达成有效地促进经济与就业成长以及降低所得不平等的目的,期望同时实现经济效率和社会公平。其目标是事前预防而非事后补偿,在于让个人能够通过人力资本积累或其他方式以预防因就业结构和家庭型态而产生的经济和社会风险,减少贫困的代际传递,而非消极地通过收入转移来补偿风险发生的结果。②

以上两种思想路径分别源自发展中国家和发达福利国家,但却殊途同归,最终催生了发展型社会政策理论。对该理论而言,其最重要的理论贡献在于它改变了传统再分配型社会政策分别看待经济和社会发展的问题。③ 社会发展并非外在于经济发展,社会政策与经济政策应当相互融合与协调。此外,它还揭示了社会政策的投资性与发展性功能,社会政策并非依附于经济政策,更非整个社会的负担,而是具备投资和促进发展的功能。通过人力资本和社会资本积累等多种方式可以提高劳动力的能力与素质,进而从

---

① Hemerijck, A. (2015), "The Quiet Paradigm Revolution of Social Investment", *Social Politics: International Studies in Gender, State & Society*, 22(2): 242—256.
② 叶崇扬:"社会投资福利国家?论当代社会救助政策逻辑的转变",第四届中国社会救助研讨会论文,2015 年 8 月。
③ 方巍:"社会福利发展策略的创新与偏颇——关于发展型社会政策的评论",《浙江工业大学学报(社会科学版)》2009 年第 4 期,第 361—366 页。

本质上根除贫困等社会问题,增强国家的竞争力。[1]当然,在这一过程中,除要发挥政府的主导作用外,还需要调动私营组织、公民社会组织等参与的积极性,形成一种国家、市场、家庭共赢的政策机制。[2]

不可否认,发展型社会政策理论产生的时间较短,然而它在发展中国家有较为深厚的理论和实践基础。[3]作为一种新生且正处于发展中的理论,其指导实践的效果仍有待进一步检验,并且该理论也具有自身的局限性,该理论的创始人米奇利也曾表示"社会发展并非世界所有问题的万能药"。[4]毕竟,会导致社会问题的不公平不仅存在于人力资本、资产、社会资本等层面,政治、经济、社会、文化各方面的不平等都会引发社会问题,而这些层面的问题并非发展型社会政策所能应对。[5]而且有学者指出,过于关注发展型社会政策可能忽略矫治性社会福利项目,这就暴露了其概念上存在的问题,具有方法上的局限性。[6]但是,发展型社会政策理论确实更新了许多传统观念,在社会政策领域具有创新性和革命

---

[1] 张秀兰、徐月宾:"中国发展型社会政策论纲",http://www.sociology.cass.cn/shxw/xstl/xstl37/P020070921343565318327.pdf,2011年。

[2] 方巍:"发展型社会政策:理论、渊源、实践及启示",《广东工业大学学报(社会科学版)》2013年第1期,第5—12页。

[3] 彭华民等:《西方社会福利理论前言》,中国社会出版社2012年版,第188页。

[4] Midgley, J. (1997), "Social Work and International Social Development: Promoting a Developmental Perspective in the Profession", in Midgley eds., *Issues in International Social Work: Global Challenges for a New Century*, Washington, DC: NASW Press, pp.11-26.

[5] 唐兴霖、周幼平:"整体型社会政策——对发展型社会政策的理性认识",《学海》2011年第5期,第135—141页。

[6] Elliott, D.(1993), Social Work and Social Development: Towards an Integrative Model for Social Work Practice, *International social work*, 36(1).

性，它阐释了经济发展和社会发展的依存关系，形成了对社会政策认识的重大突破，对许多国家的社会政策改革实践，尤其对各国社会救助改革实践还起到了至关重要的指导作用。比如，欧美发达国家的工作福利模式的社会救助，就包含了诸如培训、继续教育、就业咨询、创业指导等投资取向的做法；拉美发展中国家的有条件现金转移支付模式和东南亚发展中国家的专项救助模式在经济援助外，都注重受助者及其家庭成员人力资本、社会资本等方面的积累和发展，上述实践均离不开发展型社会政策理论的指引和启发。

2.4 积极反贫困理论

了解积极反贫困理论，首先要了解贫困的相关概念和理论。从20世纪初英国学者布斯和朗特里开始研究工业化社会的贫困问题算起，对贫困的认识在理论上已经有一百多年的历史。从最开始的"生存说"，发展到了"缺乏说"、"能力说"、"剥夺说"或"排斥说"，这反映了经济社会的发展变迁和对贫困概念的不断反思。"生存说"是针对绝对贫困而言，当个人或家庭的经济状况低于生存需要线或难以维持生存时被认为是贫困；"缺乏说"认为贫困不仅涉及物质生活的缺乏，还包括社会的、精神的、文化的缺乏；"能力说"是在"缺乏说"上的进一步探讨，是缺少达到最低生活水平的能力；"剥夺说"或"排斥说"是探讨导致贫困的深层次原因，即贫困被认为是个人、家庭和人的群体的资源有限，以致其被排除在他们可以接受的最低限度的生活方式外。"生存说"与"缺乏说"侧重贫困的现象,"能力说"与"排斥说"则进一步探寻"缺乏说"的深层次原因,即个人、家庭和群体的致贫原因,当然,"能力说"偏向致贫原因的内在性、主观性和主动性,即贫困是由于个人缺乏能力造成的,"排斥说"比较强调致贫原因的外在性、客观性和被动性,即贫困是由于被社会排斥或剥夺造成的。[①]

"反贫困"的术语最早由冈纳·缪尔达尔引入学术研究,从治理贫困的政策层面提出了这一概念并逐渐扩大影响。反贫困(anti-poverty)包括以下几种表述:减少贫困(poverty reduction),减缓贫困(poverty alleviation),扶持贫困(suppport poverty)和消除贫困(poverty eradication)。[②] 总体而言,无论是人类历史上还是当今社会,消除贫困绝非轻而易举,相对贫困始终徘徊不去。笔者认为,反贫困主要是针对贫困的成因,采取相应的措施以最终消除贫困的表象,它既具有理论含义,又具有政策实践的含义。

所谓积极反贫困理论,是西方发达国家在长期与贫困斗争中总结出来的。在以往的反贫困过程中,主要通过收入转移手段从制度化角度来保障贫困群体的最基本生活水平,但是实践证明,这种反贫困的思路和手段并不能真正减少贫困,反而维持着一个数量庞大的低收入群体,且可能造成福利依赖等不良后果,尤其在20世纪后期,随着经济全球化及经济结构的变迁,前社会主义阵营的瓦解,欧洲政治经济一体化阵营的形成和意识形态与福利政

[①] 唐钧:"社会政策的基本目标:从克服贫困到消除社会排斥",《江苏社会科学》2006年第1期,第41—47页。

[②] 曹扶生、武前波:"国外城市反贫困理论研究综述",《城市问题》2008年第10期,第75—80页。

策的变化等,在这种背景下出现的贫困与原来的贫困有较大区别,学者称之为新贫困。① 威尔森等学者把下层阶级的出现和他们的劣势归入新贫困的内涵,在研究了大城市的下层阶级后指出新贫困群体的特点是依赖福利、无工作、犯罪、与主流社会不融合等。② 鲍曼讨论了后现代化社会中贫困者怎样被定义和被社会排斥,其主题围绕着在后现代社会中作为一个消费者的贫困者而不是工业社会中作为一个生产者的贫困者,他认为过去的贫困是从失业的境遇中导出贫困的意义,现在是从消费者的裂变中导出贫困的基本意义。当消费者没有足够的能力,不能购买到足够的商品和服务,不能有在消费文化意义中的幸福和正常生活,他们被迫面临内部排斥的境地,他们就是新贫困。③ 李从住房分配的实证研究中导出了新贫困的概念,认为贫困是一个历史的概念,在时间的发展序列中,过去的贫困属于传统贫困,而现在面临的贫困属于新贫困,他引用了冲突理论的代表人物达伦多夫的新阶级观点,把它发展到英国新贫困分析中。④ 达伦多夫认为社会中的利益集团在分配社会资源,权力和资源因社会中的利益集团的冲突而不断改变,新阶级的产生就是权力和资源重新分配的结果,新阶级的产生也是新贫困的产生,新贫困是一个社会结构发生变迁的标志。⑤ 米德则

---

① 彭华民等:《西方社会福利理论前言》,中国社会出版社2012年版,第348页。
② Wilson, W.J. (1987), *The Truly Disadavantaged: The Inner City, the Underclass, and the Public Policy*, Chicago: the University of Chicago Press.
③ Bauman, Z. (1998), *Work, Consumerism and the New Poor*, Buckingham: Open University Press.
④ 彭华民等:《西方社会福利理论前言》,中国社会出版社2012年版,第348页。
⑤ Lee, P. (1994), "Housing and Special Deprivation: Relocating the Underclass and the New Urban Poor", *Urban studies*, 31(7):1191–1209.

提出了新贫困的政治学观点，他认为当今的下层阶级的新贫困不同于过去的贫困：下层阶级的贫困源于机会的缺乏而不是无能力或不愿意利用机会，改变贫困的性质在于改变政治基础，当然美国的两个政党对于解决贫困有不同的观点，他们都认同贫困者没有抓住已有的机会，其分歧在于机会的障碍，民主党指责不稳定的经济，共和党抱怨政府的作为，新贫困问题需要新的反贫困政策来应对。[1] 班和伊尔伍德用时点和平均时间的差异，发现了两类贫困群体：永久性贫困和情境性贫困，这两类群体在美国同时存在，美国政府的社会救助没有帮助那些由于情境变化而暂时陷入贫困的贫困者，却帮助了那些长期甚或永久的贫困者，助长了他们的懒惰和依赖。[2] 新贫困其实和20世纪90年代后"排斥说"或社会排斥的研究联系紧密，新贫困是社会成员没有实现其社会权利且没有充分参与社会造成的，贫困的社会成员在某个向度上因被社会排斥而具有边缘性。可以说，社会排斥理论的兴起强调从参与的角度研究新贫困问题，这给反贫困提出了新的思路，积极反贫困理论正是这种新思路的体现。

积极反贫困理论认为为了应对新贫困并改变贫困者被排斥的情况，除了要保障贫困群体的基本生活外，还要促使其积极融入社会，实现经济社会的协调发展。[3] 因此，积极反贫困理论不像传统反贫困理论那样仅关注对贫困者的收入维持以应

---

[1] Mead, L.M. (1991), "The New Politics of the New Poverty", *Public Interest*, Spring, 91:103–106.
[2] 彭华民等：《西方社会福利理论前言》，中国社会出版社2012年版，第364页。
[3] 曹扶生、武前波："国外城市反贫困理论研究综述"，《城市问题》2008年第10期，第75—80页。

对"生存说"的贫困,而是着重对"能力说"和"排斥说"贫困的缓解,倡导通过提高贫困者的生存和发展能力以及从体制和政策上来促进社会公平并减少排斥。应该说,传统的福利国家和社会保障具有缓解贫困的作用,社会保障是国家通过收入再分配的形式保证公民基本生存的,从其本质上讲就有保证弱势群体生活、缓解贫困的作用,这种作用不容忽视。早在20世纪40年代,贝弗里奇就把社会保障概括为国民在失业、疾病、伤害、老年及家庭收入锐减、生活贫困时予以生活保障,其目标是缓解和消除贫困[1];国际劳工局在1998年也指出既然社会保障的目的已扩大到包括提高整个生活素质,社会保障的范围已经涉及全体公民,那么战胜贫困就该成为社会保障政策的中心目标之一[2]。从目标看,上述观点显然充分肯定了社会保障有缓解贫困的作用。但是不可否认,传统的福利国家还会造成贫困陷阱、失业陷阱和福利依赖等问题,这种现象使有些处于贫困线以下的穷人不能自拔,打击了穷人努力工作获得更多收入的积极性,危害很大。比如,欧洲高水平的社会保障制度在解决了普通贫困问题的同时,又导致了依赖性贫困和贫困陷阱,使贫困问题更复杂化并难以解决,这说明传统的依靠福利国家来反贫困的理论和实践需要改进。[3] 与传统的反贫困理论相比,积极反贫困理论显然更加具有促进发展的功能,有助于向消除贫困的目标迈进。积极

---

[1] 〔英〕贝弗里奇著,劳动和社会保障部社会保险研究所编:《社会保险及相关服务》,中国劳动社会保障出版社2004年版,第12页。
[2] 国际劳工局:《展望21世纪:社会保障的发展》,劳动人事出版社1988年版,第26页。
[3] 关信平:《当代欧洲贫困问题及欧盟反贫困政策研究》,http://www.chinareform.org.cn/Economy/Agriculture/Experience/201204/t20120410_138899.htm,2002-07-25。

反贫困理论是从反贫困实践中逐步发展形成的，是西方发达国家在应对新贫困问题（主要是"能力说"和"排斥说"贫困问题）时产生的，由于形成时间较短，理论本身还不够系统和完整，但确实对不少国家的社会救助政策改革起到了指导性作用。社会救助是面对贫困时的最直接的应对之策，积极反贫困理论意味着社会救助应该是积极的、具有发展性的，以使受助者最终摆脱贫困而非依赖救助金生活在社会边缘。西方发达国家的工作福利模式的社会救助强调受助者的劳动力市场参与以及培训等，是希望提升受助者的能力以使其最终自立，拉美国家的有条件现金转移支付模式和东南亚国家专项救助模式的社会救助强调提升受助者的人力资本并减少社会服务的排斥性，其实都受到了积极反贫困理论的影响。

第三章 国外发展型社会救助制度的实践模式

在上述理论的共同影响下，发达国家和发展中国家均实施了社会救助改革，并形成了具备不同特点的发展型社会救助制度，即在保证受助者最基本生活的同时，开始强调促进受助者的发展，增加其摆脱救助的能力。

在欧美发达国家，由于经济水平高、社会救助能力建设较完备，这些国家普遍存在最低收入支持制度，即对收入低于政府设定的最低收入的贫困家庭给予现金救助，这种方式虽然能减少贫困，但却容易造成福利依赖，因此，20世纪90年代后，欧美发达福利国家纷纷引入工作福利（workfare），具备工作能力的受助者在领取救助时，必须履行一系列与就业相关的责任和义务。在过去近20年里，发展中国家社会救助项目的迅速扩展意味着这些国家对反贫困问题的重视和关注在不断上升，比如，巴西的家庭支持计划（Bolsa Familia）从2003年建立到2011年已扩展至1200万贫困家庭，印度的农村就业保障计划从2005年开始，到2008年已覆盖了4800万贫困家庭。[①] 随着社会救助的扩展，越来越多的发展中国家的贫困群体从中获益，据统计，墨西哥每

---

① Barrientos, A.（2011），"Social Protection and Poverty", *International Journal of Social Welfare* (20):240–249.

4个家庭就有1个从相关的社会救助转移支付中获益。[①] 综观来看，由于经济社会及文化背景的差异，不同地区的发展中国家在社会救助改革方面还有不同特点：一是拉美发展中国家，由于经济发展水平和社会救助能力建设的制约，这些国家原来的社会救助主要是类别型现金救助而非发达国家的普遍型收入支持制度，类别型现金救助是对特定弱势群体（如儿童、老人、残疾人等）中的贫困者给予现金帮助，这种方式缓解贫困的程度有限，且由于目标定位不准确，存在资金浪费和腐败问题。20世纪90年代中后期，拉美国家纷纷用有条件现金转移支付项目取代了原有的类别型现金救助项目，有条件现金转移支付项目是指受助者领取现金救助要满足一定的条件，这些条件有助于贫困家庭，尤其是贫困儿童获得发展，以期切断贫困的代际传递并实现长期内消除贫困的目标。二是东南亚发展中国家，这些国家原来只存在零星的、临时性和应急性的救助措施，并没有制度化和规范化的社会救助，这在金融危机来临时难以应对大规模的贫困问题，因此，20世纪90年代中后期，这些国家纷纷建立和发展了专项救助，包括医疗、教育、就业等救助，专项救助项目通过提供实物或服务的非现金救助待遇来促使受助者提升素质和能力并改善生活条件，有助于从根本上消除贫困。

总之，综观近20年来发达国家和发展中国家形成的发展型社会救助制度，可以大体将其分为三种实践模式：工作福利模式，有条件现金转移支付模式和专项救助模式。本章将考察这三种模式的发展型社会救助制度的具体实践及其特点和效果。

[①] Barrientos, A. (2011), "Social Protection and Poverty", *International Journal of Social Welfare* (20):240–249.

3.1 工作福利模式

3.1.1 工作福利模式的产生

20世纪80年代末,随着全球化进程,西方国家的失业和受助人口增多,为了应对福利国家的危机并减少受助群体对福利的依赖,如何促使受助者参与劳动力市场成为了福利国家的关注热点。为此,经合组织提出应该把社会福利中那些提供消极的收入救助的部分,转化为可以刺激就业和其他相关事业的措施,以促进积极社会福利的形成。20世纪90年代开始,众多发达福利国家相继实施了社会救助改革,变消极福利为积极福利,引入了不同的工作导向型救助措施,目的是使受助者摆脱依赖、重返劳动力市场并积极融入社会,这种改革被称为工作福利。

根据社会工作百科全书的概念界定,有劳动能力的受助者在接受援助时应当提供相应劳动,这种政策一般被称为"工作福利"(workfare)。[1] 学术界对工作福利的概念没有一致认可的界定,许多研究者将各种形式的工作导向型激励项目都归于此类,这包括工作培训项目、工作介绍项目、公共服务工作项目等,总的来看,这类项目的共通点是促进受助者摆脱福利依赖,承担工作的责任和义务,以减轻政府的财政负担,更好地应对全球化的挑战。[2]

现代工作福利最早是在英美等自由主义福利国家开始流行,

---

[1] 张敏杰:"工作福利政策及对中国的启示",《浙江社会科学》2006年第4期,第91—97页。
[2] 同上。

1996年美国克林顿政府实施了激进的福利改革，实施了《个人责任和工作机会法案》，使得工作福利政策在美国普及，而布什政府期间工作福利得到进一步加强。[①]1998年，英国紧随美国也开始了社会救助改革，通过发布福利改革绿皮书实施"新政"，英国政府决心建立积极的福利体制，鼓励和帮助工作年龄人口去干力所能及的工作，以就业为中心来重构福利国家。德国等保守主义福利国家和瑞典等社会民主主义福利国家随后也开始了工作福利模式的改革（见表3-1）。这些改革努力表明，现代福利国家对失业和受助者的社会保护的政策导向发生了本质变化，失业者和受助者需要主动地投身劳动力市场，而不是被动地领取救助金。

表3-1 部分欧美发达国家工作福利模式的发展型社会救助制度建设

国家	欧美国家在社会救助中引入工作福利的改革举措
美国	1996年制定"个人责任和工作机会法案"
英国	1996年引入"求职者津贴"；1997年实施"新政"；1999年工作家庭税收信贷
德国	1996年实施"联邦救助法案"的改革；2004年实施"哈茨改革"
意大利	1997年引入"公共服务工作"
挪威	1996年引入"劳动力市场培训计划"、"失业替代性工作计划"等
瑞典	1998年青年发展保障计划，2000年引入"激活保证计划"

资料来源：Aust, A.& Arriba, A., "Policy Reforms and Discourses in Social Assistance in the 1990s", paper presented to the ESPA net conference in Oxford, 8.-11.09.2004；〔美〕吉尔伯特等编：《激活失业者——工作导向型政策跨国比较研究》，王金龙等译，中国劳动社会保障出版社2004年版。

---

① 肖萌："发达国家的工作福利制对中国低保政策的启示"，《中国青年政治学院学报》2005年第1期，第138—142页。

工作福利模式的社会救助措施主要包括强制快速就业、培训和财政激励等,不同国家会采取不同的组合方式来建构符合本国国情的政策,一般而言,英、美等自由主义福利国家以强制快速就业和财政激励为主,而北欧的社会民主主义福利国家则侧重培训。[①] 尽管关于工作福利还存在争议,但是不可否认,工作福利强调受助者的义务,推崇工作道德和伦理,倡导使用积极的手段提供福利,在理念和政策方面具有创新性且效果较为明显。

3.1.2 代表性国家的做法与经验

以下将重点介绍美国、德国和瑞典所实施的具体改革措施。在安德森的福利体制类型划分中,上述三国分别属于自由主义福利国家、保守主义福利国家和社会民主主义福利国家[②],具有一定的代表性,可以反映出西方发达福利国家在社会救助方面的集体转向和改革趋势。

1. 美国

美国作为自由主义福利国家的典型代表,在社会救助改革方面走在最前列。20世纪80年代后,几乎每届美国政府都把福利改革作为竞选的主要内容,为此,社会救助制度也随之改革。出于对受助者就业意愿和就业状况及福利依赖的担忧,1996年美国出台了《个人责任与工作机会法案》,将救助制度从"资格机制"改

[①] 梁祖彬、肖萌:"社会救助就业福利政策研究",《首届中国社会救助研讨会论文集》2009年,第407—421页。

[②] 〔丹麦〕埃斯平·安德森:《福利资本主义的三个世界》,苗正民、滕玉英译,商务印书馆2010年,第32—38页。

为"工作优先"模式[①],具体做法包括对救助采取时间限制并强制提出工作要求等以刺激就业。

美国的社会救助改革有其特定的历史背景。20世纪50年代末、60年代初,美国的贫困率高达20%。[②]不同的研究者对贫困问题有不同的理论解释,基本上可以分为两大类:一类是文化的或行为的理论,即认为导致贫困的真正原因是贫困者的行为、价值观和文化,美国的保守派赞同该理论。比如,查尔斯·默里在其著作《失去支撑》中提出,造成贫困的真正原因是福利,福利剥夺了穷人的创造性,鼓励男人要么不和孩子的母亲结婚,要么遗弃妻儿,从而造成家庭破碎;福利还鼓励妇女非婚生育,她们可以依靠福利救助生活,使她们不去工作,造成贫困陷阱和失业陷阱。因此,他认为减少贫困的最好办法就是干脆取消福利。其他学者虽然没有默里这样偏激,但是也都认为福利在造就贫困者并使其持续贫困方面有重要影响。比如,米德认为被动的贫困反映了因贫困滋生的福利政策本身的失败而非缺乏真正的经济机会,福利尤其是长期福利对于有劳动能力的贫困者来说是解决问题的错误方法。[③]另一类是结构的或经济的理论,即认为造成贫困的主要原因是缺乏平等的机会,关注的是不平等的经济机会或不充分就业,使贫困者处于不利地位的教育体制和不同形式的种族歧视,温和派和自由派通常强调结构或经济的理论。比如,詹姆斯·托宾认为经济表现对贫困率具有重要影响,他认为越来越多的人从市场

[①] 韩克庆、郭瑜:"'福利依赖'是否存在?——中国城市低保制度的一个实证研究",《社会学研究》2012年第2期。
[②] 〔美〕哈瑞尔·罗杰斯:《美国的贫困与反贫困》,刘杰译,中国社会科学出版社2011年版,第13页。
[③] 同上书,第58页。

经济的关键部门被排挤出来,是因为他们不具备雇主所需要的高水平技能。对当今资本主义国家进行贫困率比较的研究也支持这种结构理论,研究发现,在那些通过工业解决了大部分人口就业的国家,贫困率最低,而哪里失业率越低,哪里越重视给工人支付优厚工资。[①] 不论是哪类理论,不可否认贫困确实是较为严重的社会问题,为了应对贫困问题,从20世纪60年代开始,美国各种社会救助计划蓬勃发展,如1961年的《抚养未成年子女家庭援助》、1965年的《医疗救助法》、1971年的食品券计划及1972年的《补充收入保障》等。各类救助计划帮助了贫困群体并一定程度降低了贫困率[②],据统计,各类救助项目共填补了超过30%的贫富差距,比如,食品券计划填补了6.3%的贫富差距,医疗救助、补充收入保障、住房救助等也使贫富差距缩小了超过5%。[③] 但是,这种社会救助也产生了负面影响,受助者人数大量增加且产生了福利依赖,他们宁愿依靠救助金生活而不愿就业,逐步失去了再就业的能力与动力,政府的福利开支越来越多,财政负担越来越重。之后的政府曾经计划实施改革,但由于福利的刚性均成为泡影。直到1988年,美国国会通过了《家庭援助法》,该法案的目的是通过向受助者提供就业所必需的服务,如教育、职业技能培训等大幅缩短贫困家庭对救助的依赖时间,但是由于联邦拨款极其微薄,该法案实施效果很有限,但不可否认,它为进一步的福利改革奠定

[①] 〔美〕哈瑞尔·罗杰斯:《美国的贫困与反贫困》,刘杰译,中国社会科学出版社2011年版,第60页。

[②] 美国20世纪60年代中后期和70年代的贫困率控制在10%—15%,见〔美〕哈瑞尔·罗杰斯:《美国的贫困与反贫困》,刘杰译,中国社会科学出版社2011年版,第13页。

[③] 〔美〕玛丽亚·康西安、谢尔登·丹齐革:《改变贫困,改变反贫困政策》,刘杰等译,中国社会科学出版社2014年版,第119—121页。

了基础。①克林顿总统上任伊始，就召集了一组专家以《家庭援助法案》为蓝本制定了一个新的改革方案，方案包括工作补偿、帮助受助的户主找到工作、规定救助时限等六个基本原则。之后，经过民主、共和两党的多次辩论、磋商和协调，最终达成了妥协，1996年8月22日，《个人责任与工作机会法案》正式颁布，法案将救助管理权限下放到各州，并规定了救助开支的上限，鼓励受助者通过就业来自力更生。法案规定，成年受助者必须在两年内或更短的时间内就业，这里"就业"指在私营或公共部门找到真正的工作，还包括一定程度的教育、岗位培训等。为了达到就业目标，单身父母必须每周参加至少20小时的就业活动，双亲父母必须每周工作35小时。另外，法案还严格限制了救助时间，受助者一生中的受助时间不得超过5年，各州可拒绝那些已享受2年救助的人继续领取救助金。当然，还有一些对不履行就业义务者的制裁和惩罚规定，比如，对于求职或培训不予配合或不履行父亲职责的成年人，均按比例扣除相应的救助金等。②法案出台后，各州积极采取行动根据自身实际情况采取了相应的改革举措：在个人责任计划落实方面，有32个州拒绝给不签署个人责任计划书或不遵守已签署计划的申请人提供救助金，14个州和哥伦比亚地区的处罚方式是减少家庭的救助金；在救助时间期限方面，有37个州和哥伦比亚地区确定了接受救助的总时限为5年的规定，有8个州确定的时间限制不到5年；在不遵守工作要求的处罚规定方面，15个州拒绝向第一次不能满足工作要求的人提供资金，其他的州用减少

---

① 〔美〕哈瑞尔·罗杰斯：《美国的贫困与反贫困》，刘杰译，中国社会科学出版社2011年版，第75—77页。
② 同上书，第93页。

补贴的办法来鼓励他们遵守工作要求；此外，各州还在工作补偿、工作时限、个人发展账户、儿童托管等方面出台了相关规定，体现出了足够的灵活性与创新性。[1]总结起来，该法案主要体现了六方面的原则：一是工作补偿，要使就业获得的收入远高于领取救助金的收入，为此，需要提高最低工资、完善收入所得税抵免政策、扩大儿童托管规模等配套措施。二是加大儿童援助力度，需要制裁那些在辨认子女父亲身份方面不配合的母亲，以追踪遗弃妻儿的父亲。三是防止怀孕，拨款资助各州通过提供咨询、颁发奖励和道德劝说等方式，制定防止青少年怀孕的计划。四是帮助受助家庭的户主寻找工作，要通过加强投资为受助家庭的户主提供岗位培训、教育和救助服务，要拨出大笔经费专门用于职业培训和儿童托管，使受助家庭的户主能够找到工作并免除工作的后顾之忧、避免失业。五是规定现金救助的时间限制，身体健康、有劳动能力者必须接受教育、培训和就业安置等系列计划，一般要求在两年内脱离救助。六是公共服务和工作补贴，如果救助对象无法在私有企业就业，可以帮助其安排在公共部门就业，或资助那些雇用他们的私有企业。一旦就业，这些父母会享受儿童托管服务和医疗救助以帮助其维持就业状态。[2]

总之，1996年的美国福利改革法案是1935年《社会保障法》出台以来所经历的最重大的一次改革，它反映了福利理念的改变，即从注重权利与资格转化为强调工作优先，目的是把有劳动能力者推向就业市场，防止福利依赖，与此对应，救助模式从原来的直

---

[1] 〔美〕哈瑞尔·罗杰斯：《美国的贫困与反贫困》，刘杰译，中国社会科学出版社2011年版，第110—116页。
[2] 同上书，第81页。

接发放现金向支持就业的方向发展。随着法案的实施,美国享受救助的人数开始下降,从1996年8月到1998年9月,受助者的人数下降了35%,而且到2000年仍在不断下降,2002年3月,享受贫困家庭临时补助的人数下降到520万,只占人口总数的1.8%,远低于20世纪70年代的水平(4.6%—5.25%),另外,受助者就业的总比例也得以提高,从1997年的30.7%增加到1999年的38.3%[1],尤其是单身妇女的就业率有大幅提高。尽管有研究者对这次改革持批评态度,他们认为受助者人数减少部分是救助资格审查收紧的结果,许多脱离救助者及其家庭的收入仍然相对较低,改革的结果是增加了许多在职贫困者(working poor),有研究表明在摆脱救助后的两到三年中,仍有超过50%的人处于贫困状态[2];对此次改革起到重要影响作用的学者戴维·埃尔伍德就表示了批评态度,他认为就业者可能因为工资低不足以维持生活而仍然需要依赖救助生活;[3]还有一些由于救助的时间限制而不得不失去现金帮助的人们,相比于那些找到工作而脱离救助的人,生活更加脆弱。另外,由于联邦政府把救助的管理权下放到州政府以致造成各州在救助政策上的很大差异,但是,不可否认,此次福利改革在减少福利依赖者和帮助受助者尤其是单身妇女脱离福利走向就业方面还是有积极成效的,更重要的是,它树立了一种崭新的理念,让广大社会成员和受助者认识到了他们享受权利的同时还需

---

[1] 〔美〕哈瑞尔·罗杰斯:《美国的贫困与反贫困》,刘杰译,中国社会科学出版社2011年版,第157—162页。
[2] 王永红:《美国贫困问题与扶贫机制》,上海人民出版社2011年版,第187页。
[3] 〔英〕艾伦·迪肯:《福利视角》,周薇等译,林闽钢校,上海人民出版社2011年版,第127页。

要承担一定的义务,从这一点来说,此次改革实现了克林顿总统所说的"结束我们所知道的"福利制度。

2. 德国

德国作为保守主义福利国家,社会救助的改革滞后于英美等自由主义福利国家,因为一直以来民众都认为政府有责任保障其最基本的生活。然而随着全球化的进展,德国失业问题和对救助的福利依赖倾向均在恶化,这导致德国政府不得不进行社会救助改革,促使受助者积极投身劳动力市场并承担起相应的责任与义务。

20世纪80年代后,德国战后的黄金发展期结束,失业率和贫困率开始攀升,社会救助面临的压力剧增,社会救助支出从1980年的22亿欧元上升到20世纪90年代末的约100亿欧元,同期,领取救助人数从85万增加至300万。[1] 面对这种情况,政府出台了相关控制措施来调整社会救助制度。1996年,德国改革了"联邦救助法案"并引入了工作福利措施,即"工作取向援助"计划,该计划的管理和资金由地方政府负责,主要措施包括培训、创造公益岗位等,要求受助者必须参加该计划,否则将受到处罚,即减少甚至停发受助者的救助金[2],目的主要是减少福利依赖并促使受助者参与劳动力市场。然而,相关评估研究表明,该计划实施后的效果有限,并没有完全达到预期目的。[3] 因此,2004年德国进一

---

[1] Joachim R.Frick, Olaf Groh-Samberg (2009), "Claim or not to Claim: Estimating non-take-up of Social Assistance in Gernmany and the Role of Measurement Error", http://www.diw.de.2009.

[2] Aust, A., Arriba, A. (2004), "Policy Reforms and Discourses in Social Assistance in the 1990s", paper presented at the ESPAnet Annual Conference, Oxford. http://www.ipp.csic.es/doctrab2/dt-0411.pdf, 2004.

[3] 曹清华:"德国社会救助制度的反贫困效应研究",《德国研究》2008年第3期,第18—25页。

步实施了"哈茨改革",它合并了失业救助与社会救助,建立了一种新的保障形式,即求职人员基本保障,又称"失业金 II"[①],其主要内容如下:第一,保障对象方面,所有 15—64 岁,有工作意愿和能力,但无法用收入和资产维系自己和家人基本生活的个人及其家属都有资格得到失业金 II 和配套的救助服务,包括需要通过救济金来维持自己生活,并期望完成学业或者实习培训的 15—25 岁的年轻人,或者存在生理、心理缺陷,无法工作的人,或者因为照顾三岁以下的幼儿和瘫痪的家人而不得不放弃工作的人等,只要是"有理由"的失业或不参与劳动力市场,均可以根据经济困难程度,申请得到失业金 II。[②]第二,资金筹集方面,失业金 II 和相关服务,由联邦劳动和社会事务部、就业办公室和地方政府共同协作执行。联邦劳动和社会事务部用财政拨款通过地方就业办公室支付给失业者失业金 II,并承担失业者需缴纳的养老保险、医疗保险、长期护理保险等费用;联邦就业办公室通过职业介绍中心向失业者提供就业信息、技能培训等再就业促进服务;地方政府为失业者提供住房、供暖设施、儿童教育津贴和心理服务等。[③]第三,支付条件方面,申请者必须满足四个基本条件:一是失业者,二是在地方就业办公室已登记失业,三是提出失业救助申请,四是有意愿、积极地接受职业介绍和职业培训。求职人员基本保障或失业金 II 并不考虑申请人之前是否缴纳失业保险,也不考虑失业保险金积累额,但会要求申请人如实报告家庭总收入,如申请

[①] 蔡和平:"哈茨改革能否扭转德国劳动力市场的颓势",《中国劳动》2007 年第 1 期,第 31—33 页。
[②] 姚玲珍编著:《德国社会保障制度》,上海人民出版社 2011 年版,第 268 页。
[③] 同上。

人家庭的其他成员有收入且达到一定水平,申请人就不能领取失业金 II,也就是说,享受资格的确定要依靠收入审查[①]。领取失业金 II 的人可以从事临时工作以获得额外收入以补贴家用,但如果每月额外收入超过 100 欧元,就需要抵减一部分救助金,超出 100 欧元的部分,按不同比例进行核算。如果申请人没有充分的理由说明自己为什么放弃就业、实习,什么原因放弃就业办公室提供的就业安置和职业培训,那么其救助金就会被扣罚甚至停发。如果一年内连续三次申请失败,则不能继续领取救助金;对于 25 岁以下的失业者,惩罚性停发救助金的要求更高,一年只容许两次申请失败。但是,如果失业者愿意配合就业办公室的安置和培训,那么这种停发惩罚只维持 6 周,否则永久停发。[②] 第四,待遇标准方面,失业金 II 的数额一般足够支付个人食品、日常生活、住宿、取暖、水电、交通等生活开支,一些开支被排除在支付范畴外,如怀孕十三周以上的孕妇的开支、申请人因治疗需要而购买昂贵食品和药品的支出等。[③] 地方政府会利用地方税收为失业者提供集中住处,并承担取暖费、水电费和污水处理费等,但如果申请者租住过大、费用过高的房子,政府会要求其转租或搬迁来降低房租费用。[④] 总之,这次改革从总体上降低了有劳动能力受助者的待遇,他们不再能获得原有的一些假日补贴和特殊补助,而必须去积极寻找工作。[⑤] 因此,为了平息民怨,新改革不得不采取补救措施,

---

① 蔡和平:"哈茨改革能否扭转德国劳动力市场的颓势",《中国劳动》2007 年第 1 期,第 31—33 页。
② 姚玲珍编著:《德国社会保障制度》,上海人民出版社 2011 年版,第 268 页。
③ 同上书,第 269 页。
④ 同上。
⑤ 蔡和平:"哈茨改革能否扭转德国劳动力市场的颓势",《中国劳动》2007 年第 1 期,第 31—33 页。

在开始领取失业金 II 的头两年会补发一笔过渡性补助金,一般来说,失业金 II 的领取者每月可以领 160 欧元,配偶和子女每人领取 320 欧元,不到 15 岁的孩子每人另加 60 欧元,这种过渡补助金领取的第二年额度会降低一半,领取时间不超过两年。[1] 此外,领取失业金 II 的群体可以获得社会保险补贴,政府为其代缴相关社会保险的费用。[2] 以上这些举措目的是为了减少对改革的抵制,以便顺利地实现改革目标。改革之后,社会救助的对象仅是那些没有劳动能力(每日没有能力工作三小时)的失业者和其他特殊救助对象,而有劳动能力的失业者不再有权获得社会救助,而是必须接受政府提供的工作或培训机会,为此,国家成立了专门的"职业中心"并设立了专职的职业介绍人。[3] 失业者需要和职业介绍人充分合作,并根据自身情况制定就业计划,不允许无故拒绝接受合适的工作,否则会面临相应的制裁;如果失业者无法在劳动力市场中获得工作,则要从事政府提供的公益性或"非市场"工作,拒绝同样面临制裁。[4] 对于没有劳动能力和非就业年龄段的贫困群体,他们获得社会救助的条件则被适当地放宽,体现了差别对待的原则。

德国的"哈茨改革"效仿了自由主义福利国家改革的理念和路径,推动此次改革的时任德国总理施罗德非常支持当时任英国首相的布莱尔所提出的"积极福利社会"的内涵并积极赞同改造

---

[1] 姚玲珍编著:《德国社会保障制度》,上海人民出版社 2011 年版,第 270 页。
[2] 刘涛:"德国社会救助制度改革对我国低保制度的启示",《第二届中国社会救助研讨会论文集》,2011 年,第 333—343 页。
[3] 同上。
[4] Knuth, M. (2008), "Implementing the New Basic Allowance for Job Seekers in Germany", discussion paper, http://www.resqresearch.org/uploaded_files/publications/knuth3.pdf.

传统的福利国家。但德国并非完全照搬,而是立足自身情况体现了尊重国情的特点,比如,在对求职者快速就业的要求方面,德国就比英国相对宽松。[1]通过借鉴和学习,德国这个保守主义福利国家同样引入了工作福利政策,尽管改革伊始反对声不断并导致国民的不满,但结果并没改变,改革按计划实施。

相关统计资料显示,改革实施后2006年工作年龄段内领取社会救助的人数仅为7万,这些人是经相关部门鉴定为不具备劳动能力的人群[2];2007年失业人口降到360万,2008年进一步降至314万,而根据德国政府2011年4月的数据,失业人口数量已降至300万以下,这是德国近20年来罕见的低失业率。[3]可见,从失业者数量持续减少这点来看,此次改革还是具备一定积极意义的。当然,批评者有不同观点。客观而言,德国失业率下降的确有多种可能原因,但是德国政府对就业政策和社会政策尤其是社会救助政策的调整还是起到了重要的作用。"哈茨改革"的宗旨是要求接受社会救助的人必须具有责任感并承担相应义务,依靠政府的帮助和更多的个人努力去寻找工作,它不是对原有福利体制的简单修订和调整,而是一次彻底的变革和颠覆,它改变了社会救助的思路与理念,这种改变形成了德国的工作福利体制,旨在帮助、激励或是迫使失业者重返劳动力市场,而不是依赖救助生活。

---

[1] Clasen, J. (2005), *Reforming European Welfare States: Germany and United Kingdom Compared*, Oxford: Oxford University Press, p.79.

[2] Knuth, M.(2008), "Implementing the New Basic Allowance for Job Seekers in Germany", discussion paper, http://www.resqresearch.org/uploaded_files/publications/knuth3.pdf.

[3] OECD Factbook (2009), *Economics, Environment and Social Statistics*, 2009.

3. 瑞典

瑞典作为社会民主主义福利国家,一直非常注重就业保障,在第二次世界大战后一直采取积极劳动力市场政策,即完全就业政策。在20世纪90年代前,瑞典失业率从未超过4%,这一时期的社会救助处于边缘地位,主要面向被排斥在就业市场外的人和有特殊困难者,如家庭破裂者、精神病患者或有酒瘾者。20世纪90年代后,瑞典也开始出现福利国家的危机,失业率持续攀升,1989年瑞典的失业率低于2%,而1992年则升至8%,并在之后一直维持在这个较高的水平。[①] 许多缺少工作经验的年轻高校毕业生和来自国外的新移民,基本都被排斥在正规劳动力市场外,社会救助成为他们最后的依靠,这些人在瑞典被贬称为"福利乞丐"。另外,不少在职穷人在遇到困难时也申请社会救助。因此,20世纪90年代上半叶,瑞典的受助者数量和社会救助支出额度是以前的2倍以上,社会救助对象不再只是流浪者、酒徒等少数边缘社会群体,而是包括很多有劳动能力却因各种原因而无法进入劳动力市场的人。[②]

在这种情况下,政府采取了一些积极措施促使受助者进入劳动力市场,由于社会民主主义福利国家的传统,瑞典的工作福利政策的开展不像英美等自由主义国家那样激进。1996年社会民主党政府新总理提出,要在2000年前将失业率减少一半,除采取传统的积极劳动力市场措施外,政府新增了各层次水平人群的受教育机会,包括成人教育、以未受过高等教育的

[①] 〔美〕吉尔伯特等编:《激活失业者——工作导向型政策跨国比较研究》,王金龙等译,中国劳动社会保障出版社2004年版,第227页。

[②] 同上书,第229页。

成人为对象的技能提高性教育等，原来的工作优先原则转化为工作能力优先原则，着力提高弱势群体的人力资本积累和就业能力。活跃劳动力市场的措施还包括为每一位失业者求职，无论老少，进行个人职业设计，采取面对面的职业指导和介绍工作的形式，并通过不同的培训项目或公共工程等以工代赈方式安置失业者。如失业者无法在本行业或本地区就业，则会建议其改行学习新技能或去其他地区找工作。[①] 此外，为了使失业者学习如何有效地找到工作，采取了至少进行5天的"工作俱乐部"活动，有时也针对找工作时的一些问题以及每个人的想法进行座谈沟通，其间就业服务机构会一直与参与者保持联系，直至其找到工作为止。[②]1998年年初，瑞典实施了青年发展保障计划，计划的对象是18—24岁且失业在100天以上并正在积极寻找工作的青年，地方政府介入以救助形式提供住房补贴，拒绝参加计划的青年无权获得住房津贴补助，同时，政府还鼓励青年通过成人式中等教育或者学校式教育继续学业。[③]2000年，瑞典又开始实施"激励保证计划"（Activity Guarantee），计划面向那些最有可能长期依赖救助的群体，参加者必须全天参加，补助金水平与失业保险金水平大致相当。计划要求参加者必须积极寻找就业机会，参加一项正规的劳动力市场项目或是培训项目，退出计划的方式如下：找到一份至少为期6个月的正式工作，或参加正规教育继续学业，或彻底退出劳动力市

---

① 粟芳、魏陆等编著：《瑞典社会保障制度》，上海人民出版社2010年版，第215页。
② 同上。
③ 〔美〕吉尔伯特等编：《激活失业者——工作导向型政策跨国比较研究》，王金龙等译，中国劳动社会保障出版社2004年版，第232页。

场。①2002年,瑞典政府开始在多地试行"带薪休长假"政策,并取得了不俗的成绩,该政策从2005年起正式在全国开展,目的是为了利用自愿者休假让出的工作岗位安排长期失业者上岗,积累工作经验并提高技能,最终获得一份稳定的就业岗位,为保证该政策的顺利实施,政府专门财政拨款1.59亿瑞典克朗,实现每年为1.2万人安排就业岗位的目标。②针对新近的外国移民,由于其就业难度高、福利依赖倾向强,瑞典政府采取了一系列措施,包括:对雇用移民和难民的企业进行补贴,对于那些雇用移民并帮助其学习瑞典语的企业,政府会给予不超过12个月的相当于对应的移民工资的75%作为补贴;对移民和难民的技能和教育程度进行测试和评价,并对其进行职业培训;专门设置针对移民和难民的安置官员和就业服务机构等。③针对残疾人,政府会把其安置在受国家保护的"瑞典公共企业"的工厂中工作,还为其提供各种就业补助,比如工作假肢、盲人读音器、助听器等技术性帮助工具和设备,政府的补助还可以用于资助残疾人开办自己的小商店、小修理店等④,以使他们摆脱依赖救助生活,走向自立。

总的来看,瑞典工作福利政策的实施并不激进,其重点放在青年和成年人的教育和培训方面,即强调工作能力优先原则,使受助者获得参与正规劳动力市场的能力,这种思路并不是对新自由主

---

① Aust, A., Arriba, A.(2004), "Policy Reforms and Discourses in Social Assistance in the 1990s", paper presented at the ESPAnet Annual Conference, Oxford, http://www.ipp.csic.es/doctrab2/dt-0411.pdf, 2004.
② 粟芳、魏陆等编著:《瑞典社会保障制度》,上海人民出版社2010年版,第215页。
③ 同上。
④ 同上。

义福利体制外界压力的屈服,而是瑞典原有积极劳动力市场政策的进一步发展和延续。根据相关统计数据,2000年瑞典的失业率已降至5.6%,2002年进一步降到4.9%[①],虽然还没有恢复到20世纪80年代的水平,但已经有较大程度的改善,应该说,相应的改革措施还是富有成效的。

3.1.3 工作福利模式的特点与效果

综观不同国家的改革举措,可以发现虽然各国的具体做法和经验有所不同,但工作福利模式的发展型社会救助制度存在一些共同的特点。

第一,强制性。工作福利要求受助者必须接受培训或政府部门提供与介绍的工作,这是强迫性的,而不是志愿性的。[②] 第二,奖惩结合性。工作福利的实施通常与一定的奖励和惩罚措施相随,因为它在某种程度上是一种行为矫正方式,旨在将负责任的行为(如家庭、工作)作为领取救助金的一个条件,从而调控受助者的行为方式,使之符合主流社会价值,防止依赖文化的滋生。比如,财政激励是通过设立工作补贴和收入豁免等措施对参与劳动力市场者提供奖励,而强制快速就业和培训则要求受助者必须接受相关机构介绍的工作或提供的培训,否则会伴随救助金的减少甚至丧失等惩罚措施。第三,促进发展性。工作福利改变了社

[①] 〔美〕吉尔伯特等编:《激活失业者——工作导向型政策跨国比较研究》,王金龙等译,中国劳动社会保障出版社2004年版,第235页。

[②] 张敏杰:"工作福利政策及对中国的启示",《浙江社会科学》2006年第4期,第91—97页。

会救助关注收入补偿的功能,强调了社会救助还要配合提供培训和介绍工作的相关服务,体现出促进受助者发展、提高其自立能力的功能。

就实践效果方面来说,工作福利模式的发展型社会救助制度尽管存在一些问题,比如成本会比较高并可能会对工作质量产生不利的影响、缓解贫困的作用比较有限等[①],但其效果还是比较显著的,它在一定程度上改变了受助者的观念,激发了其上进心,相关实证研究表明,工作福利模式减少了受助者人数并提高了就业率,一定程度上提高劳动者从市场中获得收入的能力,有利于降低政府在社会救助方面的开支。[②] 此外,工作福利制通常采取社区工作体验的形式并取得了比较积极的成效:一方面,那些就业困难的受助者可以在相关机构的帮助下参与社区服务工作,他们从事的公益活动为社区改进做出了贡献;另一方面,通过这种形式还可以剔除那些不符合救助资格的受助者,起到一定监督作用。同时,大多数工作福利的受助人会认为他们在享受救助待遇时被要求提供相应的劳动是一种公平的体现,他们一般对自己所从事的岗位表示满意,且期待自己能对社会做出有益的贡献。

---

① 李丹:"欧美国家的工作福利政策及其启示",《厦门大学学报(哲学社会科学版)》2008 年第 4 期,第 99—105 页。
② 梁祖彬、肖萌:"社会救助就业福利政策研究",《首届中国社会救助研讨会论文集》,2009 年,第 407—421 页。

3.2 有条件现金转移支付模式

3.2.1 有条件现金转移支付模式的产生

拉美在西半球是较早建立社会保障制度的地区之一,也是发展中国家中社会保障水平最高的。虽然拉美国家效仿了欧洲大陆国家的福利制度模式,带有一定保守主义福利体制的特征,但是这种福利体制是不完整的,以社会保险为主,社会救助只是边缘性的和残补性的,带有碎片化和分层化的特征。[1]碎片化是指不同部门、不同行业和不同社会阶层之间的福利保障制度分割非常严重;分层化是指不同职业和部门、不同身份的群体享有完全不同的社会保障权益,底层阶级和非正规就业者一般被排斥在社会保障体制外。[2]20世纪80年代,拉美国家遭遇了严重的经济危机,面对沉重的债务危机,采用新自由主义方式的大部分国家开始进行经济与社会改革,其中一个重要方面就是社会保障改革。最先开始改革的是智利,它于1981年进行了养老金私有化的改革,拉开了拉美各国自由主义福利体制变革的序幕,拉美国家期望通过这种改革来改变原有福利体制的不公平和排斥性,然而,改革并没有有效扩展社会保险的覆盖面,反而使覆盖面有所下降,贫困群体仍然无法获得福利,福利体制的不公平性在持续[3],贫富差距过大和贫

---

[1] 房连泉:"拉美现代福利体制的形成与历史演变",载苏振兴主编:《拉美国家现代化进程及其启示》,知识产权出版社2012年版,第342—354页。

[2] 同上。

[3] 叶晓恬:"经济增长与社会发展:拉美国家的经验与教训",载谢立中主编:《经济增长与社会发展:比较研究及其启示》,社会科学文献出版社2008年版,第87—114页。

困发生率高依旧是拉美各国面临的重要社会问题。据统计，18 个拉美国家的基尼系数均在 0.4 以上，其中 0.5 以上的为大多数[①]；按照拉美国家各自确定的贫困线，贫困率在 35% 以上（见表 3-2）。

表 3-2　拉丁美洲的贫困人口 (1980—2007)

年份	贫困人口数量（亿人）	贫困率 %	赤贫人口（亿人）	赤贫率 %
1980	1.36	37.4	0.62	17.0
1990	2.15	48.3	0.68	15.3
2000	2.22	42.5	0.61	11.7
2007	2.01	35.1	0.46	8.1

数据来源：苏振兴主编：《拉美国家社会转型的困惑》，中国社会科学出版社 2010 年版，第 221 页。

面对这样的情况，20 世纪 90 年代中后期，拉美国家开始认识到社会救助这种能直接应对贫困问题的社会保护措施的重要性，相继改革原有的社会救助并设置了众多新型的救助项目（见表 3-3），社会救助开始成为社会保障制度的重要内容而非原来的边缘性制度。这些新型救助项目的总体趋势与共同特点是将救助资格与个人参加就业与培训，家庭成员（尤其是儿童）的教育、健康和营养结合起来（见表 3-3），也就是说，救助金的提供是有条件和前提的，其前提是必须将救助资金用于家庭成员人力资本水平和能力的提升，因此这些项目被称为有条件现金转移支付项目（CCT）。在许多拉美国家，CCT 项目已经成为规模最大的社

[①] 苏振兴主编：《拉美国家社会转型的困惑》，中国社会科学出版社 2010 年版，第 180 页。

会救助项目,以巴西和墨西哥为例,该项目为贫困群体提供了上百亿美元的资金。① 在拉美实施数十年来,CCT 项目受到许多国际组织和一些亚非发展中国家的肯定,并被不断效仿。② 更为重要的是,这类项目对赤贫家庭来说意义更加重大,它既能满足短期需要,还有助于贫困儿童的健康、教育等未来发展,既能解决个人和家庭的困难,又有助于国家的未来可持续发展③,有利于在国家层面上促进联合国提出的千年发展目标的实现。此外,由于这类项目多把救助金发放给受助家庭的女性户主,因此还有助于改变妇女的弱势地位并促进性别平等的实现。

表 3-3 部分拉美国家有条件现金转移支付模式的发展型社会救助制度建设

国家	有条件现金转移支付项目	条件涉及的内容	领取救助金的条件
墨西哥	1997 年教育、卫生和食品项目 (Progresa);2002 年机会计划 (Oportunidades)	教育、健康、营养	每月及每年上学出勤率必须均达到 85% 以上;定期到健康中心进行体检;参加营养和健康讲座
巴西	2003 年家庭补助项目(Bolsa Familia)	教育、健康、营养	以三个月为周期,上学出勤率必须达到 80% 以上;接种疫苗;定期体检

---

① 费希宾、谢迪等:"有条件现金转移支付(CCT):减少当前和未来的贫困", http://iprcc.org/pdf/gjjpdtdwq.pdf,2009 年。
② Barrientos, A., Santibanez, C. (2009), "New Forms of Social Assistance and the Evolution of Social Protection in Latin America", *Journal of Latin America Studies*, 41 (1):1-25.
③ 郭存海:"巴西和墨西哥的'有条件现金转移'计划评析",《拉丁美洲研究》2010 年第 3 期,第 37—42 页。

续表

国家	有条件现金转移支付项目	条件涉及的内容	领取救助金的条件
哥伦比亚	2000年家庭行动计划	教育、健康、营养	以两个月为周期，上学出勤率必须达到80%以上；定期到健康中心进行体检；参与儿童生长发育水平检测
牙买加	2001年健康营养促进项目	教育、健康、营养	上学出勤率须达到85%以上，每学期缺勤不超过9天；定期到健康中心进行体检（次数根据儿童年龄和身体状况而定）
洪都拉斯	2000年家庭分配计划	教育、健康、营养	保证儿童的入学时间，以三个月为周期最多缺勤7天；到健康中心进行体检
尼加拉瓜	2002年社会保护项目	教育、健康、营养	保证入学率和升学，以两个月为周期无故缺勤不超过6天；接种疫苗；参与儿童生长发育水平检测、营养和健康讲座

资料来源：Barrientos，A.，Santibanez，C(2009)，"New Forms of Social Assistance and the Evolution of Social Protection in Latin America"，*Journal of Latin America Studies*，41 (1):1–25；Laura B. Rawlings(2005)，"A New Approach to Social Assistance: Latin America's Experience with Conditional Cash Transfer Programs"，*International Social Security Review*，58(2-3):133-161.

3.2.2 代表性国家的做法与经验

以下将重点分析墨西哥、智利和巴西所采取的改革措施。墨西哥是拉丁美洲最早实施有条件现金转移支付项目的国家,智利是拉丁美洲在减贫方面效果最好的国家,而巴西作为金砖国家之一则是拉丁美洲最大的经济体,以上国家在实施有条件现金转移支付项目方面无疑具有一定的代表性。

1. 墨西哥

贫困问题一直困扰墨西哥。自 20 世纪 80 年代以来,墨西哥从进口替代工业的内向型模式转为新自由主义市场经济的外向型模式,经济得到发展,但 1982 年和 1994 年,墨西哥先后爆发了两次经济危机,使贫困问题加重。由于衡量贫困的标准不同,国际组织、墨西哥政府、研究机构、学者等对墨西哥贫困人数和状况的评估也不同。[①]世界银行 1999 年报告指出,在墨西哥 9600 万人口中,贫困人口至少占 40%(3840 万),赤贫人口占 14.9%(1430 万);美洲开发银行 1998 年报告指出,墨西哥有 47% 的人口(4510 万)是穷人,其中 17%(1630 万)是赤贫;墨西哥政府的官方统计表明,2000 年墨西哥有 4000 万贫困人口,其中 2700 万是赤贫;据恩里克·劳斯教授的统计,1996 年墨西哥有 79.5%(7360 万)的贫困人口,37.9% 的人口(3848 万)是赤贫。[②]总之,尽管不同机构和学者对贫困的估计各不相同,但不可否认,作为拉美大国之一,墨西哥社会的贫困问题非常严重,应该采取社会救助等反贫措施与贫困作斗争。

早在 1988 年年末,革命制度党萨利纳斯政府就宣布实施"全国团结互助计划",这项扶贫计划涵盖的范围包括社会福利与社会

[①] 徐世澄:《墨西哥政治经济改革及模式转变》,世界知识出版社 2004 年版,第 222—223 页。

[②] 同上。

救助、生产和地区发展等方面,在社会福利和救助方面,确定了 50 多项具体的行动计划,包括社会福利计划、儿童团结计划、青年团结计划、妇女团结计划、教育基础设施计划等,总之,团结互助计划的宗旨是同贫困斗争,通过创造必要的物质、经济和社会条件来实现机会平等。[①]据官方统计,在萨利纳斯执政的 6 年中,团结互助计划共支出 518.2 亿新比索(约 166 亿美元),共实施 52.3 万个扶贫工程,贫困人数有所减少,取得了一定效果。[②]1994 年年末,赛迪略就任总统后不久,墨西哥爆发了金融危机,贫困人数骤然增加,社会冲突加剧。根据墨西哥政府制定的"食物贫困线"、"能力贫困线"与"财产贫困线",1996 年该国的贫困人口比重分别达 37.4%、46.9% 和 69%,此外,儿童中有 40% 处于贫困状态,其健康、营养和受教育权利受到剥夺。[③]

面对以上情况,1997 年墨西哥首先在农村实施了"教育、健康与营养计划",该计划由教育部、卫生部和社会发展部联合共同制定和实施,还成立了专门的协调委员会负责计划的实施、信息记录与跟踪以及效果评估等。计划包括三个相互关联的内容:发放助学金以提高农村贫困地区儿童入学率,向农村极端贫困家庭提供免费医疗,保障他们基本食品需求。这个计划与以往计划不同,它通过家计调查把救助金有条件地发放给贫困家庭,而不是贫困地区的政府、机构和企业,该计划关注贫困群体尤其是贫困

[①] 徐世澄:《墨西哥革命制度党的兴衰》,世界知识出版社 2009 年版,第 87—88 页。

[②] Secretaria de Desarrollo Social(SEDESOL), *Solidaridad: seis anos de trabajo*, pp.32-39.

[③] 〔墨〕萨尔瓦多·埃斯科韦多·佐莱托:"墨西哥机会均等项目:内容、机制与效果",http://www.chinareform.net/2009/1231/749.html,2009 年。

儿童的人力资本投资。具体来看，在教育方面，政府向有正在读小学三年到中学三年的18岁以下儿童的贫困家庭提供助学金，受助家庭必须保证儿童的出勤率在85%以上，助学金的发放随年级的增加而增加，且给女童的助学金大于男童，每月最高可达580比索。[1]在健康方面，计划为贫困家庭免费提供一揽子基本医疗服务，包括免费提供药品，对象包括儿童、孕妇、青年和成年人，检查项目各不相同，针对儿童的检查项目最多；通过开展不同形式的健康讲座、培训等来推动贫困家庭和社区的自我保健意识；促进卫生服务质量和服务意识，为贫困家庭提供优良服务。[2]在营养方面，计划有两种救助方式，一是实物救助，对5岁以下的儿童和孕期、哺乳期女性免费提供营养补充剂，尽可能为儿童和特殊群体补充足够的各种微量元素；二是现金救助，可以补充家庭食品支出，用于改善贫困家庭的饮食状况，平均每月每户发放数额为150比索，直接发给贫困家庭中的母亲或女性户主。[3]该计划对受助家庭的选择主要分为三个阶段，以保证严格和公正，第一阶段为选择参与计划的农村贫困地区，第二阶段是在选择出的地区中展开家庭访问、村舍调查了解并记录被调查者社会、人口、住房等方面的详细信息，第三阶段是严格依据前两个阶段的调查结果和信息体系来确定参与家庭的身份并向其解释计划的特点、权利和义务等，通过上述方式筛选出的受助家庭如能够按照计划要求履行义

---

[1] 〔墨〕萨尔瓦多·埃斯科韦多·佐莱托："墨西哥机会均等项目：内容、机制与效果"，http://www.chinareform.net/2009/1231/749.html，2009年。
[2] 郑皓瑜：《拉美国家扶贫政策研究》，对外经济贸易大学出版社2013年版，第143页。
[3] 同上书，第143—144页。

务，则可以在为期 3 年内获得救助。① 据统计，到 2000 年，该计划支出 95.7 亿比索，覆盖受助家庭约 250 万户，参加计划的贫困家庭消费水平得到提高，食物搭配更均衡、营养更丰富，贫困儿童的营养状况、生长发育情况、就诊情况、入学率和出勤率均得到明显改善，计划取得了较好的实施效果。② 基于此，从 2001 年开始该计划在墨西哥的城市地区施行。

2002 年，福克斯总统上台后，决定在该计划基础上将内容进一步扩展，使受益人群更广泛，由此，计划正式升级并更名为"机会计划"（Oportunidades），仍主要涉及教育、健康、营养三个方面，包括发放助学金以提高贫困儿童入学率，向贫困家庭提供免费医疗，保障贫困家庭的基本食品需求等，这其实延续了"教育、健康和营养计划"的大部分内容、行动纲领及主要原则，此外，机会计划有三方面的重大调整：一是将计划受助家庭范围扩大至 75 万户，包括城市中人口较多的贫困家庭；二是将教育助学金的受助年限增加 3 年，覆盖整个高中阶段，并保持女生助学金多于男生的情况，助学金数额仍然随年级升高而增加；三是加强针对贫困成年人的健康措施，增加健康讲座和座谈次数，并将主题扩展到毒品、性和家庭暴力等方面。③ 此外，2004 年，机会计划又增加了青年人机会均等项目，面向年轻人提供现金援助以增加贫困家庭的受助金额，鼓励他们在 21 岁前完成高中教育，并对达到目标的学

---

① 郑皓瑜：《拉美国家扶贫政策研究》，对外经济贸易大学出版社 2013 年版，第 145 页。
② 徐世澄：《墨西哥政治经济改革及模式转变》，世界知识出版社 2004 年版，第 229 页。
③ 郑皓瑜：《拉美国家扶贫政策研究》，对外经济贸易大学出版社 2013 年版，第 156 页。

生提供每人总额 3000 比索的现金奖励，必须在完成学业后才能领取。①2006 年，卡尔德龙当选总统后，继续执行机会计划并进一步扩展内容与措施，到 2010 年该计划已覆盖所有大中型城市，各个领域的救助金都有大幅提升，还新增了一些补助项目，如为 70 岁以上老人提供一定现金补贴、增加能源救助金以帮助贫困家庭应对能源短缺、增加食品价格补贴以抵消国际食品价格上涨带来的负面影响等。②

"机会计划"的建立和实施使墨西哥成为拉丁美洲也是全世界第一个在全国推行有条件现金转移支付项目的国家，成为其他拉美发展中国家相继模仿的对象。从 1997 年计划开始实施到 2010 年，计划的覆盖面从 30 万户增加至 580 万户，遍及全墨西哥的 92672 各地区，其中 99% 为农村地区或城乡交界处，86% 为小村庄；到 2010 年，该计划已改善了全国约 3000 万人口的生存状况，每 3 位墨西哥人中就有 1 位接受机会计划的救助。③2006 年，墨西哥政府在该项目上共投入资金达 32 亿美元，占 GDP 的 0.3%；到 2010 年，由于卡尔德龙总统扩展了项目并提高了救助水平，救助资金投入达 50 亿美元，占 GDP 的 1% 左右，资金投入相当可观。同时，机会计划的运行成本非常低，据估算运作成本低于 6 分比索，效率很高。④

---

① 〔墨〕萨尔瓦多·埃斯科韦多·佐莱托："墨西哥机会均等项目：内容、机制与效果"，http://www.chinareform.net/2009/1231/749.html，2009 年。
② 郑皓瑜：《拉美国家扶贫政策研究》，对外经济贸易大学出版社 2013 年版，第 159 页。
③ 中国国际扶贫中心："墨西哥的有条件现金转移支付（CCT）项目"，http://iprcc.org/pdf/gjjpdtdwq.pdf，2009 年。
④ 〔墨〕萨尔瓦多·埃斯科韦多·佐莱托："墨西哥机会均等项目：内容、机制与效果"，http://www.chinareform.net/2009/1231/749.html，2009 年。

从计划实施的效果来看,在减贫方面,若没有"机会计划",墨西哥贫困人口还要增加1.8%,按照墨西哥1亿多人口计算,这说明该计划使180多万人脱离了食物贫困。① 从教育方面看,计划累计为贫困儿童提供了500万份助学金,大大提高了学生的入学率,农村地区高中阶段女生入学率提高了40.1%,男生提高了35.7%,越来越多的青少年把上学看做他们的主要任务和改变命运的首选手段。② 从健康和营养方面看,母婴死亡率分别减少了11%和2%,2岁以下儿童身高增加了1.42厘米,2岁以下儿童患贫血的比率降低了35.8%,5岁儿童的患病天数减少了20%,18—49岁成年人的日常活动能力明显增强,家庭成员的健康状况得到改善。③ 从生活质量和品质看,男女之间的受教育差距正在不断缩小,家庭饮食中蛋白质、水果、蔬菜的比例逐渐增加,为了达到计划要求的条件,家庭中内部协作增加④,家庭暴力也大幅下降,妇女的自信程度有所提高。⑤ 当然,该计划也存在一些局限性,比如各部门之间的配合协调不够,重视了儿童、青少年,却忽视了老年人,在促进成年贫困者就业方面效果不佳等。⑥ 虽然还存在问题,但计划的成效不容忽视,墨西哥的机会计划经过多年发展和实践,

---

① 〔墨〕萨尔瓦多·埃斯科韦多·佐莱托:"墨西哥机会均等项目:内容、机制与效果",http://www.chinareform.net/2009/1231/749.html,2009年。
② 郑皓瑜:《拉美国家扶贫政策研究》,对外经济贸易大学出版社2013年版,第162页。
③ 〔墨〕萨尔瓦多·埃斯科韦多·佐莱托:"墨西哥机会均等项目:内容、机制与效果",http://www.chinareform.net/2009/1231/749.html,2009年。
④ 郑皓瑜:《拉美国家扶贫政策研究》,对外经济贸易大学出版社2013年版,第163页。
⑤ 〔墨〕萨尔瓦多·埃斯科韦多·佐莱托:"墨西哥机会均等项目:内容、机制与效果",http://www.chinareform.net/2009/1231/749.html,2009年。
⑥ 徐世澄:《墨西哥革命制度党的兴衰》,世界知识出版社2009年版,第91页。

已成为社会保障体系的重要组成部分,它通过有条件发放救助金的方式,较完备的管理与能力建设,为贫困家庭提供直接现金帮助的同时,还注重贫困家庭成员的未来发展,尤其是儿童健康、营养和教育方面的改善,这有助于切断贫困的代际传递,从根本上和长期内消除贫困。

2. 智利

在智利,20世纪初期,贫困问题并非主要问题,然而自20世纪40年代起,随着大规模的农民入城,带来了较为严重的贫困问题,这激发了社会矛盾。由此,智利政府开始实施一些类似于福利国家性质的社会政策来维持社会稳定,例如,大力普及初级教育和基本医疗服务,通过社会保障保护劳动者权利,保护劳动者就业稳定,控制基本消费品价格等。[①]1973年军政府上台后,智利的社会政策发生了显著变化,社会政策面向最贫困的社会群体,主要受益者是妇女、儿童等极端贫困群体,政策的实施使婴儿出生率、存活率,儿童的受教育程度等得到了改善,但是,这种社会政策模式使中间阶层和相当部分的劳动阶层失去了政府社会政策的保护,许多人成为贫困人口,失业率一度超过17%,与1970年相比,1989年的家庭补贴下降了71%,最低工资降低了9%,部分部门甚至失去了最低工资的保护。[②]1990年智利社会恢复民主后,其社会政策为了与全球化开放的经济政策相适应进行了进一步的调整,针对穷人和特殊弱势群体的反贫困社会政策继续得到了高

---

① 李曜、史丹丹编著:《智利社会保障制度》,上海人民出版社2010年版,第222页。
② 曹淑芹:"智利政府克服贫困的新举措",《拉丁美洲研究》2005年第4期,第42—50页。

度重视，此外，政府还极力确保社会公共服务的水平及全体公民有平等的教育、健康和社会保障方面的权利。也就是说，从1990年起，民主政府在设法维持社会政策的普遍性和集中性的同时致力于消除贫困，这种社会政策模式实施后，智利的贫困率持续下降，从1990年的38.6%降至1996年的23.2%，极端贫困率（赤贫率）也从1990年的13%下降到1996年的5.6%[①]，1998年到2000年极端贫困率维持在5.8%，没有继续下降[②]，这说明既有的社会救助计划在对这部分剩余的贫困群体的扶贫方面效率不高。针对此，智利政府认真分析了原因，通过对贫困家庭的深入调查研究，认识到剩余贫困家庭的收入不足只是表象，深层原因是能力不足，因而无法应对各种社会风险，所以，要解决他们的贫困问题，不只需要现金救助，还要帮助提升这些家庭的能力，帮助其积累人力资本，使其最终能自立脱贫。

2000年，新一届拉格斯政府开始制定消除极端贫困的新战略，该战略包括三大目标：一是政府主动提供救助而非消极地等待贫困家庭来申请；二是充分利用全国的信息网络提供救助和服务；三是强调将家庭作为单位来考察和实施。另外，该战略还鼓励社会力量和非政府组织的参与。2001年，依据该战略制定的计划被正式确立，后又经过讨论和修改，2002年5月21日格拉斯总统在发表的国情咨文中正式提出了此项计划，即团结计划（Solidario）。团结计划将极端贫困的家庭纳入计划，主要包括三项措施：第一，个性化、集中化的心理指导和家庭保护救助金措施，

[①] 李曜、史丹丹编著：《智利社会保障制度》，上海人民出版社2010年版，第226页。

[②] 同上书，第240页。

目的是在贫困家庭和各机构职能之间搭建一座桥梁,加强贫困家庭参与各种社会保障的渠道,增强他们与周围环境和其他家庭的沟通,构建自己的社会资本网络。[1]它需要一位专业人员定期家访,对参与家庭进行个性化的心理指导和调节,与参与家庭签订协议,为参与的贫困家庭讲解计划的目的、操作方式等,使他们能有效地利用发放的救助金。在专业人员的协助下,针对赤贫家庭最脆弱的七大方面进行干预,分别是身份地位、卫生健康、教育水平、家庭劳动力、住房条件、工作状况和收入水平,其中每个方面都从公民权益角度规定了共计53项最低生活质量标准(2010年扩展至79项)。[2]在七大方面的最低标准中,参与家庭自行选择他们最迫切需要解决的方面作为首选项目,一旦选定后,政府便为每个计划覆盖的家庭提供"家庭保护救助金",以满足他们进行经济活动、改善生活质量的需要,救助金发放时间为2年,发放对象是女性户主,资金以递减的方式发放:即最初半年每月1.05万比索,第二个半年每月8000比索,第三个半年每月5500比索,最后的半年每月3500比索。[3]当2年的指导期结束时,会对每个参与家庭的进展情况进行总结和评价,指出问题和不足,并向贫困家庭介绍退出补贴的情况和特点。[4]第二,保障性的现金救助。这包括家庭单一补贴,面向18岁以下的青少年;老年援助性养老金,面向65岁以上的老人;残疾人救助养老金,面向赤贫家庭中所有残

---

[1] 郑皓瑜:《拉美国家扶贫政策研究》,对外经济贸易大学出版社2013年版,第178页。
[2] 同上书,第181页。
[3] 曹淑芹:"智利政府克服贫困的新举措",《拉丁美洲研究》2005年第4期,第42—50页。
[4] 郑皓瑜:《拉美国家扶贫政策研究》,对外经济贸易大学出版社2013年版,第183页。

疾人；援助性养老金，面向精神残疾人员；全额税费补贴，为贫困家庭提供每月最多15吨自来水的全额水费补贴；儿童助学金，助学金随年级升高而逐步增加，而且还为那些顺利读完中学的学生提供一笔额外现金补助。① 第三，贫困家庭优先进入各类旨在解决社会问题的计划。这些计划涉及教育、卫生、住房、就业和收入领域，具体的计划包括教育部的学龄前教育计划、改善幼儿教育计划、学校免费午餐计划等，国家卫生基金会的家庭健康计划、老年人计划、心理健康计划等，劳动部的劳动力改良计划，社会团结和投资基金会的再就业计划、支持经济活动计划等。除上述四大领域的相关项目外，计划还帮助参与家庭预防家庭暴力事件的发生、预防毒品、帮助吸毒人员戒毒等。②

团结计划受助家庭的筛选依据社会救助委员会的 CAS-2 卡片系统进行，该系统依据调查记录了家庭的经济社会生活水平，卡片在智利全国范围内使用，用来划定和选择社会救助项目的受助家庭。③ 根据卡片记录的信息，可以为每户家庭的社会生活状况确定级别，从而判断其是否能够成为受助家庭。若被选中，受助家庭与政府之间需要签订"家庭协议"，受助家庭要承诺努力改善家庭的生活状况，充分利用社会救助提供的现金和服务，政府则需承担起为贫困家庭提供一系列救助和所需资源的任务。④ 智利规划和合作部是团结计划的负责机构，该部负责协调国家的、地区的及地方各主管社会问题的公共部门和私有部门之间的关系和相互

---

① 郑皓瑜：《拉美国家扶贫政策研究》，对外经济贸易大学出版社2013年版，第183页。
② 同上书，第185页。
③ 同上。
④ 同上书，第185—186页。

协作，保证参加计划的家庭能满足其生活需要和各种需求。各部委各自负责计划中涉及本部门的问题，具体分工包括：全国妇女委员会负责贫困家庭妇女获得各种援助等；全国青年委员会负责向贫困家庭中 15—29 岁的青年人提供帮助；全国教育和奖学金委员会负责贫困家庭中儿童纳入学生健康计划、学校免费午餐计划等。① 总的来看，智利的团结计划与以往的救助计划相比，主要有以下几方面的变化：一是政府的角色由被动转为主动，以前的计划贫困家庭需要自己提出申请和需求，政府才会提供相应救助，团结计划则采取主动措施保证贫困家庭获得各种公共服务。二是社会救助的提供方式由分散变为统一，以往的各种救助计划各自为政、缺乏协调和关联，团结计划在设计上突出了连贯性和协调性，管理上重视了体制的唯一性，充分发挥了计划效率。三是贫困家庭在社会救助中的角色由被动接受转为主动努力摆脱贫困，以往的救助计划中，受助家庭或个人仅仅作为被动接受者，团结计划则要求所有家庭必须签订协议，承诺在 2 年内为改善贫困状况付出自身努力。四是救助与促进发展之间的关系由无关联转为互相促进，以往救助计划并没有促进贫困者发展的意图，而团结计划以提供救助和促进发展两方面为目的，注重培养参与家庭的自救能力。②

从团结计划的成本和效果来看，计划的投入成本 2009 年为 938.8 亿比索，占国内生产总值的 0.11%，成本控制得较好。③ 虽然计划在受助家庭数量、计划实施期限等方面有所限制，但总的

---

① 李曜、史丹丹编著：《智利社会保障制度》，上海人民出版社 2010 年版，第 222 页。
② 郑皓瑜：《拉美国家扶贫政策研究》，对外经济贸易大学出版社 2013 年版，第 187—188 页。
③ 同上书，第 194 页。

来看，参与计划的家庭中 97% 对计划取得的结果感到满意，在总共 53 个最低标准的完成方面，大多数参与家庭在身份地位、卫生健康、教育水平、家庭劳动力、住房条件、工作状况和收入水平这七大方面达到了各方面的最低要求，[①]卫生健康方面取得的成效最大，完成率高达 96.9%，[②]这说明团结计划在促进贫困群体人力资本发展方面取得了较好的效果。在减少收入贫困方面，据 2006 年联合国拉美经委会的数据，22.5 万户家庭得到了相关的现金救助，200 万贫困人口脱离了贫困，智利贫困家庭的数量减少了一半，智利在拉美国家中贫困率和极端贫困率均是最低的，分别为 13.7% 和 3.2%，同时也是 2004 年唯一一个实现联合国减少赤贫千年目标的拉美国家[③]，这一定程度上说明了团结计划的减贫成果和绩效。

3. 巴西

第二次世界大战后，巴西经济得到了快速发展。20 世纪 90 年代末，巴西已成为世界第八大经济体，但是贫困问题依然困扰巴西。据巴西应用经济研究所统计，1999 年巴西有贫困人口 5700 万，占总人口的 35%，贫困问题对巴西经济社会发展造成了诸多不良影响。[④]贫困发生率高的原因有很多方面，包括国民经济、社会和

[①] 李曜、史丹丹编著：《智利社会保障制度》，上海人民出版社 2010 年版，第 248 页。

[②] 郑皓瑜：《拉美国家扶贫政策研究》，对外经济贸易大学出版社 2013 年版，第 192 页。

[③] 郑秉文、齐传钧："智利：即将走出"中等收入陷阱"的首个南美国家"，载吴白乙主编：《拉美黄皮书：拉丁美洲和加勒比发展报告 2010—2011》，社会科学文献出版社 2011 年版，第 1—41 页。

[④] 尚玥佟："巴西贫困与反贫困政策研究"，《拉丁美洲研究》2001 年第 3 期，第 47—51 页。

政治权利的不平等,大量的非正规就业人口和不公平的社会保障制度等。面对严峻的贫困形势,巴西政府积极采取反贫困措施,并较早地实施了有条件现金转移支付项目。2001年,巴西在国家层面有三个不同的现金转移支付项目,一是由教育部管理的助学金计划,二是由卫生部管理的粮食救助计划,三是由矿产能源部管理的天然气供应计划,其中前两项属于有条件现金转移支付,其条件是6—15岁青少年必须保证在85%的学校出勤率下能获得助学金以及6—15岁青少年的定期体检和受助家庭中母亲的定期体检。助学金计划是这三项计划中最普及的和影响力最大的,它之后为许多拉美国家效仿。[①]2003年,卢拉当选巴西总统,卢拉政府保留了以上三个计划,并增设了第四个现金转移计划,即与饥饿斗争的食品卡计划,该计划由社会发展部负责,旨在为那些缺少食品和营养的贫困群体提供少量的现金转移。由于上述计划分别由不同部门负责,导致各个计划之间缺乏协调,有些贫困家庭可以获得全部计划的救助,而有些家庭则一项计划的救助都难以获得,这引发了部分贫困群体的不满,相关改革势在必行。

2003年10月,卢拉政府设计了家庭补助计划(Bolsa Familia),该计划整合了原有的现金转移型救助项目,旨在使救助更有效率、更加透明和易于管理。家庭补助计划有三大基本原则:一是通过设定相关条件,扩展健康、教育和营养服务;二是把现金转移项目和其他社会保护制度合并;三是通过向被选择出的家庭提供现金

[①] Diego Sanchez-Ancochea, Lauro Mattei(2011), "Bolsa Familia, Poverty and Inequality: Political and Economic Effects in the Short and Long Run", *Global Social Policy*, (11):299–318.

来实现减贫。① 卢拉政府计划使家庭补助计划从 2004 年覆盖 650 万贫困家庭扩展到 2006 年能覆盖 900 万家庭,这一目标得到顺利实现,2010 年受助家庭已超过 1300 万。②

家庭补助计划的受助资格是要求受助家庭的总体月收入不超过 100 雷亚尔,而少于 50 雷亚尔的家庭被视为赤贫家庭,他们还可以获得额外的救助金。计划包括两种待遇类型:基本待遇和可变待遇。赤贫家庭不论家庭类型如何,均可获得每月 50 雷亚尔的救助金,这就是基本待遇,此外,赤贫家庭中如果家里有 15 岁及以下的儿童,每个儿童(最多不超过 3 个)可获得 15 雷亚尔的补助,这就是可变待遇。③ 月收入介于 50 和 100 雷亚尔之间的贫困家庭没有基本待遇,他们只能根据家庭中儿童的数目获得可变待遇。受助资格和待遇水平之后逐步提高,在 2011 年的调整之后,受助家庭的总体月收入应不超过 140 雷亚尔,赤贫家庭为 70 雷亚尔,基本待遇上调为每月 70 雷亚尔,可变待遇(每个儿童的额补助金额)上调为 32 雷亚尔。2009 年,除上述固定与可变待遇外,还新增设了针对有 15—17 岁青少年的贫困家庭的待遇,每名青少年(最多不超过 2 个)可获得每月 38 雷亚尔补助金,旨在鼓励他们完成高中学业。④

---

① Diego Sanchez-Ancochea, Lauro Mattei(2011), "Bolsa Familia, Poverty and Inequality: Political and Economic Effects in the Short and Long Run", *Global Social Policy*, (11):299–318.

② 史威琳:"巴西的现金转移支付制度及对我国的借鉴意义",《首届中国社会救助研讨会论文集》,2009 年,第 256—262 页。

③ Diego Sanchez-Ancochea, Lauro Mattei(2011), "Bolsa Familia, Poverty and Inequality: Political and Economic Effects in the Short and Long Run", *Global Social Policy*, (11):299–318.

④ 同上。

家庭补助计划在管理方面，采用了新型和相对复杂的管理结构，涉及多个机构和部门。社会发展和消除饥饿部负责设定计划的原则并协调各个机构，具体包括制定计划运行的原则和待遇标准，促进从中央到地方各个层级政府的协作，教育部和卫生部负责管理和监督家庭补助计划设定的各种条件。此外，还需要财政部、规划部、住房部等的参与以协调各部门的职责和功能，州和市政府分别承担具体的管理和执行。[①]

表 3-4　巴西家庭补助计划：受助家庭户数，年支出和户均受助金额（2004—2010）

年份	受助家庭户数	年支出（雷亚尔）	户均受助金额（雷亚尔）
2004	6571839	562119908000	66.93
2005	8700445	638626012800	59.50
2006	10965810	736805349300	56.17
2007	11043076	875555679500	65.66
2008	10557996	1052208612100	71.18
2009	12370915	1184428000000	73.96
2010	12778220	1345700000200	72.57

资料来源：Diego Sanchez-Ancochea, Lauro Mattei（2011），"Bolsa Familia, Poverty and Inequality: Political and Economic Effects in the Short and Long Run"，*Global Social Policy*，(11):299-318.

家庭补助计划实施后，覆盖人数和年开支逐年递增（见表3-4），尽管研究表明仍有少部分贫困群体被排斥，但总的来看，计划取得的进步和成绩不可否认。巴西的贫困率逐年下降，已经从

[①] 史威琳："巴西的现金转移支付制度及对我国的借鉴意义"，《首届中国社会救助研讨会论文集》，2009年，第256—262页。

2005 年的 34.1% 下降到 2009 年的 24.9%，下降的速度快于拉丁美洲的平均水平，而其中家庭补助计划有不小的贡献。许多研究区分了工作性收入和转移性收入在减贫方面的贡献，工作性收入在减贫方面的贡献最大，而家庭补助计划作为重要的转移性支付，其贡献率估计在 10%—30%[①]，总之，家庭补助计划对巴西贫困率的下降有不容小觑的贡献。

在健康、营养和教育方面，85.6% 的受助家庭表示其餐饮习惯得以改变，73.3% 的受助家庭表示其消费的食品种类增加，54.7% 的受助家庭表示其消费的食品质量变好，41% 的受助家庭认为他们饮食更加规律，94.2% 的家庭中 5 岁以下儿童能够吃至少三餐饭，85% 的家庭中青少年和成人能够吃至少三餐饭[②]，儿童尤其是 6—11 个月婴儿的营养水平得到明显改善，贫困儿童的入学率也明显提升，但是学习成绩方面的改善尚不明显[③]，此外，由于救助金发放给女性户主，女童入学率的提升高于男童。[④] 总之，巴西的家庭补助计划通过有条件的现金救助促使贫困群体向教育、健康和营养等方面加大投入，不仅在短期内降低了巴西的贫困率和不平等程度，而且从长远看有助于贫困群体的人力资本发展，尽管计划实施还存在一些问题，但是这种发展的价值理念无疑

---

① Diego Sanchez-Ancochea, Lauro Mattei(2011), "Bolsa Familia, Poverty and Inequality: Political and Economic Effects in the Short and Long Run ", *Global Social Policy*, (11):299-318.

② 史威琳："巴西的现金转移支付制度及对我国的借鉴意义"，《首届中国社会救助研讨会论文集》，2009 年，第 256—262 页。

③ Diego Sanchez-Ancochea, Lauro Mattei (2011), "Bolsa Familia, Poverty and Inequality: Political and Economic Effects in the Short and Long Run", *Global Social Policy*, (11):299-318.

④ 郭存海："巴西和墨西哥的'有条件现金转移'计划评析"，《拉丁美洲研究》2010 年第 3 期，第 37—42 页。

是有利于巴西的可持续发展和长期减贫目标的实现。

3.2.3　有条件现金转移支付模式的特点和效果

作为拉美新型的社会救助计划，有条件现金转移支付项目在各国的实践中存在差异，但又有一些共同的特点，包括：

第一，认识到了人力资本投资对减贫的作用。以前人们对贫困的认识主要集中在"收入贫困"，把贫困看成是钱与物的短缺；近来，越来越多的机构和学者认识到了贫困的多维性，教育、健康因素与贫困之间的关系引起了国外学者越来越多的关注。大量研究表明，人力资本缺乏是发展中国家包括拉美在内的众多国家贫困发生率高的根本原因之一，也是贫困人口陷入贫困无力自拔的重要原因，因此，人力资本投资对减贫至关重要。[1] 有条件现金转移支付项目将缓解收入贫困的直接现金救助和增强贫困人口尤其是儿童的人力资本的长期效应结合起来，希望在减少收入贫困的同时帮助贫困家庭积累人力资本，从根本上解决贫困问题。

第二，救助金发放是有条件的，条件的基本内容包括教育、健康和营养这些主要方面。由于贫困家庭不具有充分的机会参与和享受公共服务，造成了教育和健康领域人力资本的缺失，面对这种情况，有条件现金转移支付项目救助金的发放均带有一定条件，而这些条件的设定围绕着贫困家庭的教育、健康和营养这三大层面（见表3-3），以提高贫困群体的教育水平和改善其健康与营养状况。在教育领域，各国的项目主要为学龄儿童提供现金救助作为助学金，

---

[1] 郑皓瑜：《拉美国家扶贫政策研究》，对外经济贸易大学出版社2013年版，第85页。

儿童则需保证出勤率，入学程度和助学金数额方面，各国根据国情设计上有所不同。在健康和营养方面，计划主要面向婴幼儿，有的国家还延伸至学前儿童，救助金主要帮助贫困家庭改善饮食结构、定期接受体检，当然，救助金具体数额在拉美各国也存在一定差异。[1]

第三，采取了有效的目标定位或瞄准方式。拉美传统的社会救助在瞄准穷人方面做得很差，存在腐败、裙带关系等诸多问题，穷人经常难以获得有效的救助。有条件现金转移支付项目力图解决目标定位不准的问题，采纳了多阶段的操作方案，第一阶段通常采用地域定位和贫困线定位相结合的办法，先划定重点贫困区域，进入第二阶段，再确定贫困家庭，为此，有家计调查和代理家计调查这两种参考依据，许多国家还在以上方法的基础上增加了社区筛选法[2]，这类似于中国低保的张榜公布，旨在发挥社区的监督作用。由于目标定位机制的合理性和科学性，有条件现金转移支付项目的瞄准率得到提高。据统计，拉美各国政府和其他机构将全部资金的75%用在了40%最贫困人口的身上。[3]此外，受助人群的登记管理领域也体现了较高的效率，通过相关信息系统进行管理和监控。[4]

第四，救助形式以现金为主，以实物救助和配套服务为辅。有条件现金转移支付项目主要向受助的贫困家庭提供现金，这包括自由支配的部分和专项补贴，自由支配部分是指受助家庭可根据家庭情况来决定现金的使用方式，专项补贴是指政府为受助家庭

---

[1] 郑皓瑜：《拉美国家扶贫政策研究》，对外经济贸易大学出版社2013年版，第86页。

[2] Lloyd-Sherlock, P. (2008), "Doing a Bit more for the Poor? Social Assistance in Latin America", *Journal of Social Policy*, 37(4):621–639.

[3] 郑皓瑜：《拉美国家扶贫政策研究》，对外经济贸易大学出版社2013年版，第93页。

[4] 同上书，第93—94页。

提供的用以较低价格支付生活费用的补贴。[①]除现金救助外,还有非现金的实物救助,包括营养补给品、学习用具和生产材料等,以及旨在增强贫困人口就业能力的各项服务等,如技术和职业培训,就业咨询、指导和介绍等配套服务。[②]通过多种救助形式的组合,可以较好地满足贫困群体的各方面需求。

拉美国家实施社会救助改革,引入有条件现金转移支付模式的发展型社会救助制度是希望实现多重目标,除减少收入贫困、增加贫困群体的收入外,还期望改善贫困儿童的人力资本水平,控制童工现象,拉动就业等。因此,考察与评价该类项目的效果,也需要从多方面入手。第一,在增加贫困家庭收入和减少收入贫困方面,现金救助必然会一定程度增加贫困家庭的收入,进而起到一定的缓解贫困的作用,但能否有效减少贫困则取决于瞄准机制的准确性、家庭的贫困深度以及救助金的慷慨程度等多方面因素。总体而言,现有评估表明参加有条件现金转移支付项目的大部分家庭的经济收入都有了不同程度的增加,并且在一定程度上改善了贫困家庭的消费水平和消费模式,收到了较好的短期效果。拉美和加勒比经委会研究表明,该类项目所提供的现金救助占贫困家庭人均收入的 10.3%,但由于受到救助金规模和水平的限制,项目并没有特别明显地减少贫困率[③],但在减少赤贫人口方面效果较突出,尤其是巴西、墨西哥、阿根廷等覆盖面广、救助金水平较高的国家,此外,现金救助对缓解经济动荡带来的冲击也起到了一

---

① 郑皓瑜:《拉美国家扶贫政策研究》,对外经济贸易大学出版社 2013 年版,第 95 页。
② 同上书,第 96 页。
③ Rawlings, L., Rubio, G.(2005), "Evaluating the Impact of Conditional Cash Transfer Programs", *World Bank Economic Observer*, 20(1):29–55.

定作用。^①第二,在对贫困群体尤其是贫困儿童的人力资本投资方面,项目的效果是较为积极与明显的。在教育领域,项目对儿童的入学率起到了积极效果,某些地区的辍学情况和学习成绩等方面也有一定改善[②],如果用平均上学年数来计算,拉美地区儿童读书的年数增加了 0.6—1.4 年。[③]在健康和营养方面,也取得了积极成效,主要体现在预防性体检和儿童成长测控方面,在提高人口素质和均衡营养饮食方面只有部分包含营养救助的项目,如墨西哥的"机会计划"、巴西的"家庭补助计划"、哥伦比亚的"家庭行动计划"等取得了一定成效。[④]第三,在消除童工方面,虽然童工现象并未完全消除,但在一定程度上改善了原有的状况。在墨西哥,项目将 8—17 岁之间儿童工作的可能性减少了 10%—14%,对 12—13 岁男童效果更为明显,但对 16—17 岁儿童效果不明显。[⑤]厄瓜多尔、巴西等国家的项目在减少童工方面也取得了一定效果,但也有国家的贫困儿童不能完全放弃工作,而是选择边学习边工作,这主要是因为许多项目的救助金水平不足以抵消儿童从事劳动获得的报酬。第四,在促进就业方面,有条件现金转移支付项目的收效甚微,并没有改变多数贫困人口在非正规部门就业的状况。这说明了项目设计自身存在一定问题,并没有为参与项目的有劳动

---

① 郑皓瑜:《拉美国家扶贫政策研究》,对外经济贸易大学出版社 2013 年版,第 114 页。

② Glewwe, P., Kassouf, A.F.(2009), "The Impact of the *Bolsa Escola/Familia* Conditional Cash Transfer", .www.anpec.org.br/encontro2008/artigos/ 20080721 11140170-.pdf.2009.

③ 郑皓瑜:《拉美国家扶贫政策研究》,对外经济贸易大学出版社 2013 年版,第 110 页。

④ 同上书,第 112 页。

⑤ 同上书,第 111 页。

能力人员提供有效、合理的就业指导和职业培训等救助服务,使其在正规就业市场中仍然缺乏竞争力。第五,在促进性别平等方面,有条件现金转移支付项目收获了一定成效。不少拉美国家规定救助金只能发放给家庭中的母亲和女性户主,这一方面是因为母亲或女性户主更会把救助金用于家庭中儿童的生活与教育等方面,而非像男性户主那样用于个人嗜好,如吸烟、喝酒等;另一方面,可以为女性赋权,增加她们在家庭中的决策权和话语权,相关评估研究已经显示,有条件现金转移支付在减少家庭暴力、促进男女平等方面取得了较为显著的效果。[1] 综上,有条件现金转移支付模式的社会救助在改善贫困家庭消费水平和模式,减少赤贫以及促进人力资本发展和性别平等方面的效果比较明显,在消除童工和促进就业方面的效果有限,还有待进一步加强。可以说,该类项目作为社会救助领域的重要创新和突破,把减贫和人力资本投资有机地结合在一起,不仅有助于减少当前贫困,而且有助于减少长远贫困,对拉美国家经济社会的可持续发展具有重要的战略意义。

3.3 专项救助模式

3.3.1 专项救助模式的产生

第二次世界大战后,东南亚国家普遍积贫积弱。为了摆脱困境,实现经济发展,这些国家普遍采取了"高增长,低福利"的发

---

[1] 〔墨〕萨尔瓦多·埃斯科韦多·佐莱托:"墨西哥机会均等项目:内容、机制与效果",http://www.chinareform.net/2009/1231/749.html,2009年。

展战略，这严重影响了东南亚各国政府的社会保障支出。[①] 东南亚国家的社会保障开支低，主要依靠个人和家庭承担责任，社会保障覆盖率也较低，贫困群体难以得到有效帮助。比如，20世纪90年代中后期，印尼的各项社会保障计划只覆盖了总人口的9%，占劳动人口的20%，其中53%是军人和公务员；泰国覆盖了18%的劳动人口，其中45%是有固定工资收入的劳动者；马来西亚覆盖率略高，享受社会保障的成员占总人口和总劳动力的比率为20%和50%。[②] 东南亚国家多年的经济增长虽然在一定程度上减少了贫困人口，但忽视和有意降低社会福利和社会保障水平、单纯追求经济增长必然忽视人的安全需求，也损害了经济社会的可持续发展。1997年亚洲金融危机充分暴露了以往轻视社会保障建设的危害性，由于东南亚各国原本的社会救助十分不完备，多为临时的、应急性的，而社会保险覆盖面很有限，所以在面对金融危机带来的大规模失业问题时，显得束手无策。金融危机后，东南亚国家的贫困率又大幅升高（见表3-5），贫富差距扩大，中下层民众的生活十分困难。

在这种情况下，东南亚各国政府认识到主要靠发展经济作为扶贫手段远远不够，能够对贫困问题做出直接和迅速反应的社会救助政策需要建立和发展起来，于是，各国开始在重视经济发展过程中对贫困和弱势群体提供救助，使贫富差距不至于扩大到危害社会稳定的程度。由于财政能力的限制，东南亚各国设立的新型社会救助项目主要采用专项救助的方式，即通过提供服务或实物

---

① Didier Jacobs(1998), "Social Welfare System in East Asia:A Comparative Analysis including Private Welfare", Center for analysis of socil exclusion, London school of economics, case paper. p92.

② 李文编著：《东南亚：政治变革与社会转型》，中国社会科学出版社2006年版，第306—307页。

的非现金援助来促使受助者提高能力并改善生活（见表3-6），专项救助不直接援助现金，但它可以通过提供教育、医疗、住房以及就业等相关服务来帮助贫困与弱势群体改善生活条件，确保贫困人口享受基本的公共服务，并帮助积累和提高贫困群体的人力资本，最终促进经济社会的可持续与协调发展。

表3-5　20世纪末与21世纪初部分东南亚国家的贫困率

亚洲国家	按本国设定的贫困线计算贫困率（%）
印度（1999）	26.1
菲律宾（2000）	34.0
巴基斯坦（1999）	32.6
印尼（2002）	18.2
孟加拉（2000）	49.8
越南（1999）	37.0

资料来源：越南的数据源自李文编著：《东南亚：政治变革与社会转型》，中国社会科学出版社2006年版，第223页；其他数据源自"Key Indicators of Developing Asian and Pacific Countries", http://www.adb.org/documents/books/key_indicators/2006/pdf/tr01.pdf，2010。

表3-6　部分东南亚国家专项救助模式的发展型社会救助制度

国家	东南亚国家引入的专项救助项目	
印尼	1998年	食品保障、教育救助、医疗救助、就业促进项目等
泰国	2001年	医疗救助（30泰铢人人健保计划）等
越南	2006年	教育救助、医疗救助、住房救助、就业和培训救助等
菲律宾	2001年	教育救助、医疗救助、就业援助、学校食品计划等
印度	1999年	农村贫困人口自我就业计划；2006年 农村就业救助等

资料来源：民政部：《中国东盟社会救助研讨会论文集》，2010年版；顾昕："为了公平与发展：东南亚地区发展中国家的社会救助"，载顾昕著：《中国社会安全网的制度建设》，浙江大学出版社2008年版，第121—129页。

3.3.2　代表性国家的做法和经验

以下将重点介绍印尼、泰国和印度三国实施的具体改革措施。这三个国家的专项救助各具特色,具备一定代表性:印尼的专项救助项目较多,以食品救助、教育救助、医疗救助和就业促进为主;泰国最重要的专项救助则是较为发达和完善的医疗救助;印度作为农业大国,最有特色的是针对农村贫困人口的就业救助。

1. 印度尼西亚

20 世纪 90 年代末金融危机发生前,印度尼西亚没有规范的社会救助制度,为了应对大规模的失业和贫困问题,政府从 1998 年起建立了一系列社会救助项目,包括:

一是食品救助,向贫困群体出售带补贴的大米,2008 年,补贴大米价格为 1600 卢比/公斤,此价格低于当时 5000—5500 卢比/公斤的市场价格[①],该项目增加了贫困家庭的食品安全性。

二是教育救助,为贫困的中小学学生提供助学金和为一些贫困地区的学校提供拨款,印尼教育和文化部于 2005 年起实施了一项大规模的教育救助,即学校运营救助计划(BOS),当年资金投入为 4.8 万亿卢比,覆盖的小学生和初中生达 3450 万。该计划为小学和初中提供直接拨款,获拨款项由学校支配,拨款数额根据学校学生的数量来计算,2005 年每个小学生和初中生的拨款标准分别为 254000 卢比和 324500 卢比,2008 年增长为 254000 卢比和 354000 卢比,2010 年印尼政府开始区分城市和农村地区的

---

① 民政部:《中国东盟社会救助研讨会论文集》,2010 年版。

学校，城市地区每个小学生和初中生的拨款标准分别为400000卢比和575000卢比，而农村地区稍低一些，分别为397000卢比和570000卢比。2012年，用于学校运营救助计划的资金总额达23.5万亿卢比，占印尼政府教育开支总额的8.1%。[①] 参与学校运营救助计划的学校获得的拨款用于购买需要的教材和书籍、教学资料、教师培训等，这样学校就不需要要求学生家长付费。此外，该计划给予学校更多的灵活使用款项的权力。这个计划可以防止贫困学生辍学，因为学校按学生数量获得拨款，人数越多，获得的拨款总额就越多，此外，学校获得拨款就可以减免收费，进而减轻贫困家庭的负担；另一方面，计划有利于学校提高教育质量并实施管理改革，这主要体现在计划使学校可以自由地使用资金并购买自身所需要的产品与服务。为了加强学校运营救助计划的透明和高效运作，印尼政府开展了大规模宣传运动，通过大众传媒和学校公告等方式让家长、尤其是贫困家庭的家长了解该救助计划所能提供的资源以及可以帮助他们减少的教育负担。

三是医疗救助，即印尼政府资助贫困地区与贫困人口获得医疗服务以改善健康状况。2005年，印尼设立了贫困人口健康保险项目，一个向贫困人口提供的具有补贴性质的健康保险，这成为了针对贫困人员的重要医疗救助项目，政府每月为其补贴6万卢比（6美元）的保险费，参与者可获得基本的卫生保健，使其免受疾病风险。健康保险包括基本的门诊病人护理，A—D类医院的第三类医院护理，移动公共医疗服务，产科系列服务以及为偏远地区提供的免疫项目和药物的特殊服务。医院可依据服务费用，向受

---

① BOS（2012），"School Operational Assistance in Indonesia"，http://www.ilo.org/dyn/ilossi/ssimain.viewScheme?p_lang=en&p_scheme_id=3149&p_geoaid=360.

益者提出费用要求,同时按人头计算向初级医疗中心提供补偿。①

四是就业救助,即相关政府部门设立项目帮助就业困难群体就业,包括贫困村庄的公共工程(以工代赈)项目或者小额信贷项目②,其中,小额信贷项目通过多年发展,于2007年发展成为人民商业信贷项目(KUR),该项目通过发展小微型商业企业来促进贫困者创业并摆脱贫困。根据规定,微型企业的贷款规模最大为5亿印尼卢比,小型企业的规模从5亿卢比到25亿卢比,全国有12家银行加入。通过该项目,参与者在向银行申请贷款额不高于500万卢比时不再需要提交贷款抵押品或其他担保,印尼政府通过财政拨款的形式提供担保。到2008年7月底,人民商业信贷项目已向81万包括非正规企业在内的小型借款人发放了贷款共计8.7万亿卢比。③ 公共工程(以工代赈)项目虽然可以促进贫困者就业,但是属于短期、补偿性的措施,人民商业信贷项目则是一种长期的、可持续生计的维持,它通过赋予贫困者资产和参与市场的机会,使其融入市场并最终可以自立,摆脱对救助的依赖并断绝贫困的传递。④ 在瞄准机制上,不同的专项救助的瞄准方法有差异,但基本上不外乎两种:一是家计调查法,二是地域定位法。印尼国家家庭计划协调署负责实施家计调查,该机构把所有家庭按社会经济状况分类,即贫困家庭和富足I、II、III类家庭,贫困家庭能

---

① 顾昕:"为了公平与发展:东南亚地区发展中国家的社会救助",载顾昕:《中国社会安全网的制度建设》,浙江大学出版社2008年版,第121—129页。
② 民政部:《中国东盟社会救助研讨会论文集》,2010年版。
③ Bayu Fajar Nugroho(2013), "Micro Financing: Peoples Entrepreneurs Credit (KUR) of Small and Medium Enterprises in Indonesia", http://www.sesric.org/imgs/news/image/675-s3-indonesia.pdf.
④ 张浩淼:"印尼政府的社会救助计划",《东南亚研究》2013年第5期,第11—17页。

够获得"KPS 卡"。多数社会救助项目的享受资格只限于持"KPS 卡"的贫困家庭,而食品救助等一些其他救助项目则扩展到富足 I 类家庭。食品救助与医疗救助项目完全依赖家计调查确定出的经济状况类别,而其他社会救助项目则在此基础上还使用区域定位法来确定受益对象。① 总的来看,印尼的社会救助高度重视医疗、就业、教育等专项救助,目的是使受助者获得发展机会而不是被动接受现金援助。另外,印尼政府的社会救助计划在救助设计中关注了女性权利,注重推动性别平等。受传统观念等因素影响,印尼女性的地位和权利与男性存在差距,而贫困的女性更是处于弱势地位。印尼政府在社会救助计划中考虑了妇女的需求和权利,注重推进性别平等。印尼的社区扶贫和发展项目,即社区发展国家计划(PNPM)规定要鼓励女性成立小型服务型企业或以家庭为基础发展种植业或养殖业等,由政府为她们提供财政资金拨款,这有助于提升妇女的经济和社会地位,从而推进性别平等。② 据统计,印尼用于社会救助和安全网方面的支出从 1999 年占 GDP 的 1% 迅速上升到 2000 年的 12.5%③,食品救助 1550 万人,占人口总数的 25%,教育救助 2170 万学生(包括小学、初中和高中生),占学生总数的 25%,医疗及租户约覆盖 9020 万人,占总人口的 38%④,由此可见,社会救助在减少贫困和促进穷人利用公共服务和人力资本发展方面取得了一定效果。

---

① 顾昕:"为了公平与发展:东南亚地区发展中国家的社会救助",载顾昕:《中国社会安全网的制度建设》,浙江大学出版社 2008 年版,第 121—129 页。
② 张浩淼:"印尼政府的社会救助计划",《东南亚研究》2013 年第 5 期,第 11—17 页。
③ World Bank(2000), *East Asia: Recovery and Beyon*, .p.124.
④ 民政部:《第七届中国亚行知识共享平台社会救助制度建设的经验与借鉴》,2015 年版。

而在近期，印尼政府仍不断探索加强与完善社会救助，尤其关注精准地确定贫困对象，因为印尼政府发现，如果社会救助分配不公平，尤其是不需要的非穷人获得救助，会导致犯罪率的升高和社会资本的减少。① 为此，印尼政府采取了新的观点来看待社会救助，原有的包括食品救助、医疗救助和教育救助将进一步发展为综合性的社会救助与保护项目，而就业救助将进行完善和补充使其发展成为可持续生计项目和基本服务提供项目。此外，印尼政府还借鉴了拉美国家有条件现金转移支付项目的经验，引入了家庭希望计划（PKH），该计划要求受助家庭把获得的救助金用于家庭中儿童的人力资本发展，主要集中在教育、营养和健康方面。在教育方面，具体条件包括：所有6—12岁儿童必须上小学，13—15岁的儿童必须上初中，并且出勤率不得低于85%；在营养和健康方面，具体条件包括：孕妇必须接受至少4次产检并服用含铁药品，要由受训的专业人员接生，产后至少接受2次护理探视，所有6岁以下儿童要接受免疫预防，1岁以下婴儿每月测量身高体重，1—6岁儿童每季度测量身高体重。该计划的现金救助额度因家庭规模和家庭中儿童的年龄而有所不同，参与家庭的年救助金额度见表3，受助家庭最长可参加6年，其受助资格每3年审查一次。② 当然，由于印尼的家庭希望计划实施的时间不长，和拉美国家的同类项目相比，还存在不少问题和不足。但这些问题大多是制度初建不完善或实施中的问题，而非制度设计问题。目前，既有

---

① 民政部：《第七届中国亚行知识共享平台社会救助制度建设的经验与借鉴》，2015年版。
② 张浩淼："印尼政府的社会救助计划"，《东南亚研究》2013年第5期，第11—17页。

的对该项目的评估研究表明，实施该计划省份的婴儿免疫率有所提升，儿童营养不良率有所下降，入学率也有提升，计划已初见成效。以上这些项目将重构印尼的社会救助，使其更加具备促进发展的功能，全面提升贫困者的福利和就业参与。

2. 泰国

在东南亚国家中，泰国的社会保险相对完善，社会救助因而只发挥补充作用。20世纪90年代末由于东南亚金融危机的发生，泰国设立了一些应急性的"社会安全网"类的社会救助项目，对象主要是失业者，提供职业培训、创业、家庭服务业等帮扶措施以及对脱贫具有明显作用的社区发展项目、社会服务项目（教育、医疗）和以工代赈项目等[1]。但这些并不是泰国社会救助的主体内容，其社会救助中最重要的制度为医疗救助，该制度较为发达和完善。

泰国通过建立"低收入者免费医疗项目"为没有医疗保障的老年人和中小学生提供免费医疗服务，费用完全由政府承担。[2] 2001年，泰国正式推出"30泰铢人人健保"计划，参与者支付30泰铢就可获得最基本的门诊和住院服务，贫困者还可免费获得服务，有关注册、首诊和转诊的制度安排依然保留。[3] 这个新型计划本质上是为那些没有医疗保险的社会成员建立了一个公费医疗体制，推动了泰国实现全民医保。[4]

---

[1] Pongsapich, Amara(2002), "Social Safety Nets: Programmes and Projects in Thailand", in OECD, *Towards Asia's Sustainable Development: The Role of Social Protection*, pp.231-262.
[2] 同上。
[3] 付晓光："泰国医疗制度：人人受益的30铢计划"，《世界知识》2005第17期，第25—26页。
[4] 顾昕："泰国的医疗救助制度及其对我国的启示"，《中国行政管理》2006年第7期，第73—77页。

泰国的医疗救助除以家计调查法来进行瞄准之外还采用类别定位法来瞄准,比如,针对老年人和儿童这类的群体。此外,泰国医疗救助项目的实施依赖基层的村民委员会来瞄准,也就是"社区提名法"。可以说,如何瞄准是泰国医疗救助的难点之一,因为量化的贫困标准多数时候会失真,而社区提名法则容易出现裙带关系进而影响公平。[①] 从覆盖对象看,泰国的医疗救助对象包括所有通过家计调查审核的低收入家庭、所有未被其他医保项目覆盖的老年人和儿童以及残疾人,约占泰国总人口的25%—28%,这些对象可以获得免费医疗服务,其医疗救助的给付水平较高。此外,泰国医疗救助的期限也较长,受助资格一旦确定则持续三年,政府财政是医疗救助资金的主要来源方式。[②] 总的来看,泰国政府把提升国民健康水平当成经济社会发展战略中的重要一环,健康是最重要的人力资本,投资于医疗救助其实就是对贫困者健康的投资,有助于提高国民身体素质。在医疗救助的实施中,泰国强调了政府的主体责任,给付水平较高并采取了按人头付费的先进管理办法[③],在使受助者获得充分保障的同时,控制了过度检查、乱收费与过高的行政成本,取得了不错的效果。

3. 印度

在印度,农村劳动力数量庞大,对于推动经济发展至关重要,然而由于农村劳动力素质较差,就业能力低以及农业的季节性特征,印度农村劳动力的就业存在一些问题:第一,农村地区失业问

[①] 顾昕:"泰国的医疗救助制度及其对我国的启示",《中国行政管理》2006年第7期,第73—77页。
[②] 同上。
[③] 同上引,第76页。

题严重,就业不充分问题突出。据统计,1999—2000年,印度农村失业人数达1950万人,失业率为7.2%。①第二,较发达农村和落后农村地区之间就业不均衡。发达农村地区各方面基础条件好,大大提升了就业机会和就业质量,而落后农村地区的就业条件较差,失业人口众多。②第三,农村劳动力人力资本存量和素质较低,存在就业障碍。劳动者人力资本存量的高低决定了就业的稳定性,在印度农村劳动力技能和受教育情况差,素质较低,这导致其就业面临诸多障碍。2004—2005年的数据显示,印度农村劳动力中,高等教育入学率仅6.7%,受过正规技能培训的15—29岁年轻人仅为2.2%。③

由于就业和收入密切相关,以上就业方面的各种问题使得印度农村的贫困现象较为严重,据统计,20世纪末处于贫困线以下的农村人口约占全国人口总数的35%以上④,这就需要社会救助政策的干预,但如果为规模巨大的贫困人口直接提供现金救助,会给政府财政带来很大压力,因此,印度政府采取了就业救助的方式来应对农村贫困问题。

一方面,政府提倡农村贫困群体自我就业。1999年印度实施了乡村自我就业计划,通过政府资助与商业贷款的联合贷款方式向贫困家庭提供小额贷款,帮助他们成立微小企业,创造就业岗位,最终自立脱贫。具体方式是动员穷人建立互助小组,这些自治

---

① *Economic Survey 2003-2004 India*,http://www.indiabudget.nic.in.
② 张志新:"中印两国农村劳动力转移进程的比较研究",《亚太经济》2010年第4期,第91页。
③ 温俊萍:"印度农村就业保障政策及对中国的启示",《南亚研究季刊》2012年第2期,第65页。
④ 王晓丹:"印度贫困农民的状况及政府的努力",《当代亚太》2001年第4期,第62页。

组织选择有潜力的劳动密集型产业让受助人参与,受助人主要是贫困人员、尤其是贫困妇女等弱势群体。① 实施"自我就业计划",农村贫困人口获得了相关技能、积累了人力资本和部分生产性的资产,使其能够自力更生,摆脱贫困。② 此外,印度政府还专门针对农村青年设立了就业创业计划,鼓励其自我雇用。③

另一方面,印度政府面向农村贫困群体积极创造并提供就业机会。2006 年,印度正式开始《全国农村就业保障法案》,通过立法以以工代赈的形式,如基础设施建设或改造等,确保农村劳动力实现就业,为了实现就业目标,还采取了一系列要求和配套措施,如女性要占一定比例、要有安全饮用水、离家的距离不能太远等。④ 目前,通过这项就业救助政策,已经有超过 4800 万农村贫困家庭受助,资金安排超 40 亿美元,减免小农户贷款 150 亿元。⑤ 该就业救助计划既为农村贫困群体提供了工作岗位,一定程度提升了其就业能力,还完善了农村的基础设施,属于一举多得的政策。据印度国家银行的评估,就业救助一定程度减少了贫困并增加了贫困者的收入,此外还提升了就业率。⑥ 总之,尽管印度政府的就业救助在实施过程中还有问题,如受助范围窄、监管不力和贪污腐败等。然而,必须承认,印度的各类就业救助计划相互支

---

① 温俊萍:"印度农村就业保障政策及对中国的启示",《南亚研究季刊》2012 年第 2 期,第 67 页。
② 王晓丹:"印度农村建设",《南亚研究》2006 年第 2 期,第 33 页。
③ 温俊萍:"印度农村就业保障政策及对中国的启示",《南亚研究季刊》2012 年第 2 期,第 67—68 页。
④ 同上。
⑤ Barrientos, A. (2001), "Social Protection and Poverty", *International Journal of Social Welfare*, 20:240-249.
⑥ 严晓:"印度劳动力就业政策及其启示",《改革与战略》2009 年第 11 期,第 174 页。

撑，在促进印度农村贫困群体通过就业进而自立方面取得了不俗的效果。①

3.3.3 专项救助模式的特点和效果

专项救助模式的主要特点体现在以下三方面：

一是非现金性。工作福利模式和有条件现金转移支付模式主要提供直接的现金救助，而专项救助模式发展型社会救助的突出特点就是现金救助很少，主要是提供实物和服务型救助且救助对象数量大，针对贫困群体在教育、医疗、就业、住房等方面的需要来提供帮扶。例如，医疗救助在东南亚国家包括泰国、菲律宾、印尼等均是很重要的救助项目，在泰国尤为重要；教育救助在越南、菲律宾、印尼等多国实施且占重要地位；就业救助在印度、印尼、菲律宾等东南亚国家十分常见，它包括积极劳动力市场项目如就业指导、职业培训等，还包括政府推出的面向就业弱势群体的以工代赈项目和小额信贷项目等，旨在帮助受助者提高人力资本与就业能力以实现就业或自主创业。

二是促进发展性。专项救助模式的社会救助主要通过提供服务的方式把救助重点放在贫困人口的教育、健康和就业等方面，这关乎贫困群体的人力资本发展，在这些方面为贫困群体提供帮助实质上就是对其的人力资本投资，有助于贫困群体获得发展、增强能力并从根本上摆脱贫困、自力更生。

三是目标定位精准性。为了把有限的救助资源分配给最需要

---

① 温俊萍："印度农村就业保障政策及对中国的启示"，《南亚研究季刊》2012年第2期，第68页。

或最贫困的人群，东南亚国家非常注重目标定位的精准性，以提高专项救助的准确性和效率。具体定位方法包括代理家计调查、社区定位、自我选择定位、类别定位和需求定位等，以提高准确率。

总体而言，在实践效果上，专项救助模式的发展型社会救助制度在短期内减少贫困的功能有些欠缺，因为这种模式几乎不向穷人提供直接的现金支持，在减少收入贫困方面的针对性不高，这从东南亚国家目前仍普遍偏高的贫困率可以体现出来。然而，从长期看这种模式具有促进发展的主要特点，广大贫困群体能够通过各类专项救助满足在医疗、教育、就业等方面的基本需要，进而增进能力并积累人力资本，有利于从根本上减贫。比如，2000年泰国学者对医疗救助的调查研究显示，在泰国收入最低的五分之一的人口中，38.2%享受了免费医疗，健康情况得到一定程度的改善；[1]2012年对印尼教育救助的研究表明，在获得学校运营救助计划（BOS）这项教育救助拨款的小学进行学习的学生成绩比未获计划拨款的小学的学生要好。[2]简言之，投资于医疗、教育、就业等救助计划其实是对人力资本的投资，这说明专项救助模式的社会救助制度属于积极的福利政策，能够提升受助者的素质和能力，对于经济的发展具有直接的促进意义，同时又有助于贫困等社会问题的解决。

---

[1] 顾昕："泰国的医疗救助制度及其对我国的启示"，《中国行政管理》2006年第7期，第73—77页。

[2] The BOSDA（2012），"Improvement Program: Enhancing Equity and Performance through Local School Grants"，http://www.wds.worldbank.org/external/default/WDSContentServer/WDSP/IB/2012/06/13/000333037_20120613013418/Rendered/PDF/698700BRI00PUB0ngle0page0small0file.pdf.

第四章 中国社会救助的现状评价：生存型的制度安排

中国社会救助经过近 20 年的改革和发展，取得了一定成绩，初步确立了国民的受助权益并形成了综合性的社会救助体系，但由于转型期的特殊背景和"问题导向"的改革和发展方式，中国的改革与国外同期的改革不同，并不是向发展型制度的转变，而是从传统救济向现代救助的转变。目前，我国的社会救助制度在救助理念和制度设计方面仍主要以保障生存为主，较少关注受助者的发展。以下将从制度的改革和发展历程、救助理念和制度设计方面对我国社会救助的现状进行简要评价。

4.1 社会救助改革与发展历程

研究发展型社会救助的中国道路，时间点上的主要关注是当前和未来的一段时间，但是社会救助不是在历史真空中起步，制度的当前状态是无法与中华人民共和国成立后的传统社会救助相割裂的，它们之间有着某种历史渊源关系。历史是最好的老师，如果没有历史的长度，将无法厘清社会救助发展的脉络和规律，既不能吸取历史的经验与教训，也很难把握制度发展的未来。① 因此，本节对社会救助改革和发展进程的回顾，将从中华人民共和国成立后开始，并借助"话语"视角考察不同经济、社会和政治背景下社会救助的发展历程。20 世纪 90 年代末以来，西方社会政策研究者开始使用话语（discourse）来解释福利政策的改革与变化，并涌现了许多代表性的著作与文章。对社会学领域内"话语分析"的兴起做出巨大贡献的法国社会学家福柯（M. Foucault）曾指出，"话语"是和权力与知识交织在一起的，"话语"不仅关涉能说什么和想说什么，还关涉到谁有权力说、什么时候说以及以怎样的权威说。② 这种"话语"的视角源自建构主义与社会建构论，认为社会现实是通过思想、信念、知识、话语等主观过程社会地建构出来的。③ "话语"作为一种社会建构工具，可以影响对社会问题与社会现实的理解、态度及观念，并继而对相关的政策产生影响和作用。西方福利改革研究中的话语分析，实质上就是把福利体制理解为可以由相关行动者的观念和价值观所主观塑造的体系，如果相关行动者认定福利体制的某个问题或挑战是真实的且迫切需要解决的，那么就会构建与之相关的话语并最终推动制度与政策的改革。正如社会政策学者考克斯（Cox）所言，"福利国家不需要改革，人们必须想要它改革。"④

---

① 郑功成："当代社会保障发展的历史观和全球视野"，载郑功成、〔日〕武川正吾、〔韩〕金源明主编：《东亚地区社会保障论》，人民出版社 2014 年版，第 313—319 页。
② Foucault, M.(1984), "The Order of Discourse", in M. Shapiro, *Languages and Politics*, Oxford: Basil Blackwell, p.19.
③ Bleses, P., Seeleib-Kaiser, M.（2004）, *The Dual Transformation of the German Welfare State*, Hampshire, New York: Palgrave Macmillan, p.110.
④ Cox, R. H. (2001), "The Social Construction of an Imperative: Why Welfare Reform Happened in Denmark and the Netherlands but not in Germany?", *World Politics*, 53(3): 463–498.

由此，话语实际上是语言系统和福利政策环境的交汇点，受福利政策影响、折射政策现状及其所遭遇的挑战，并可以体现出相关行动者，主要是政策制定者和政治家在福利改革方面的期望，最终反作用于政策并成为改革的力量，从这个角度讲，分析和研究话语的转变对于理解我国社会救助的过程是非常有帮助的。以往对我国社会救助制度发展改革的解释多从经济社会环境的变化入手，如经济社会转型等因素，但正如学者马约内（Majone）所说，"客观的条件与社会环境通常并不具有强迫性和明确性，以至于能引发政策议程的设定"[①]，也就是说，转型期社会经济方面的变化与挑战确实使社会救助制度产生了改革的必要，但是这并不必然意味着改革一定会出现，因为根据路径依赖理论，制度可能被"锁定"在无效或低效的状态，陷入恶性循环而不能自拔[②]。因此，若只把社会救助的发展视为经济社会条件变化的结果，就无法抓住话语这一重要维度，话语的引入其实为理解和解释社会救助制度的发展提供了关键变量。通过考察社会救助发展历程中不同时期的主导话语，可以发现，从中华人民共和国成立一直到改革开放前，"应急"和"建设"话语居于主导，而1978年后，"改革"和"稳定"话语占据了上风，以下将对这两大阶段分别给予考察和分析。

4.1.1 "应急"与"建设"话语下的社会救助发展

中国人民共和国成立之初，国家面临严峻和紧迫的国际与国

[①] Bleses, P., Seeleib-Kaiser, M.（2004）, *The Dual Transformation of the German Welfare State*, Hampshire, New York: Palgrave Macmillan, p.109.
[②] 同上书。

内形势，国际社会的孤立、封锁和排斥，国内千疮百孔的烂摊子，社会上有数以千万计的人遭受贫困、饥饿和死亡的威胁，贫困人口主要由失业人员、灾民和其他旧体制的闲散人员构成，就 1949 年而言，各种潜在救助对象人数约占当时人口的 16% 以上，构成了对社会秩序的极大挑战。① 面对这种紧急情况，在"应急"话语的主导下，中央政府成立了内务部，主要负责社会救助、社会福利、游民改造等事务，采取了"改造、救济、安置相结合"的政策和措施，处理诸多矛盾。面对结构复杂、数量庞大的需要救助的对象，当局尊重了不同对象的需要，分类实施、因人而异，除现金外，还采取了实物、教育、培训、以工代赈等多种救助方式，"教养并重"地开展救助。截至 1953 年年底，全国共有生产教养院 920 所，收容妓女、乞丐、小偷、游民共 44.6 万，城市中受到救济的人近 150 万，96 个城市里组织起来进行生产自救的达 22 万多人②，有的城市受助者比例甚至高达 40%。③ 由于社会救助关系到社会稳定乃至新政权的稳固，社会救助在中华人民共和国成立初期处于非常重要的地位，乃至要上升到"政治问题"和"关乎国民健康"的问题上高度对待。④ 应该说，在"应急"话语下，社会救助对医治战争创伤、巩固新生政权起到了重要作用，但是这一时期的社会救助主要是应急式的、非制度化的政策，表现在救助工作是以文件和行政指令的形式贯彻的，救助多以中央的"指示"、"精神"为依

---

① 于秀丽：《排斥与包容——转型期的城市贫困救助政策》，商务印书馆 2009 年版，第 60 页。
② 同上书，第 63 页。
③ 时正新主编：《中国社会救助体系研究》，中国社会科学出版社 2004 年版，第 44 页。
④ 高冬梅：《新中国成立初期中国共产党社会救助思想与实践研究》，人民出版社 2009 年版，第 196 页。

据,多为临时性救助,救助办法和标准没有标准化,资金来源也没有明确,另外,贫困救助对象被认为是暂时的,只是帮助他们应急,社会主义不存在失业、也不会"饿死人"①,救助因该是为了应对紧急情况而采取的临时手段。

1953 年之后,中国进入了社会主义建设时期,优先发展重工业的战略也随之确立,中国开始了所有制经济的社会主义改造,建立完善了与计划经济体制相适应的经济和社会政策。在充分就业的基础上,国家—单位保障制得以确立②,绝大多数社会成员都可以从单位那里获得较好的保障,不至于陷入贫困,因此,社会救助主要针对那些不幸落在国家—单位保障之外的弱势群体。在社会主义"建设"话语的指导下,那些不幸的弱势群体在获得救助的同时还需要为社会主义建设贡献力量,因而,这一时期的救助方针是"生产自救、群众互助,并辅之以政府的必要救济"。生产自救主要依靠基层,依靠个人,广开门路,自行因陋就简地安排生产,主要方式包括组织受助者和失业者开办加工厂、合作社、生产小组、作坊、农场等,来解决其生活困难,在实施生产自救的过程中,还要求优先照顾军烈属。③ 此外,社会救助强调依靠群众互助和社会力量来解决生活困难,仍不能解决的生活困难,再由政

---

① 于秀丽:《排斥与包容——转型期的城市贫困救助政策》,商务印书馆 2009 年版,第 64 页。
② "国家—单位保障制"是郑功成教授对中国计划经济时期社会保障制度的概括,是指国家为主要责任主体,城乡单位共同负担责任并一起组织实施的社会保障制度。参见郑功成等:《中国社会保障制度变迁与评估》,中国人民大学出版社 2002 年版,第 5 页。
③ 李小尉:《新中国建立初期的社会救助研究》,社会科学文献出版社 2012 年版,第 196 页。

府最后出面给予必要的帮助,以确保最基本的生活。① 应该说,在"建设"话语的主导下,社会救助逐步脱离了应急式、临时性的性质,成为了经常化、长期性的政策,与国家—单位保障制相适应的社会救助制度已初见雏形。到 1963 年,城市获得救助的人口数达 322.5 万人次,社会救助经费和福利费支出占财政支出的比例达到空前的 0.84%。② 在这一过程中,政府的主导作用得到发挥,其具体组织与帮扶深入到救助弱势群体的各个环节,比如,在失业救助中,政府的组织、帮扶作用体现在发放救济金、以工代赈、还乡生产、转业训练以及安置就业等各项工作中,为了安置工人,政府在着眼本地就业机会的同时,还派人到外地想办法,介绍工人到外地就业,对于生产自救的人员,政府也帮助解决资金、原料、销路等,政府这种积极参与和主导的工作作风,在当时有限的经济条件下成功地帮助了各类亟待帮助的弱势群体,助其自力更生,脱离困境。政府虽然奉行生产自救和群众互助为主、政府协助为辅的社会救助原则,但是通过救助制度建设和实践过程中的具体组织和帮扶,发挥了至关重要的作用。③ "文革"时期,相应的社会救助工作同国家的政治、经济、文化等一样受到了严重破坏,缺乏统一的管理和规划,救助工作甚至出现了停顿,社会救助被当成批判对象,被看成走资本主义道路的当权派赢得忠心的一种贿赂方式,主管社会救助事物的内务部被撤销,相关工作人员被遣散,社

---

① 于秀丽:《排斥与包容——转型期的城市贫困救助政策》,商务印书馆 2009 年版,第 69 页。
② 多吉才让:《中国最低生活保障制度研究与实践》,人民出版社 2001 年版,第 56—57 页。
③ 高冬梅:《新中国成立初期中国共产党社会救助思想与实践研究》,人民出版社 2009 年版,第 198 页。

会救助被看作给社会主义"抹黑"而受到削弱和重创,有的城市地区甚至停发了救济款,救助工作基本处于停顿和瘫痪的状态。①

若聚焦农村地区,可以发现,随着20世纪50年代初农业生产合作社的兴起与发展,农业生产由个体经济转为集体经济,这为解决农村贫困对象生活找到了新的途径。农业生产合作社实行土地统一经营,劳动力统一调配,贫困对象入社后,可以参加力所能及的农副业生产劳动,使大多数人的基本生活有了保障。少数生活仍困难的,由集体公益金给予生活补助,对那些集体经济比较薄弱的、集体无力补助的贫困对象,由国家给予适当救济。②1956年1月,中央以草案的形式发表了《一九五六年至一九五七年全国农业发展纲要》(也称《农业四十条》),其中第三十条规定:"农业生产合作社对于社内缺乏劳动力、生活没有依靠的鳏寡孤独的社员,应当统一筹划,制定生产队或者生产小组在生产上给予适当的安排,使他们能够参加力能胜任的劳动;在生活上给予适当的照顾,做到保吃、保穿、保烧(燃料)、保教(儿童和少年)、保葬,使他们的生养死葬都有指靠。"同年,还颁布了《高级农业合作社示范章程》,其中规定:"农业生产合作社对于缺乏劳动能力或完全丧失劳动能力生活没有依靠的老弱寡、残疾社员在生产和生活上给予适当的安排和照顾,保证他们吃、穿和烧材的供应,保证年幼的受到教育和年老的死后安葬。"据此,这些目标群体被定为"五保"户并获得不低于普通家庭的生存资料,有中国特色的农村"五保"制度的雏形初步建立并逐步成为中国农村社会救济制度的

---

① 时正新主编:《中国社会救助体系研究》,中国社会科学出版社2004年版,第45页。

② 李本公、姜力:《救灾救济》,中国社会出版社1996年版,第160页。

基础。官方数据表明,1958 年共有 519 万"五保"对象。[①] 也就是说,20 世纪 50 年代,由于采取国家救济与集体补助相结合的办法,大大增强了农村社会救济的力量,并初步确立了"五保"供养制度,这标志着农村社会救济开始长期化、经常化,可以说我国农村传统社会救济制度已初步形成。然而,1958 年"大跃进"时期,农村刮起了"共产风",错误地认为中国农村已消灭了贫困,不需要社会救济了,在农村曾一度取消社会救济。当时农村一哄而起,大办集体食堂,社员吃大锅饭,吃饭不要钱,实行所谓的"按需分配",严重损害了农民的积极性,不久集体食堂难以为继,被迫取消,此后农村社会救济得以恢复。[②]1960 年,农民生活出现困难,贫困对象大幅增加,社会救济任务相当繁重,形势十分严峻。在国家财政十分困难的情况下,政府尽最大努力,在 1960—1963 年间共发放了 4.8 亿元用于保障贫困对象的生活,帮他们度过了困难时期。[③]1963 年,内务部召开了全国民政和人事厅局长会议,专门研究农村救济工作,并讨论通过了《认真贯彻农村人民公社工作条例,进一步做好农村社会救济工作》的文件,文件提出要加强农村集体补助贫困对象的工作,要求社队从总收入中提取一定公益金保证贫困对象补助的需要,并重申了社会救济款项专款专用和重点使用的原则等,各地按文件规定落实,农村社会救济基本走上了恢复发展之路。然而,好景不长,1966 年的"文化大革命"又使农村社会救济制度遭遇了重大挫折,当时把帮助贫困户发展农副业生产当作资本主义的"尾巴"割掉,把用公益金补助贫困

---

① 崔乃夫主编:《当代中国的民政》,当代中国出版社 1994 年版,第 105 页。
② 李本公、姜力:《救灾救济》,中国社会出版社 1996 年版,第 160 页。
③ 同上书,第 198 页。

户当作"剥削"进行批判,为穷人提供救济在政治上受到质疑,这大大削弱了集体补助贫困对象的工作,严重阻碍了农村社会救济工作。其间,农村社会救济制度的基础——"五保"制度也大受打击,许多集中供养"五保"老人的敬老院被迫解散,"五保"工作处于无人过问的状态,"五保"工作问题严重,多年没有进行评定工作,应保而未保者大有人在,"五保"对象底数不清,将公益金用于"五保"户的供给也被当作对社员的"剥削"而受到批判。①

总的来看,从中华人民共和国成立到1978年,在"应急"和"建设"话语的主导下,社会救助从临时性的、非制度化的措施逐步发展成为经常性的、制度化的政策,为应对这一阶段的紧急状况和社会主义建设贡献了重要力量,其特点归结起来包括以下几点:第一,生产自救是核心。这一阶段,社会救助的最大特点是通过生产让受助者能够自救。② 这一阶段各种政府文件中都写明了"生产自救"的原则,它是国家救助方针中最重要的一条,生产自救能够为社会主义建设服务,是一种独创性的积极救助方式,力图使受助者彻底摆脱困境、改善生存状况。以上说明这一阶段的社会救助不仅注重"救",而且注重"防",救助失业时,不是单纯地放赈,而是"介绍就业、还乡生产、以工代赈、专业训练等占百分之八十六,单纯现金救助只占百分之十四",比如,在失业救助的同时,政府通过发展商业,开展城乡物资交流,恢复、扩大加工订货,发放贷款扶持生产等措施,通过发展生产

---

① 李本公、姜力:《救灾救济》,中国社会出版社1996年版,第199页。
② 高冬梅:《新中国成立初期中国共产党社会救助思想与实践研究》,人民出版社2009年版,第80页。

预防失业,这都是从源头上防止失业发生,具有预防的积极性。①第二,区别对待。这一阶段的社会救助给予不同对象以不同方式、不同内容的救助,比如区分出儿童、失业人员、老人、妓女、游民等;即使同一弱势群体也坚持区别对待,比如,对失业工人中就业能力强的要进行培训,对无就业能力的由政府托底实施生活救助等。同时,政府在这一时期关注对弱势群体的综合治理,在区分对待的基础上,运用多种手段进行治理。对于受助者除了提供物质帮助外,同时对他们进行思想文化教育,这是社会救助的一大创新和突破。事实证明这种综合治理和多管齐下的办法,一方面通过现金转移支付帮助和安置了受助者,通过政治手段确认了其社会地位;另一方面还通过思想文化教育使弱势的受助者建立了上进心并获得了一定的知识和技能,取得了自力更生的能力。②第三,提供最低生活保障。由于当时经济发展水平落后,社会救助只能提供最低水平的帮助③,比如,对于救助失业工人,以工代赈工资标准和救助金额是依据城市最低生活水准制定的,再比如,农村定期定量救济标准主要各地根据实际情况,对救济对象划分类型,按类型调整救济标准,实际操作中,并不是按照科学的测量方法对标准进行测定,救助标准的设定,通俗地讲,一般以社会主义不"饿死人"为救济标准,并且标准一旦确立后其更改与调准均滞后于国民经济的增长水平。这与中国鼓励自力更生的文化相吻合,也可避免社会救助使人变懒惰的道德风险。第四,

---

① 高冬梅:《新中国成立初期中国共产党社会救助思想与实践研究》,人民出版社 2009 年版,第 201 页。
② 同上书,第 199 页。
③ 同上书,第 80 页。

救助内容多样。这一阶段的社会救助把院内救助和院外救助相结合，定期救助和临时救助相结合，政府和民间协同联动，具体包括现金救助、实物救助、医疗救助、教育救助、以工代赈等涉及弱势群体生活的方方面面的救助内容[①]，内容多样化，面向贫困和弱势群体各方面的需求。比如，农村社会救济提供的待遇既包括现金，也包括实物，现金主要是指有选择地提供救济金，实物既包括衣服、食品、粮油、燃料等，又包括各种服务，比如为"五保"户提供的教育、医疗等，可以说传统社会救济制度中实物救济占有举足轻重的地位。第五，基于道义而非权利的救助。这一阶段，劳动是人生的重要价值，有劳动能力的人在当时的全面就业体制之下都有单位或社队集体，可以获得单位保障或集体保障，所以救助对象主要是没有能力自立的"三无"人员等少数人群，这些人在个人归因贫困观的影响下，对社会、对国家更多是一种义务感，把获得救助看成是接受恩惠，当拿到救助时会感激不已，也就是说，只有那些无法获得集体保障的极少数边缘人群，如"五保户"等才是救济对象，政府把救助对象视为"最可怜的人"，由此政府救济行为中带有一种慈悲、怜悯的因素以示政府对人民的关心，更多体现出扶危济困的道义性，而受助者在接受救济后也都是感激、感谢政府和党，这说明受助者并没有把接受救济当成自己应有的法定权利，政府和受助者之间的关系是道义上的、不平等的施恩——受惠关系。

[①] 高冬梅：《新中国成立初期中国共产党社会救助思想与实践研究》，人民出版社2009年版，第81页。

4.1.2 "改革"与"稳定"话语下的社会救助发展

1978年后,中国确定了改革开放的方针,采取了以市场为取向的国企改革和就业体制的变革。在"改革"话语下,城市贫困的种子开始萌芽,在社会救助方面国家进行了一定的修补,包括增加了对一些特殊对象的救助,形式和内容上也有了一定改变,比如,将扶贫从农村引入城市并调整了救助标准,开展了"送温暖"工程等,但是,从本质上看,社会救助并没有发生实质性变化,仍然是传统社会救助制度的延续,很难满足弱势群体的救助需求。① 1992年,得到国家定期定量救济的城镇困难户仅19万人,占城镇人口比重的0.06%②,而那些"送温暖"等之类的非制度性的救助活动后来被证明成本不菲,收效甚微。③

1992年,邓小平南巡和中共十四大之后,社会主义市场经济体制被明确为经济体制改革的目标。国有企业的结构性和转轨性失业问题凸显,以下岗失业人员为主的新生贫困问题出现并日渐严峻,不同机构、不同学者对当时的贫困规模有不同估计,结论是贫困规模大约在1500万—3700万,城市贫困问题已经不容忽视。④ 突出的下岗失业和新生贫困问题如同改革的地雷阵,若不妥善处

---

① 于秀丽:《排斥与包容——转型期的城市贫困救助政策》,商务印书馆2009年版,第80—81页。
② 唐钧:"中国的城市贫困与社会救助制度",《江海学刊》2001年第2期,第46页。
③ 郑功成等:《中国社会保障制度变迁与评估》,中国人民大学出版社2002年版,第219页。
④ 于秀丽:《排斥与包容——转型期的城市贫困救助政策》,商务印书馆2009年版,第83页。

理,将引发严重后果。为了在维护社会稳定的前提下进一步推进改革,一项崭新的社会救助项目——最低生活保障制度应运而生,这项制度最早于1993年在上海开始试点,它划定一条最低生活保障线,面向所有收入低于最低生活保障线的贫困人口,无论其是否具备劳动能力,这使其覆盖面远远大于传统社会救助,因为传统制度只面向无劳动能力的贫困者。可以说,该制度建立的初衷就是为以下岗失业人员为主的新生贫困群体提供补偿,这有利于推进改革并保证社会稳定。在转型期的特殊背景下,不仅是民政部关注最低生活保障制度,中央政府也对这项制度给予了较高关注:在1997年3月的八届全国人大五次会议上,《政府工作报告》中指出:"现在全国有100多个城市建立了最低生活保障制度,这是保障居民基本生活需要的重要措施,也是适合我国国情的一种社会保障办法,要逐步加以完善。"《关于国民经济和社会发展"九五"计划和2010年远景目标纲要的报告》指出要"逐步建立城市最低生活保障制度,帮助城市贫困人口解决生活困难。"于是,"建立最低生活保障制度"的思想第一次写进了最高层次的政府文件——《国民经济和社会发展"九五"计划和2010年远景目标纲要》中。同年5月,李鹏总理在国务院办公厅秘书四局《情况反映》第二期上就"各地建立城市居民最低生活保障制度的情况"批示:"(这项制度)目前还只由较发达地区实行,中西部实行甚少。这是一件花钱不多,效果极佳,有利于社会安定的得力措施,应在全国按规定执行。"这说明了中央政府对这项制度的建设给予了充分的重视与肯定。在"改革"与"稳定"话语的主导下,1997年国务院颁布了《关于在全国建立城市居民最低生活保障制度的通知》,该通知强调建立城市居民最低生活保障制度是改革和完善传统社会救济制度、建立健全社会保障体系的重大举措，有利于维护社会稳定和促进经济体制改革。通知要求各地把建立城市居民最低生活保障制度当作一项重要工作抓紧抓好，指出：1997年年底以前，已建立低保制度的城市要逐步完善，尚未建立这项制度的要抓紧做好准备工作；1998年年底以前，地级以上城市都要建立起低保制度；1999年年底以前，县级市和县政府所在地的建制镇都要建立起低保制度。这样的时间表比《国民经济和社会发展"九五"计划和2010年远景目标纲要》的设定早出1年，比一些学者原来的设想要早出10年左右[1]，由此可见中央对该制度的重视程度。通知还明确了保障范围、保障标准、保障资金等重要政策问题，提出保障对象为"家庭人均收入低于当地最低生活保障标准的持有非农业户口的城市（镇）居民"的同时，还规定了三种具体的保障对象：一是无生活来源、无劳动能力、无法定赡养人或抚养人的居民；二是领取失业救济金期间或失业救济期满仍未能重新就业，家庭人均收入低于最低生活保障标准的居民；三是在领取工资或最低工资或基本生活费后以及退休人员领取退休金后，其家庭人均收入仍低于最低生活保障的在职职工和下岗职工。保障标准方面，通知认为应因地制宜由当地人民政府自行确定，本着既保障基本生活，又有利于克服依赖思想的原则，按照当地基本生活必需品的费用和财政承受能力实事求是地确定保障标准，并且要随生活必需品的价格和人民生活水平的提高适时调整，另外，所定标准要与其他各项社会保障标准相衔接。关于保障资金，

---

[1] 唐钧在1998年《中国城市居民贫困线研究》（上海社会科学院出版社）一书中曾建议了推广城市最低生活保障制度的四个阶段，最后一个阶段是要在2006—2010年最终在全国城市普及。

通知要求目前采取由财政和保障对象所在单位分担办法的城市，要逐步过渡到主要由财政负担的方式上来，资金要由地方各级人民政府列入财政预算。在对待有劳动能力者方面，通知指出要鼓励和支持有劳动能力者自谋职业、自食其力，通过劳动增加收入。在管理实施方面，通知指出民政部门要充分发挥职能部门的作用，精心组织，周密安排，加强管理，建立健全各项规章制度，做到保障对象、保障资金和保障标准三公开，实行动态管理。财政、劳动、人事、统计、物价等部门要做好配合支持工作，同时要注重基层民政部门、街道办事处和居委会的作用，为其工作创造必要条件。从总体上来说，该通知的颁布是一大进步，它规定家庭人均收入低于当地最低生活保障标准的非农业户口的城市居民均为保障对象，这说明以往一些城市或地区排斥有劳动能力者的做法是不合理的，另外，通知还提出保障资金要逐步过渡到由财政负担的方式，这也表明国家希望该制度的资金能够有保障，制度得以落实。但是这个规范性文件仍存在一些疏漏：首先，在明确规定保障对象为"家庭人均收入低于当地最低生活保障标准的持有非农业户口的城市（镇）居民"的同时，它还规定了三种具体的保障对象，这和前一阶段某些地方制定规范政策时的做法类似，即都使用了列举法，这表明《1997年通知》在做出了一个既符合中国国情、又与国际惯例接轨的正确表达之后，又用列举法对保障对象做出三种界定，而所作的列举在逻辑上显然是不穷尽、不周延的，这种界定无疑会给最低生活生活保障制度这张"最后的安全网"留下了漏洞，在后来的调查中也证实了这一点，以上列举的三类对象之外的城市居民，譬如个体户、"下海"人员，有"过错"的人或"劳改犯"家属等都被打入另册,其申请很难得到批准。① 其次,保障标准方面,通知仍然提到要考虑财政承受能力,这使得各地在制定标准时不够科学,更多侧重于对财政的考虑,使低保标准成为"财政能力保障线",进而造成保障严重不足。最后,尽管从1995年起民政部就开始努力争取中央对这项制度的补助,但这份文件里中央政府并没有表示出资,而是规定资金要由地方各级人民政府负责,实行属地管理,这对一些财政困难的省而言无疑是不利的。这之后,城市低保制度迅速发展普及,到1999年9月底,全国668个城市和1638个县级人民政府所在地的建制镇已经全部建立了居民最低生活保障制度,提前3个月完成了国务院在1997年通知中设定的任务,保障对象人数约为282万人。自此,城市低保制度在中国全面确立起来。城市最低生活保障制度在全国的普及初步构筑了覆盖全体城市居民的社会安全网,促进了城市经济体制的改革和社会的稳定。各地试点探索的最终结果是最低生活保障制度在全国所有城市和县人民政府所在镇的建立,一个作为社会保障体系基础部分、同其他层次社会保障制度相互配套、相互衔接的城市居民最低生活保障制度网已初步成形。这个安全网虽然还有许多不完善之处,但是它确实部分缓解了中国转型和经济结构调整所带来的大规模城市贫困,确保了下岗、失业及在职的困难职工的最基本生活,这样企业可以进一步放开手脚深化改革,使得社会主义市场经济的建立与完善免受干扰,此外,制度还一定程度上化解了社会矛盾,理顺了群众的情绪,维护了社会稳定。因此,该制度得到了党中央、国务院和各级领导的肯定与支持和

---

① 唐钧:《中国城市贫困与反贫困报告》,华夏出版社2003年版,第117—118页。

保障对象的赞扬,被称为"民心"工程、"凝聚力"工程。当然由于对"改革"和"稳定"话语的强调,最低生活保障也存在一定局限性,它把维护社会稳定和促进经济体制改革当成了最主要的目的,而忽视了制度本身保障贫困群体生存权的目的与功能,也就是说,这项制度在建设的理念方面出现了偏差。而这一偏差的后果就是导致了制度建设中对生存权的保障不足,这种不足主要体现在两个方面:一是保障范围上,只强调保障与企业改革和社会稳定最相关的群体,即下岗失业职工,许多地区贫困的城市个体户、下海人员等边缘群体以及绝大多数地区的农村贫困群体的生存权被忽视了;二是体现在保障程度上,既然是为了社会稳定服务,也就是说,最低生活保障标准只要够糊口就可以了,事实上绝大多数地区基于这种理念再加上资金不足等原因,确定出来的保障标准确实仅能是有饭吃,这与生存权理论中强调的最低生活标准不仅是指可以使一个人简单地延续生命,而且还应当使人活出一定的尊严,显然是相距甚远的,低保对象的生存权并未得到充分重视与保障。

另外,在"改革"与"稳定"话语的影响下,农村低保制度发展滞后,在20世纪90年代,与城市低保的迅速发展设相比,农村最低生活保障制度工作无疑被相对忽视了,中央政府和民政部的关注点都集中在推广普及城市低保制度上,民政部的文件和领导的讲话中鲜有涉及农村低保制度建设的,各地农村低保试点工作从大面积作战进入了各自为战阶段。比如,1994年和1995年就已分别建立了农村低保制度的上海和广州继续完善制度,天津、浙江、江苏则在这一时期开始城乡联动地建立最低生活保障制度,天津和浙江于1997年年末通过发布法规政策的形式要求城乡普遍建立制度，福建、山东、江西、贵州、甘肃等地也都积极推进本省的农村地保探索建立工作，等。由于各地的自觉努力，农村低保还是有一定进展，到1999年上半年为止，全国有1660个县、市、区建立和实施了农村最低生活保障制度，占应建县、市、区的67%；有306万多农村居民得到了最低生活保障，占全部农村人口的0.36%；1999年上半年用于农村低保制度的全部资金为3.66亿元，其中各级财政投入2.215亿，村集体投入1.445亿。已在辖区内各县（市）全部建立了农村低保制度的有天津、河北、辽宁、吉林、上海、江苏、浙江、山东、河南、广东、广西、陕西等11个省、区、市；已在50%以上县（市）建立了制度的有山西、内蒙古、安徽、福建、江西、湖南、甘肃、青海等地。其中，保障对象人数最多的是山东（29.3万人）、贵州（23万人）、陕西（22.5万人）、河南（22万人）、江西（21万人）、广东（20.9万人）、江苏（18.5万人）、广西（17.7万人）；1999年上半年，保障资金支出最多的是辽宁（4247万元）、山东（4166万元）、贵州（4163万元）、广东（4122万元）、江西（3461万元）、江苏（2773万元），至1999年上半年，重庆和新疆尚没有县（市）建立农村最低生活保障制度。①尽管各地得了一定成绩，但是由于中央和省更多把重点放在城市低保制度上，农村的工作受到了忽视，许多已开展工作的地区制度进展缓慢。例如，山西省在1998年5月关于建立城乡居民最低生活保障制度的专题调研报告中指出："由于城市这一块有国务院国发［1997］29号文件和省政府晋政发［1997］95号文件，各地重视，工作进展顺利。而农村这一块全省没有统一的、硬性的文

---

① 多吉才让：《中国最低生活保障制度研究与实践》，人民出版社2001年版，第233—234页。

件要求，各地工作进展参差不齐，总体上比较缓慢。富裕地方的政府领导没有给予应有重视；贫困地区普遍苦于自身经济力差，有畏难情绪。"① 据统计，仅1999年6月到2000年年底，山西省农村低保的实施县就由87个锐减为67个，保障人口从5.4万人减少到5万人，保障资金投入由1158万元减少为1000万元②，山西的困境是全国许多地区的缩影。在新世纪初，城市低保制度依旧快速发展，受助人数和资金大幅增加（见图4-1和表4-1），而农村低保制度仍然止步不前，出现了停滞甚至倒退，1999年年末农村低保制度保障了306万人，资金投入3.7亿元，2000年保障人数则降到300.2万人，资金投入3.65亿元③，2001年农村低保建制县市为2037个，2002年萎缩至1861个，2003年进一步萎缩只剩1206个，比2001年减少了41%；保障人数2002年比上年有所增加达407.8万，但2003年却下降为367.1万，其中获得保障的困难户人数由2002年的303.3万降至2003年的114.5万，减少了62.2%，"五保"户由51.1万降至30.3万，减少了40.7%，其他对象由53.4万降至32万，减少了40.1%；补助资金和月平均补助方面虽有增长，但十分缓慢。究其原因，这既有中央政府、民政部和地方政府对农村最低生活保障制度的认识和态度不够明朗的原因，也有农村最低生活保障资金的落实困难的原因，还有对农村传统反贫困方式的路径依赖原因。2004—2006年，中央政府对农

---

① 民政部救灾救济司："山西省建立城乡居民最低生活保障制度专题调研报告"，《城市居民最低生活保障制度文件资料汇编（三）》，1999年10月，第325页。
② 王先菊、司建平："农村最低生活保障制度现状分析"，《农村经济与科技》2007年第6期，第28页。
③ 民政部财务和机关事务编：《中国民政统计年鉴2001》，中国统计出版社2001年版，第295页。

村低保制度的态度渐渐明朗起来,从 2004 年 9 月国务院第 65 次常务会议认为的"全国大多数地方不具备条件建立农村低保",到 2005 年 3 月政府工作报告中提出的"有条件的地方可以探索建立农村居民最低生活保障制度",再到 2006 年 12 月下旬召开的中央农村工作会议上,中央明确提出"自 2007 年始在全国范围建立农村低保制度"。随着中央态度的转变,这一时期农村最低生活保障制度建设峰回路转,渐渐走出了停滞与低谷,在各地方政府的主导下摸索着向前迈进。各地都在积极探索实践并积累了一定经验,但由于中央未出台统一制度规范和资金支持,各地均是在借鉴城市低保工作经验的基础上立足于当地实际开展工作,这必然导致制度设计千差万别,保障范围、标准和救助水平和形式参差不齐。比如,东部地区普遍对保障范围没有限定,对劳动能力提出要求的省也不多,保障标准相对较高,而中西部地区则相反,尤其是西部地区基本都对保障范围有一定限制,对劳动能力的要求也较高。另外,还有许多省份在救助方式上采用的是分类定量救助而非城市低保制度普遍采用的补差方式,原因主要是因为难以准确核算农村贫困家庭的收入,有的省甚至按一个标准进行救助,这其实和最低生活保障制度本身含义有一定差别。尽管存在各种问题,但不可否定这一时期地方政府的积极努力终于使之前一度停滞甚至倒退的制度走出了低谷,向前迈进了一大步。从全国的统计指标看,2004 年农村低保建制县市为 1206 个,与上一年持平,但保障人数有较大增长,比上一年增加了 32.9%,资金投入也有较大增长,是上一年的 1.7 倍,人均补助也比上一年增加了 30.8%,这是很大的进步;2005 年各项指标依然保持增长势头,2006 年各项指标依然增长,尤其是保障人数几乎翻了一番。

在 2006 年 12 月下旬召开的中央农村工作会议上，中央明确提出于 2007 年在全国范围内建立农村低保制度，鼓励已建立这一制度的地区完善制度，支持未建立制度的地区建立制度。也就是说，从 2007 年开始，中央政府开始主导农村低保制度建设。这一方面体现在中央财政开始对农村低保制度进行资金投入，另一方面体现在中央政府发布了《国务院关于在全国建立农村最低生活保障制度的通知》，对农村低保制度进行了统一规范。同时，城市低保制度也在中央政府的主导下进一步发展完善。应该说，从 2007 年开始，最低生活保障制度建设进入了一个全新的阶段，即中央政府主导下逐步迈向城乡一体的新阶段。1999 年后城市与农村低保的覆盖人数与开支情况具体见图 4-1 和表 4-1。

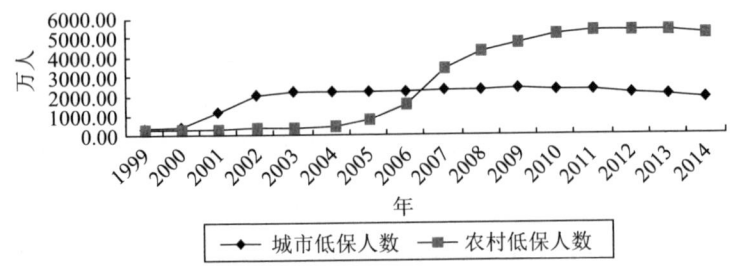

图 4-1　1999 年之后城市与农村低保制度的保障对象人数情况

表 4-1　1999 年之后我国城市与农村低保制度的中央与地方资金投入

年份	城市低保制度投入（亿元）			农村低保制度投入（亿元）		
	中央	地方	合计	中央	地方	合计
1999	4	16	20	/	3.7	3.7
2000	8	19	27	/	3.6	3.6
2001	23	19	42	/	4.7	4.7

续表

年份	城市低保制度投入（亿元）			农村低保制度投入（亿元）		
	中央	地方	合计	中央	地方	合计
2002	46	63	109	/	7.1	7.1
2003	92	59	151	/	9.3	9.3
2004	105	68	173	/	16.2	16.2
2005	111	81	192	/	25.3	25.3
2006	134	90	224	/	43.5	43.5
2007	158	117	275	30	74	104
2008	269	116	385	94	128	222
2009	323	138	461	216	129	345
2010	366	159	525	269	176	445
2011	502	158	660	503	165	668
2012	439	235	674	431	287	718
2013	546	211	757	612	255	867
2014	519	203	722	583	287	870

数据来源：引自相关年份的中国民政统计年鉴。

随着城乡低保制度的普及和发展完善，贫困群体的医疗、教育、住房等方面的困难开始暴露，为此，包括医疗救助、教育救助、住房救助、临时救助等项目逐步建立起来，综合性的社会救助体系初见雏形。2014年，我国颁布了《社会救助暂行办法》，这是目前层级最高的关于社会救助的法规，规范了低保、受灾人员救助、临时救助和各类专项救助，意义重大。

总的来看，从1978年改革开放以来，在"改革"和"稳定"

话语的主导下，中国的社会救助经历了一次重大的变革和转型，带有恩惠色彩的传统社会救助制度被以低保制度为核心的现代社会救助体系取代，社会救助不再是边缘性制度，而是成为社会保障的基础性制度，为这一阶段的经济体制改革和社会稳定提供了重要的制度保证。社会救助的改革和发展的逻辑是先城市后农村，这当然受到贫困形势的影响，但是政治方面的考量也非常重要。在转型期，大量的城市贫困人口是失业或下岗职工，低收入的工人及其家庭成员。在计划经济时代的单位制下，这些人享有较好的保障和福利待遇，并一直认为政府有责任承担这方面的义务，这其实暗含了公民和国家之间的社会契约，即国家为公民提供社会保障和福利服务以换取公民对其的支持和其统治的合法性。① 在转型期，减员增效等旨在减轻国企负担的政策逐步瓦解了传统的国家——单位保障体制，使得国企职工及其家庭成员这些原来享有较好的福利待遇的群体丧失了工作与保障，社会上出现的一些群体性事件显示出其拒绝社会保障权利所受到的损害。有时候，政治上应对贫困最有效的方法可能是为在转型中损失最多的群体而非最贫困的群体提供补偿。② 对转型期的中国来说，损失最多的群体显然是以下岗失业职工为主体的城市贫困群体而非农村绝对贫困群体，在这种背景下，城市低保制度被看成是一种补偿手段，成为党和政府的"凝聚工程"、"稳定工程"和"一把手工程"，并受到了前所未有的重视，其重要意义在许多政府报告和领导人讲话

---

① Croll, E. J. (1999), "Social Welfare Reform: Trends and Tensions", *China Quarterly*, 159:684-99.

② Graham, C.(1994), *Safety Nets, Politics, and the Poor: Transitions to Market Economies*, Washington, D.C.: Brookings Institution, p.9.

中被反复强调。在农村,剩余的贫困人口主要是没有劳动能力,长期患病或生存在恶劣多灾的自然环境中的人群,这些人在经济和社会活动上都很不活跃,他们远离政治中心,本身的政治资源和政治能量都很低,不宜造成群体性事件,难以形成有效的政治压力,因此容易被政治议程和公共政策所忽略。① 但 2003 年后,中国发生了整体的政策转向,统筹城乡发展是科学发展观的重要内容,农村低保制度作为一项有利于城乡统筹的举措具有了重要的政治意义,这样该制度才最终于 2007 年普及全国。总之,转型期的中央政府基于政治方面的考量,基于中国"改革、发展、稳定"的大局,以一种先城市后农村的渐进方式推进着最低生活保障制度的发展。另外,制度发展中的一些关键时刻也和政治因素密切相关,第一,1997 年 9 月,以国务院发布的《关于在全国建立城市居民最低生活保障制度的通知》(以下简称《1997 年通知》)为标志,城市低保制度从局部试点向全国推行,这是一次具有历史意义的转折点。第二,1999 年 9 月,随着国务院《城市居民最低生活保障条例》(以下简称《条例》)的正式发布和中央财政对绝大多数省的最低生活保障制度补助的下拨,标志着中国最低生活保障制度的建设开始进入了中央主导下以城镇最低生活保障制度为核心的一个崭新阶段,即城市低保制度成为全国性的制度安排,步入全面实施和法制化管理的轨道。因此,1999 年是一个具有里程碑意义的转折点。第三,2001 年 11 月,国务院办公厅发布了《关于进一步加强城市居民最低生活保障工作的通知》,这标志着城市低保制度的跨越式发展,这是一次具有战略意义的转折点。第四,2007

---

① 关信平、黄晓燕:"中国农村居民最低生活保障制度及运行机制",《社会保障研究》2006 年第 1 期,第 198 页。

年 7 月,随着国务院《关于在全国建立农村最低生活保障制度的通知》的下发和中央财政对农村最低生活保障制度补助的下拨,全国性的农村低保制度得以确立,这标志着最低生活保障制度开始进入了中央政府主导下迈向城乡一体的全新阶段。第五,2014 年 5 月,《社会救助暂行办法》正式实施,首次明确了我国社会会救助体系的框架结构,提出了社会力量参与的问题,是一次具有重大现实意义和深远历史意义的转折点。这些关键时刻发生前均有中央政府最高层领导人的介入,分别是原国务院总理李鹏、朱镕基、温家宝以及现任国务院总理李克强;紧接着这些关键时刻之后是国家重大的政治事件和活动,分别是党的十五大、国庆 50 周年、党的十六大、党的十七大以及党的十八大,即政治因素决定了这些关键时刻,制度发展的四个转折点无不与政治因素密切相关,或者具体来说,是中央政府最高领导的介入和即将发生的"政治事件"促成了制度的重大调整,形成了制度变迁过程中的转折点。对处于转型期的中国而言,社会救助制度的目的不仅是为了缓解贫困,还为了赢得更多的支持和拥护,以使"政治事件"或政治活动可以顺利进行。另外,"在中国,中央最高层支持者的存在或缺位在把问题推上议事日程与加速政策执行方面起着至关重要的作用"[①],若非上述四位中央高层领导的积极支持和介入,社会救助制度实现重大进展的关键时刻不知会是何时。

这一阶段,社会救助的主要特点如下:第一,提供补偿为核心。这一阶段社会救助最本质的变化就是最低生活保障制度的确

---

① Wong, L. (2001), "Welfare Policy Reform", in L. Wong, N. Flynn (Eds.), *The Market in Chinese Social Policy*, Basingstoke, Hampshire; New York, N.Y.: Palgrave, p.48.

立,这一制度的建立和发展是在以政府意识到社会保险无法在转型期内覆盖所有社会成员尤其是贫困和弱势群体之后,才被逐步重视并提上议事日程的,另外,由于我国最低生活保障制度在建立开始就是为了配合国有企业改革并为失业和下岗职工提供生活保障,补偿就成为我国最低生活保障制度乃至整个社会救助体系的重要特点之一,对有劳动能力人口的救助要以就业为条件的要求在我国的社会救助中并不突出。[①] 第二,统一对待原则为主。最低生活保障制度划定一条低保线,凡是家庭实际人均收入低于该线的公民,无论其是否具备劳动能力,均可获得差额补助。由此可以看出社会救助对于各种类型的贫困家庭是统一对待的,都是给予现金形式的差额补助,后来虽然开始实施"分类实保",即基于贫困人群所属的类别进行救助,救助对象按其所属类别可享受不同比例救助幅度的上调,但现实中由于人群较难界定、分类粗疏等原因,统一对待仍为主要的救助原则。第三,提供最低生活保障。这一阶段,社会救助制度主要提供满足最低生活保障的救助水平,这从社会救助的核心制度——最低生活保障制度的名称即可看出,最低生活保障标准通常根据低水平的生存需要来设定以防止其成为有吸引力的支持方式,存在着避免提供慷慨的待遇以致"养懒汉"的担忧,这使得社会救助只能提供最低的生活保障,不少调查研究表明了贫困群体获得社会救助后只能勉强糊口,大多数家庭入不敷出。[②] 第四,救助方式多样,向综合救助体系迈

[①] 北京师范大学课题组:"中国社会救助体系改革研究报告",http://mca.gov.cn/mca/news/2003luntan/lunwen06.html,2003 年。
[②] 张浩淼:《转型期中国最低生活保障制度发展研究》,上海交通大学出版社 2010 年版,第 88 页。

进。这一阶段，社会救助除了现金救助外，还有提供医疗服务、法律援助、廉租房等救助方式，在最低生活保障制度的基础上，还有医疗、教育、住房等专项救助和临时救助，2014年《社会救助暂行办法》的颁布正式确立了我国社会救助的体系框架和制度结构，包括最低生活保障、特困人员供养、受灾人员救助、医疗救助、教育救助、住房救助、就业救助和临时救助这八项制度，意味着综合性的新型社会救助体系已初见雏形，这套体系不仅能够为城乡贫困家庭提供基本生活保障，而且能够帮助贫困家庭解决最基本的医疗、教育、住房等方面的困难。第五，国民受助权益初步确立。政府为贫困家庭提供社会救助是建立在保障公民权利的基础上，还是建立在统治者恩赐的基础上，是判别现代社会救助制度和传统社会救助制度的重要标志之一，也是当代社会保障制度能否健康发展的重要价值理念和政治基础之一。[①] 改革开放后，随着低保制度的建立，我国的社会救助在总体上一直以保障国民的受助权益为目标和基础，比如，低保规定凡人均收入低于当地低保线的家庭均有权利申请低保待遇，审查通过即可获得受助的权利。这种国民基本生活权益的法定化，其实是对国民社会权利的确认。有了最低生活保障权益法定的事实，其他社会救助项目的实施也必定会因循该制度经由法律、法规明确规定，最终实现国民基本受助权益的完全法定化。当然，也因该注意到，尽管相关法规确认了公民的受助权利，但是由于社会福利观念转变的滞后性，现有社会救助背后的福利观介于慈善和权利之间，多数公民对权利观念的认知仍然是模糊甚至不知所谓的，许多受助者对于领取救助仍

---

① 关信平："中国综合型社会救助制度发展战略研究"，载郑功成主编：《中国社会保障改革与发展战略（救助与福利卷）》，人民出版社2011年版，第67页。

持有接受恩惠和感激的心理,在成都市的访谈中发现,不少低保对象感激政府给予的救助。比如,有低保对象表示:"我很感谢现在的社区工作人员,他们很及时就把低保政策落实到我们身上,我也很感谢国家,现在国家的政策好了,我们大家才会好,我很感激现在的社会,很感激党,而且社区工作人员工作态度很好,把我的心病解决了一部分,我觉得我们的女子将来也有了依靠,肯定要依靠国家。"(低保对象,P女士)"我就是想说感谢政府,把我们照顾的无微不至,我们很知足,感谢党和政府。"(低保对象,H女士)虽然研究对象申请低保的对象是"国家",但是他们对国家求助经验的诠释是以具体的社区工作人员来表征的,因为社区工作人员是低保的守门员,是受助者接触的最前线的人,是潜在受助者能否获得国家救助的第一关,社区人员和研究对象的互动构成了助人者和受助者的互动。以上叙述表明,研究对象在困境中获得了社区工作人员的积极主动的响应,助人者对受助者的积极态度影响着研究对象对受助于国家经验的正面肯定,工作人员主动的态度使受助者乐于接受救助并产生了一定安全感。另外,她们将国家的帮助视为一种善举,而不是从权利和国家责任角度诠释国家的帮助。因此,未来需要把获得救助是公民的基本权利这一点在社会上进行宣传和推进,深化社会福利观中的权利观念,逐步走出带有施舍意味的慈善观。

4.1.3 小结

通过回顾和梳理中国社会救助制度的改革和发展历程,可以发现,社会救助政策的演进离不开主导话语的影响,或者说,不同的政治、经济及社会发展状况是社会救助政策改革和发展的基本背景。社会救助作为一项社会保障制度,它是用一种经济手段来解决社会问题,进而达到特定政治目的的制度安排。[①] 从中华人民共和国成立初到改革开放前,在"应急"和"建设"话语的主导下,社会救助从临时性措施向制度化政策过渡,以应对紧迫形势,同时强调受助者要生产自救,进而为社会主义建设贡献一定力量。改革开放后,在"改革"和"稳定"话语的主导下,社会救助发生了质的变革,传统的社会救济被现代的综合救助体系取代,着力为以下岗失业人员为主体的新生贫困群体提供补偿,以保证在社会稳定的情况下,进一步推进改革。

对比这两个阶段社会救助的特点,可以发现,虽然两个阶段都有提供最低生活保障水平和救助方式多样化的特点,但由于政治、经济和社会环境的变化,前一阶段的生产自救和区别对待的特点在后一阶段并不明显,此外,这一阶段还带有一定官方恩赐的色彩,后一阶段更多是强调提供补偿和统一对待为主,并且国民的受助权益得以初步确立。另外,中国社会救助发展始终受话语主导并承担了社会的、经济的和政治的多重任务,当社会救助主要行使配套经济建设和经济体制改革或应对紧急形势和稳定社会的职能时,其社会职能的效果(是否缓解贫困和社会排斥)必然会受到一定影响,这从社会救助的特点一直包括维持最低生活标准这一点即可窥见一斑,即制度只满足于维持贫困群体的生存,忽略了其发展和社会融入的问题。另外,"问题导向"的改革和发展方式使我国社会救助缺乏总体目标和系统设计,发展型的制度改革目标难以确

---

① 郑功成:"中国社会保障制度改革研究及理论取向",《经济学动态》2003年第6期,第51页。

立,这种"问题导向"的制度改革和发展方式固然在每个阶段均有一定的针对性,但也造成了我国社会救助制度的改革和发展以解决眼前问题为主要目标,无法着眼长远并确立发展型的制度改革目标。

与国外向发展型制度迈进的社会救助改革相比,中国的社会救助改革的内容截然不同、明显落后。20世纪末90年代开始,国际上许多国家对社会救助进行了改革并形成了各具特色的不同模式的发展型社会救助制度,与其相比,我国社会救助的改革正处于从恩赐型的传统社会救济向权利型的现代社会救助转变的阶段,目的是确保国民在遭遇困难时有接受帮助的权利,而国外的改革是在国民受助权利已得到确认甚至是过度保障的情况下,通过建立发展型社会救助来使权利与责任得到平衡,在保障受助者基本生活的基础上促进其人力资本的发展和积累。也就是说,中国社会救助的本质变革的内容和国外完全不同,是由于中国转型期的特殊背景导致产生了许多传统社会救济无法帮助的以下岗失业人员为主的"新生"贫困群体,改革内容主要是为了把这些具有劳动能力的贫困人员纳入救助,实现从原有"恩惠"、"慈善"式的救济制度向"公民权利"式的综合型救助制度的过渡,这是许多国家尤其是欧美发达国家数十年前就已经完成的,不可否认,我国的改革受国外发展型社会救助理论和实践模式的影响有限,在改革理念和内容方面明显落后,未来仍需进一步改革和发展。如上文所述,话语在当代中国社会救助的发展过程中起到了至关重要的作用,话语的引入其实为理解和解释社会救助的发展提供了关键变量,此外,引入政策话语视角,也告诉我们在对社会救助进行进一步改革和完善之前,政府应该考虑构建适合的政策话语体系,以树立新的权威和价值观,这有助于社会救助改革的顺利实施,笔者建议,应该强调社会救助的"发展"功能和属性,构建围绕"发展"、"积极"的社会救助的政策话语体系,这有助于我国发展型社会救助体系的构建。

4.2 保障生存的救助理念

社会救助是具有一定价值取向的制度安排,具有社会建构性的特点,作为意识形态领域的理念非常关键,它会影响乃至决定社会救助的功能定位与制度实践,因此可以说,选择了什么样的理念,就会有什么样的社会救助功能定位与制度设计,并产生相应的效果。社会救助理念的选择既是制度与项目设计的出发点,也是评估社会救助实践效果的最终归宿。

从我国社会救助的改革和发展历程可知,在第一阶段我国社会救助属于国家—单位保障制的补充,是一种只针对落在国家—单位保障制外的"三无"人员的边缘性制度,它遵循"社会主义不饿死人"的原则,提供最低生活保障;第二阶段,最低生活保障制度是在相关政府部门认识到价格昂贵的社会保险无法为全社会在转型期提供迫切需要的安全网之后,为了配合国有企业改革和为失业和下岗职工提供相应的物质补偿才建立起来的,这项新型社会救助项目采取的是绝对贫困标准,其出现是为了使这些原来享有较好的福利待遇但却在转型中丧失了工作与保障的群体能够在市场经济中得以生存,进而减少改革的阻力。之后,农村低保制度的建设和发展也是以此为参照,采取绝对贫困标准,目的是为了免除农村贫困群体的生存危机。

从这个角度看,我国的社会救助主要以维持生存为目的、以经济补偿为主要方式来解决贫困群体的生存危机,提供最低生活保障一直是我国社会救助制度的主要特点之一,也就是说,社会救助采取的是保障生存的救助理念。采取这种理念,主要是出于以下原因。

4.2.1 应对紧急情况和维护社会稳定

可以说,社会救助采取维持生存的救助理念首先是出于应对紧急情况和维护社会稳定的考虑。我国社会救助改革和发展的历程显示,"应急"是中华人民共和国成立到改革开放前的主导话语之一,社会救助在这一阶段需要发挥作用去帮助社会上各类贫困及弱势群体,以应对严峻的国际国内形势并医治战争创伤和尽快恢复社会秩序,在这种背景下,社会救助以"不饿死人"为标准,主要通过发放实物、现金、以工代赈等多种形式,目的是保证弱势群体的生存,救助水平十分有限,这和当时整个社会的贫困条件有关,还与当时政府的救助原则有关,即为了维持最低生活和保障生存,希望贫困群体通过生产自救,避免依赖政府。[①]改革开放后,"稳定"成为主导话语之一,社会救助的改革和发展是伴随着经济转型和国企改革的,改革动因是为以国企下岗失业人员为主的贫困群体提供补偿,这些人因丧失工作和相应保障福利待遇而显示出不满,一些偶发的群体性事件显示出其拒绝社会保障权利所受到的损害,在这种背景下,社会救助被看成有利于维护社会稳定的工具,许多政府文件和领导讲话都强调了社会救助尤其是低

---

① 李小尉:《新中国建立初期的社会救助研究》,社会科学文献出版社 2011 年版,第 237 页。

保制度对于社会安定的作用,把其称为"稳定工程"、"凝聚工程"与"民心工程"。因此,这一阶段在社会救助的改革和发展中,存在着"重稳定、轻民生"的现象,比较重视通过社会救助去维护社会稳定,而对于如何更好地满足贫困群体的各方面需求重视不足,正如有些领导在讲话中指出的"低保制度使人们有饭吃,这样社会就稳定了,政治稳定就有了保障。"[①] 总之,在主要关注应对紧急情况和维持社会稳定目标的前提下,保障生存的救助理念成为必然的选择。

4.2.2 生存型社会大背景下的选择

在社会救助制度改革和发展的历程中,我国总体上看是生存型社会,生存型社会的主要目标就是满足社会成员的低层次的、最基本的生存需求,包括吃饭、穿衣、住房、交通等,整个社会消费需求的主体是满足温饱的衣食住行等基本物质需求,这时社会对人的能力、创新等新型生产要素的需求有限,而主要依赖传统生产要素的大量投入。[②] 在生存型社会中,工业、服务业在国民经济中所占的比例较低,经济发展依赖于资金、土地的投入而对人力资本的要求程度较低。根据马克思生产与再生产理论,生存型社会的生产主要目标是维持简单再生产,劳动成果大部分退出生产领域用于满足社会成员低层次的需要,使其免于对贫困、疾病、

---

① 民政部救灾救济司编:《城市居民最低生活保障制度文件资料汇编(一)》,1998年版。
② 赵晶:"百姓·民生——共享基本公共服务100题",人民网,http://theory.people.com.cn/GB/68294/117763/6982067.html,2008年。

不可预知的风险的担心。

在生存型的社会中,社会救助作为一项重要的社会安全网政策,可以帮助应对社会风险和社会危机,其价值理念的选择很自然与整个社会大背景保持一致,即采取保障生存的理念。在中华人民共和国成立初期,我国的社会救助本着"社会主义不能饿死人"的原则,改革开放后,社会救助被看作是兜底性的社会政策安排,这是生存型社会背景下社会救助保障生存理念的具体体现。

4.2.3 绝对贫困认识下的选择

我国对贫困的认识一直以来都以绝对贫困为主。在农村,针对绝对贫困人口,主要采取定期定量救济和扶贫开发等政策帮助他们脱贫;在城市,计划经济时期,国家通过充分就业和价格管制在某种意义上实现了消灭贫困的目标。[1]1978 年到 1992 年的改革开放使得非国有经济迅速发展,国有经济"放权让利"政策使国有企业职工收入普遍提高。另外,单位体制和传统的国家—单位保障制并未解体,所以城市贫困仍然不是问题,据世界银行在对 1978—1990 年间中国贫困状况进行了时间序列分析后的估算,中国城市的贫困人口一直不到 1%[2],1989 年城市贫困人口仅 100 万,贫困率低于 0.4%[3]。20 世纪 90 年代之后,财富资源的重新聚敛拉大了贫富差距,许多人尤其是下岗失业职工成为利益受损者,收入

---

[1] 北京师范大学课题组:"中国社会救助体系改革研究报告",http://www.mca.gov.cn/mca/news/2003luntan/lunwen06.html,2003 年。
[2] 普万:《中国城市贫困问题研究论纲》,中国社会科学出版社 2007 年版,第 139 页。
[3] 张磊:《中国扶贫开发历程》,中国财政经济出版社 2007 年版,第 127 页。

急剧下降,同时城市生活费用高且物价上涨快,许多下岗失业人员陷入贫困。针对这种新生的城市贫困,政策制定者仍主要把其视为绝对贫困,在制定最低生活保障标准时,采取相对静态的概念和市场菜篮子的方法,只关注生理需求的维持和保障,这必然导致社会救助以保障生存为基本理念。

4.2.4 小结

生存是发展的前提,保障生存的救助理念在转型期的背景下有其特定的合理性,它对解除困难群众的生存危机起到了关键作用。但这种救助理念也存在问题和局限性,这包括:其一,片面强调人的生存会在一定程度上忽视发展的需要,也就是说,它仅关注使一个人简单的延续生命,即生物似的生存,忽视了使人活出一定的尊严、实现精神上的价值追求;其二,关注对贫困群体的物质帮助和支持,忽视贫困群体的能力建设、素质提升和人力资本的积累;其三,主要着重眼前生存的需要和满足,难以立足于长远以及未来的发展。① 由此,在保障生存的救助理念下,社会救助主要是满足贫困群体低层次的生理需求,包括吃饭、穿衣、交通等,以应对因生存问题导致的危机。这种救助理念带有一定的消极性,因为它侧重输血,仅能使救助对象满足最基本的温饱和其他方面的最低需要以保证社会稳定,而不能造血,无法促使贫困对象进行人力资本积累并实现全面发展以彻底摆脱贫困。在这种理念的指导下,社会救助的基本功能只能是提供托底保障,其功能无法得到拓展,这不利于受助

---

① 尹乃春:"走向发展型救助:社会救助的制度转型与目标选择",《广西社会科学》2012 年第 1 期,第 131—134 页。

者脱贫与自力更生，无法实现社会救助发挥促进发展和帮助社会成员融入社会的功能。时至今日，我国国民经济和综合国力已经有了一个质的飞跃，整个社会的文明程度也有了很大提升，如果还以保障生存为救助理念，无疑是对贫困群体在发展权利上的一种忽视。

4.3 维持生存的制度设计

在保障生存的救助理念指导下，社会救助制度设计也必然是以维持生存为目的，难以帮助受助者积累和发展人力资本。这主要体现在以下几个方面。

4.3.1 社会救助水平低、服务救助缺失

总的来看，我国社会救助水平偏低，这是在维持生存理念指导下社会救助制度设计的必然结果。以社会救助的核心项目最低生活保障制度为例，绝大多数地区在设定低保标准时采取"市场菜篮子法"，这是衡量绝对贫困的方法，由此设定的低保标准很低，难以充分满足贫困群体的需求。所谓"市场菜篮子法"是一种历史较长的方法，起源于英国社会学家朗特利，它假设人的生存必须拥有一定的生活资源，这些生活资源从市场中获得就必须支付一定费用，而这些费用是现代政府必须予以保障的，否则困难人口就难以生存，费用的数额就相当于贫困线。运用这种方法的一个关键环节就是确定满足人的基本生活需要所必需的产品和服务的清单，然后根据市场价格对购买这些产品和服务的费用进行计

算。在实践中,可以根据营养学标准确定产品和服务清单,也可以根据对低收入户的家庭调查来确定,当然更多的做法是把以上两者结合,既考虑营养标准,又考虑实际生活习惯。由此这种方法存在一定局限:究竟应该由谁来决定哪些产品和服务是或不是生活必需品,这是一个棘手问题。①

国际对贫困线的衡量主要依据替代率,即受助后收入占当地人均收入的比例,替代率如何确定在理论上有争议,但实践中比较认可的方法是欧盟的标准,即人均收入的50%或中位收入的60%。② 标准过高会让受助者产生惰性,造成"贫困陷阱",而标准过低则会使受助者无法维持基本的生存,因此需要斟酌平衡后确定。笔者统计计算了2009—2014年我国城乡居民最低生活保障标准占居民人均收入的百分比,具体如表4-2。

表4-2 我国城乡低保标准占居民人均收入的比例2009—2014

年份	城市低保救助标准（元/年）	城镇居民人均可支配收入（元/年）	城镇低保救助标准占收入比	农村低保的救助标准（元/年）	农村居民人均纯收入（元/年）	农村低保救助标准占收入比
2009年	2733.6	17175	15.92%	1210.1	5153	23.48%
2010年	3014.4	19109	15.77%	1404.0	5919	23.72%
2011年	3451.2	21810	15.82%	1718.2	6977	24.63%
2012年	3961.2	24565	16.13%	2067.8	7917	26.12%
2013年	4476.0	26467	16.91%	2434.0	9430	25.81%
2014年	4932.0	28844	17.10%	2777.0	10489	26.48%

数据来源:民政部网站各年低保数据网站。

---

① 洪大用:《转型时期中国社会救助》,辽宁教育出版社2004年版,第193页。
② 傅征:"扶助弱势群体共圆中国梦",载王治坤、林闽钢主编:《中国社会救助:制度运行与理论探索》,人民出版社2015年版,第243—253页。

从表 4-2 可以发现，城乡低保标准占居民可支配收入的比例较低。2014 年，我国城市居民最低生活保障平均标准为 4932 元/年，占全国城镇居民人均可支配收入的 17.1%，农村最低生活保障标准为 2777 元/年，占农村居民人均纯收入的 26.48%，均为很低的标准，也远低于上文述及的国际标准，可见我国的低保标准并没有实现与收入的同步增长，贫困人口未能共享社会发展的成果。

另外，我国低保制度的动态调整机制不完善，低保标准的变动调整不能完全反映消费价格变动，难以完全保障贫困者的基本生活。全国许多地区的城市低保标准都低于当地的实际贫困线（维持起码生活需求的保障线），一般为实际贫困线的 70%—80%，部分地区甚至低于 60%。① 为了比较各省市低保标准救助的实际效果，有学者提出了"救助力度系数"和"生活救助系数"两个指标，这里借用来考察我国各省市低保标准的实际救助效果。②

$a_t = L_t / W_{t-1}$，

其中 a_t 代表第 t 年的救助力度系数，L_t 是第 t 年某省（市）的名义低保标准，W_{t-1} 是该省（市）第 t-1 年的职工平均工资。

$ß_t = L_t / f_t$

其中，$ß_t$ 是第 t 年的生活救助系数，L_t 是第 t 年某省（市）的名义低保标准，f_t 是该省（市）第 t 年城市居民家庭平均每人全年食品消费支出。

救助力度系数可依反映某省（市）政府对低保对象的实质救

---

① 郑功成、杨立雄："中国社会救助改革与发展战略：从生存救助到综合救助"，载郑功成主编：《中国社会保障改革与发展战略（救助与福利卷）》，人民出版社 2011 年版，第 5 页。
② 高清辉："城市最低生活保障的实质救助指标探讨"，《厦门大学学报（哲学社会科学版）》2008 年第 2 期，第 116—121 页。

助强度,救助力度系数越高说明当地政府对低保对象的救助力度越大,当然过高也不可取,可能造成"养懒汉"问题,过低则使受助者难以获得足够的帮扶。生活救助系数可以反映当年省(市)政府对低保对象救助的实际效果,因为食品是维持基本生存的必需品,其需求弹性较小,是低保对象最主要的开支,若生活救助系数小于1,说明低保对象用全部低保金购买食品还不能满足平均食品消费水平,当然由于贫困者的食品消费比平均食品消费要低,根据以往统计资料的经验,贫困者食品消费支出一般为平均食品消费支出的60%—70%,本书取70%,认为若生活救助系数在70%以上,则低保对象的食品支出基本可以解决。

基于2014年全国31个省市的城市居民最低生活保障平均标准、上一年职工的平均工资和人均食品消费支出的数据,计算救助力度系数和生活救助系数,其具体指见表4-3。

表4-3 我国各省市低保的实际救助效果2014年

地区	城市低保标准元/人·月	救助力度系数 α %	生活救助系数 β %	地区	城市低保标准元/人·月	救助力度系数 α %	生活救助系数 β %
全国	411.00	10.79	78.13				
北京	650.00	11.21	95.46	河南	328.80	10.16	80.29
天津	640.00	15.02	96.68	湖北	410.97	11.05	78.79
河北	431.90	12.18	117.65	湖南	352.76	9.64	75.8
山西	383.67	9.70	125.22	广东	454.46	10.17	61.57
内蒙古	481.44	11.24	94.43	广西	340.08	9.57	69.86
辽宁	452.77	11.73	93.61	海南	379.58	9.99	65.26

续表

地区	城市低保标准元/人·月	救助力度系数 α %	生活救助系数 β %	地区	城市低保标准元/人·月	救助力度系数 α %	生活救助系数 β %
吉林	371.07	10.16	95.59	重庆	369.00	9.75	61.11
黑龙江	446.84	12.54	105.76	四川	336.17	8.22	62.33
上海	710.00	14.09	86.73	贵州	395.00	9.65	96.43
江苏	536.05	11.09	90.93	云南	359.63	9.76	75.17
浙江	573.30	12.00	85.90	西藏	533.92	14.83	108.78
安徽	421.54	10.33	79.40	陕西	388.50	9.54	76.73
福建	404.37	9.83	65.35	甘肃	328.25	8.93	76.29
江西	418.30	11.51	96.14	青海	350.98	8.08	88.16
山东	451.89	11.37	96.38	宁夏	304.77	7.87	74.71

资料来源：《中国民政统计年鉴》、《中国统计年鉴》相关年份中的数据，笔者整理计算。

由上表可以看出，救助力度系数 α 在 7.87%（宁夏）和 15.02%（天津）之间，即低保标准相当于上一年平均工资的 7.87%—15.02%。生活救助系数 ß 在 61.11%（重庆）和 125.22%（山西）之间，而 70% 以下的省市包括福建、四川、重庆、海南、广西、广东 6 个，这反映出在这些地区城市低保对象的食品消费支出还存在问题，即当地政府提供的低保金全部用于购买食物都达不到购买食物的最低支出，救助力度严重不足，低保对象生活困难。

近期已经有一些调查显示出我国社会救助水平偏低、受助群体入不敷出的问题。比如，根据对民政部 2013 年城乡困难家庭大规模调查数据的统计分析，城乡低保家庭的年均支出都超过了年均收入（见表4-4），存在较严重的入不敷出问题，这给其生活带来诸多不利影响，使其陷入贫困难以自拔。相当大比例的城乡困难家庭都存在欠债的情况，低保家庭尤甚（见表4-5），城乡困难家庭欠债的主要原因均是看病，分别占48.8%和57.2%，其次都是孩子上学，分别占29.7%和17.3%。

表4-4 我国城乡低保家庭年均收入与支出情况

	年均收入 （元/户）	年均支出 （元/户）	年均收支总计 （元/户）
城市低保家庭	14273.4	17794.8	-3521.4
农村低保家庭	8742.0	11344.8	-2602.8

资料来源：民政部中国城乡困难家庭社会政策支持系统建设调查数据2013，笔者统计。

表4-5 我国城乡困难和低保家庭欠债情况

	城市困难家庭	其中城市低保家庭	农村困难家庭	其中农村低保家庭
平均值	8887.3元/户	9298.9元/户	6087.2元/户	6175.0元/户
有欠债的比例	38.1%	39.8%	41.1%	42.1%

资料来源：民政部中国城乡困难家庭社会政策支持系统建设调查数据2013，笔者统计。

上海市民政局2008年对400户低保家庭进行了抽样调查，结果显示，有330户家庭表示收不抵支，占被调查对象的82.5%；68户表示基本能够维持，占17%；有2户表示有一定结余，仅占0.5%。被调查的低保对象，78%希望低保标准有所上调，7%希望医疗救助有所改善。2009年,南开大学社会工作和社会政策系在关信平教授组织下对天津市800户低保对象进行了调查,结果显示,家庭支出高于收入的比例为64%,认为自身生活困难的比例为83.9%,收不抵支不仅使这些家庭生活困难,而且很大程度上影响了其家庭中子女的教育和发展。2013—2014年,笔者在成都市开展了对低保群体的调查研究,此次调查包括问卷调查和个案访谈。问卷面向成都两个城区的低保户,共回收了250份,其中有效问卷210份,涉及641名低保家庭成员;访谈共涉及28名低保对象和6名相关工作人员。抽样调查结果显示,90%的受访家庭表示获得的各类救助不太能够解决家庭困难,40%的家庭则表示完全不能解决家庭困难,其中对家庭困扰最大的是物价上涨和医疗支出。在访谈中,当向低保对象征询对低保金的感受时,几乎都表示完全不够,比如,W2先生提到低保金水平时用不屑一顾的语调表示:

"满足生活需要?现在每月两千多都不够生活用,你觉得500块能满足基本生活么?"(低保对象,W2先生)

X先生说:

"怎么说呢?吃基本还是够了。亲戚朋友资助一点也还差不多,没有他们帮忙,500多根本不够。"(低保对象,X先生)

H先生表示:

"500块钱生活得很苦,不够,我现在一天在外面吃,只吃两顿饭,吃稀饭、馒头、面条,不吃肉。我经历了三次低保金上涨,但也涨不了多少钱,都不够生活。"(低保对象,H先生)

L2先生表示:

"一个月500多不够的,每月还要交水电费什么的,还需要靠

亲戚邻居的救济。主要靠表姐接济,但是她自己也有两个娃,所以说压力很大。"(低保对象,L2先生)

以上研究对象对低保的评价和诠释显示,尽管经历了几次上涨,当前的低保仍仅仅是一个能维持个体生命的水平,而L2、X先生还带出了低保难以满足基本需要的问题,因为他们还需要靠亲属的资助,其经验意义在于家庭是研究对象在低保之外最重要的受助资源,现阶段的设计思路已经假定了家庭对个人的责任,而低保是对家庭功能的一种补充。

低保水平或标准偏低,现实中并不能满足受助者的实际最低需要,有些研究对象表示应该适当提升低保水平,如H先生就说:

"每月1000块应该会舒服点,我有皮肤病,第一要把病治好,身体健康才能过得好。"(低保对象,H先生)

以上说明低保不仅没有考虑人的基本社会性需求,如交往等,连保障基本生活也很困难。低保的数量处于仅能够维持生存的水平,整个社会救助具有剩余社会福利取向的特点和性质,是以家庭为主要责任者、政府最低限度介入需要满足的政策[1],根本谈不上帮助受助者提升能力与素质并获得发展机会。研究对象基本都表述了低保水平难以满足基本需要的问题,对于不足的收入,家庭是研究对象在低保之外最重要的受助资源,即救助是以家庭为主要责任者、政府最低限度介入需要满足的政策。这反映出我国低保在本质上属于社会福利政策模型中的残补模式,也就是说,家庭和非正式的社会福利在福利提供中有优先性,社会福利是补救性的,是家庭功能的补充,一旦家庭正常的功能重新开始发挥,它就应当

---

[1] Wilensky, H.L., Lebeaux, C.N.(1995), *Industrial Society and Social Welfare*, New York: The Free Press.

撤离，这种模式下，低保为受助者提供的仅是维持生存的帮助和保障。然而，在市场经济条件下，家庭本身存在脆弱性的情况下，家庭责任和家庭承担责任的能力是可质疑的，研究对象的家庭并没有真正的能力为其提供保障，比如 L2 先生表示他靠表姐资助，但表姐自己还有两个娃，压力很大，这说明在市场经济条件下，家庭责任遭遇了挑战，已经造成和正在造成潜在的社会后果。这种残补模式社会福利政策取向对研究对象的影响在于，贫困有代际传递的危险，长期的贫困生活会影响研究对象对社会和政府的信心，动摇对社会正义的信心。另外，人在长期不能满足自己基本需要的情况下，自尊心会严重受挫，自我概念低下，这些负面感受会影响个人心理健康[①]。比如，本书中许多低保对象其实都表达了孤单、无助的心理，甚至还有两位直接提到了"想死"的感受，吐露出其痛苦和绝望的心态。再有，在残补模式社会福利安排下，研究对象带有社会污名，被负面定义为无能者，有被边缘化和排斥的风险，本书中不少受访对象已经领取低保长达七八年，有的甚至十多年，用他们自己的话说，从开始领取"会脸红"，到现在已经"脸皮厚"了，说明他们已经失去了融入社会的机会，甚至开始形成麻木不仁、安于贫困状况的"贫困文化"，长此以往，会造成贫困代际传递并可能动摇社会整合的基础。因此，现有的维持生存的制度安排不利于转型期内社会公平和社会正义的维护。

从社会救助支出来看，虽然近年来中央和地方财政的支出在大幅增长，但整体支出水平仍然很低。2014 年，全国城市低保支出 737 亿元，农村低保支出 869 亿元，城乡医疗救助支出 202.6

[①] 马凤芝：《转型期社会福利的内卷化及其制度意义》，北京大学出版社 2010 年版，第 333 页。

亿元，农村"五保"支出 164 亿元，教育救助 989 亿元，住房救助 1317.65 亿元等，总支出占当年全国 GDP 的 0.696%，立足国际可以发现，我国的社会救助支出不只远低于发达国家的水平，而且还低于许多发展中国家十多年前的水平。[①]（见表 4-6 和表 4-7）

表 4-6　政府社会救助开支占政府财政支出和 GDP 的比例

社会救助项目 \ 支出/占比	支出（亿元）	所占政府财政支出比例	所占 GDP 比例
城市低保	737.47	0.49%	0.116%
农村低保	869	0.57%	0.137%
城乡医疗救助	202.61	0.13%	0.032%
农村"五保"	164.03	0.11%	0.026%
农村其他生活救助	92.26	0.06%	0.014%
城市流浪人员救助	34.99	0.02%	0.005%
城市其他生活救助	49.12	0.03%	0.008%
住房救助	1317.65	0.90%	0.200%
教育救助	989.4	0.65%	0.155%
法律救助	17.00	0.01%	0.003%
合计	3330.88	2.97%	0.696%

资料来源：教育救助数据源自"中国学生资助发展报告（2014）"，http://www.qstheory.cn/science/2015-08/20/c_1116317836.htm；法律援助数据源自"法律援助经费"，http://www.legaldaily.com.cn/The_administration_of_justice/content/2015-09/16/content_6272168.htm?node=78174；其余数据均源自"2014 年全国一般公共预算支出决算表"，财政部 http://yss.mof.gov.cn/2014czys/201507/t20150709_1269855.html。

[①] 数据参见民政部 2013 年社会服务发展统计公报。

表 4-7 部分发展中国家社会救助的资金投入占 GDP 的比例

国家	年份	社会救助
阿根廷	2004	1.5%
巴西	2004	1.4%
智利	2003	0.7%
墨西哥	2002	1%
蒙古	2000	1.4%
印尼	2006	1.3%
中国	2014	0.696%

资料来源：Barrientos, A.（2011），"Social protection and poverty"，*International Journal of Social Welfare*，20:240-249.

另外，目前我国各救助项目的财政支出结构不平衡，在救助水平普遍偏低的情况下，不同项目的救助水平还存在差异。比如，财政社会救助支出中超过 70% 投向了城乡低保，而财政支出中不到 10% 的医疗救助资金覆盖了 90% 的受助人口，农村低保资金用占比约 40% 的资金覆盖了 65% 的救助人口，城市低保资金占比 34%，却只覆盖了 23% 救助人口[①]（见表 4-8）。资金占比低、覆盖人数多的救助项目存在救助水平低、救助力度差的问题。比如，2014 年城市低保月人均补助标准为 286 元，农村低保月人均补助标准为 129 元，城乡低保人均补助水平的差距，大大超过了城乡基本生活水平的差距。

---

① 江治强："经济新常态下社会救助政策的改革思路"，《西部论坛》2015 年第 4 期，第 31—39 页。

表 4-8 我国财政社会救助投入与救助人口结构

年份	救助总人口（万）	财政总投入（亿）	城市低保 投入（亿）及占比	城市低保 救助人口（万）及占比%	农村低保 投入（亿）及占比%	农村低保 救助人口（万）及占比%	"五保"供养 投入（亿）及占比%	"五保"供养 救助人口（万）及占比%	医疗救助 投入（亿）及占比%	医疗救助 救助人口（万）及占比%
2011	825.1	1766.3	659.93 7.36%	2276.8 27.59%	606.9 34.36%	5305.7 64.30%	122.5 6.94%	551 6.68%	154.3 8.74%	8090.3 98.05%
2012	8170.2	1866.1	674.3 36.13%	2143.5 26.24%	690.4 37.00%	5344.5 65.41%	144.7 7.5%	545.6 6.68%	165.8 8.88%	7658.8 93.74%
2013	8117.4	2172.4	756.7 34.83%	2064.2 25.43%	841.9 38.75%	5388 66.38%	174.3 8.02%	537.3 6.62%	177.8 8.18%	7246.5 91.49%
2014	7944.8	2009.6	694.6 34.56%	1880.2 23.67%	844 42.00%	5209 65.56%	188.3 9.37%	529.5 6.66%	188.6 9.38%	7466.5 93.98%

资料来源：江治强："经济新常态下社会救助政策的改革思路"，《西部论坛》2015 年第 4 期，第 31—39 页。

救助水平低使得我国的社会救助只能保障贫困群体或家庭的基本生存而非基本生活，成都被调查家庭中选择不太能够和完全不能够解决家庭困境的比例分别为 49.2% 和 21.1%（见图 4-2），在这种情况下，贫困家庭更不用提合理分享经济社会发展成果并增进能力和获得发展了，而造成这一问题的根源就是"维持生存"这一救助理念的指导，在这种理念和价值观的影响下，救助标准只能停留在"保肚皮"的水平，而不能"保脸皮"。

此外，我国社会救助注重物质救助，以发放现金和实物为主，服务救助严重缺失。物质救助以保障贫困群体的生存为主，是一种"输血"手段，无法促进受助者发展和积累人力资本，服务救助主要包括医疗救助、教育救助、就业培训、贫困老人居家服务救助等，它以提供服务的形式帮助改善贫困与弱势群体的生活条件，

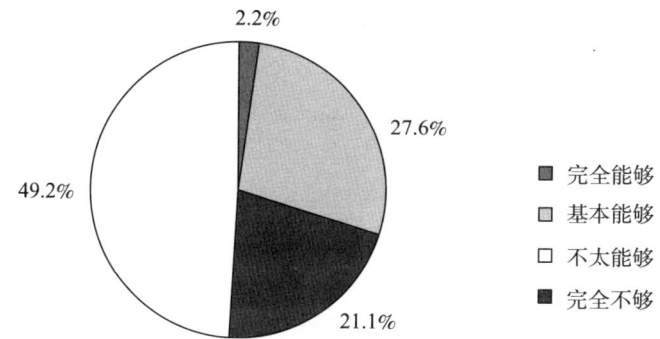

图 4-2　所得救助对于被调查家庭困境的解决情况

资料来源：本书组织的成都市低保家庭调查数据 2013—2014，笔者统计。

提高人力资本并有助增强能力，最终促进人与社会的发展，是一种"造血"的救助手段。应注意的是，总体上看我国服务救助发展滞后、供给严重不足，有些地方虽然有医疗救助、教育救助等，但成效不明显。2013 年民政部城乡困难家庭社会政策支持系统建设调查数据表明，城乡困难群体享受最多的救助项目是低保，占比 65% 以上，之后是节假日一次性补助，占比 50% 左右，在后是水电、燃气、采暖减免，占比 30% 左右，医疗救助和教育救助的占比分别是 25% 和 10% 左右，比例较低；而对于流动困难家庭来说，他们在现居地获得的社会救助非常有限，比例更低，约 64.9% 的家庭没有获得任何救助，获得比例最高的医疗救助，只占 6.78%，其余救助则比例非常低（见图 4-3）。虽然获得的救助少，但是这些困难家庭对社会救助的需求较大，并且呈多样化趋势，当然不同类型家庭的需求优先次序存在差异，城市困难家庭最需要的社会救助排在前三位的分别是低保、医疗救助和水电、燃料及采暖补助，流动人口困难家庭最需要的社会救助排在前三位的是住房救助、医疗救助和教育救助，农村困难家庭最需要的社会救助排在前三位的分别是低保、医疗救助以及临时重大事故救助，此外，还有不少困难群体需要就业帮扶、创业扶持、法律援助、心理服务等不同类型的救助服务。

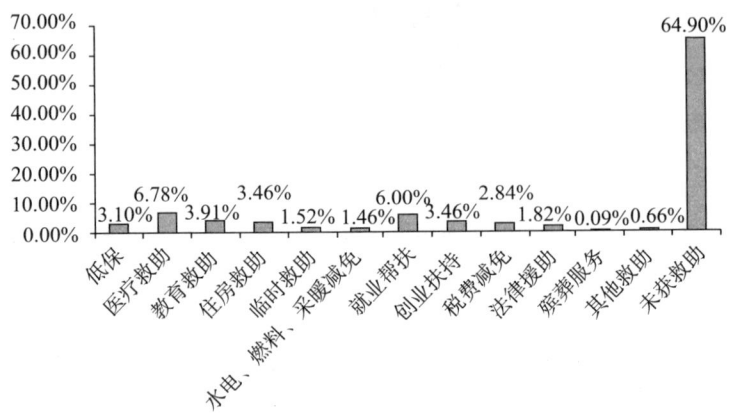

图4-3 流动困难家庭在现居地获得的社会救助情况

资料来源：民政部中国城乡困难家庭社会政策支持系统建设调查数据2013，笔者统计。

2008年上海市对低保家庭的调查发现，上海市医疗救助程度十分有限，低保群体医疗负担仍然非常沉重，救助效果不明显。[①] 医疗救助其实是对贫困群体健康方面的人力资本投资，缺少医疗等各类服务救助，贫困群体只能依靠物质救助挣扎在生存边缘，无法改善生活质量并最终获得发展。2013—2014年笔者组织在成都市的低保抽样调查中发现，获得低保金和物资帮助是低保对象的

---

① 上海交通大学章晓懿教授主持的由上海市民政局委托的上海城市低保家庭调查项目（2008）。

最主要获助方式,而获得医疗救助和教育救助的只占被调查对象的 30% 和 6% 左右,获得就业帮扶、照料服务和精神慰藉的则更少,仅为 1%—2%,而被调查对象对这些救助服务的需求还是比较高的,尤其是在医疗扶持方面,认为医疗救助和医疗保险将对自己产生较大帮助的比例均在 30% 以上。调查中还发现,由于医疗救助和保障方面不健全,患小病时去诊所和医院治疗的低保对象比例不足 10%,其余都是自己扛或去药店买药。此外,通过问卷调查和访谈发现了类似于上海的调查结论,成都虽然也有医疗救助、教育救助等服务型救助,但低保对象对这些救助以及低保的了解程度有限,不太了解的占 45.4%(见表 4-9),另外,各类专项救助的成效也不明显。在此次研究中,有访谈对象就论及了医疗救助和教育救助方面的问题。

表 4-9 被调查低保对象对社会救助政策的了解情况

救助政策的了解程度	非常了解	比较了解	一般了解	不太了解
所占百分比	7.0%	24.3%	23.2%	45.4%

资料来源:本书组织的成都市低保家庭调查数据 2013—2014,笔者统计。

在医疗救助方面,L3 先生说道:

"医疗救助一年才 400 多,而且有病没病都发,有病你就多发点,我们好买药,没有病哪个想吃药嘛,这个就搞得不公平,有病的不敢吃药。没病的人就无所谓,有病的人就不得行,我都不敢吃,你吃了药还哪里有钱啊!就应该啥子病就开啥子药,就怎么报销,现在是不管怎么样都发四百块钱,要是没病那个钱我不要都得行。搞得我都不敢吃药。"(低保对象,L3 先生)

Z 女士也提到医疗救助，说：

"就是一次性补助，就是一年 400 元。"（低保对象，Z 女士）

当被问到是否只有这个渠道能申请到医疗救助金么？她回答：

"是啊，除了这个没有别的了。"（低保对象，Z 女士）

据笔者从相关部门了解，成都市医疗救助主要针对住院病人，而对于平时自己买药或门诊的病人救助有限，即使 Z 女士患尿毒症这种大病，但是由于她只是每周去一次医院看门诊做透析，因此所能享受的医疗救助也很有限。在低保群体中，以慢性病和门诊病人为主，这些人无法获得相应的帮助，自然会像 L3 先生那样产生"不公平"感，因为现有救助和他们的需求差距较大。

在教育救助方面，家有初中生的 G 先生很有感慨：

"我儿子学费是免了的，这些方面国家做得很好。生活费是自己出，不过每年有 500 元的补贴。一个月很多钱用在补课上，补课是自愿的，但是不补就跟不上。他们班主任知道他是低保户，所以补课费就会少收一些，后面实在不行，就让他到其他班去。他现在对学习是很有信心，但自己也不敢补了，肯定是嫌花钱。我儿子以前不是这样爱学习，但通过补课后，积极性提起来了。小学的时候是喜欢玩，但初中不一样了。他们班比其他班要多两倍的作业，学生和家长没有节假日了，都要搞作业。现在最头疼的就是补课费，太恐怖了。"（低保对象，G 先生）

在被问到希望通过哪种形式来提供教育补助，是现金，还是服务（如提供教师辅导），你选择哪一个？G 先生毫不犹豫地回答：

"辅导老师，可以组织川大的学生，帮助我们弱势群体。"（低保对象，G 先生）

而关于孩子的未来，G先生表示：

"最起码要读完大学，再穷也要读完，之后再工作。这是中国人最基本的，也是最失败的，牺牲一代，让下一代成长。"（低保对象，G先生）

以上叙述说明G先生认为目前教育方面的救助还不足，尤其是补课方面，他对教育救助的未来改进存在期待和希望，希望获得服务性的救助。之前已经有经验研究表明低保家庭的孩子是否上过辅导班、补过课对孩子学习成绩排名有显著影响[①]，这说明G先生的需求并非不切实际，其在叙述中也反复强调了自己儿子补课后成绩的提高以及对学习兴趣的加深。对低保家庭而言，子女是最重要的资产，是家庭的希望和未来，G先生也把摆脱贫困的希望寄托在孩子读完大学出来工作上，为了防止贫困的代际传递，需要在教育救助方面更加重视。除表述以上服务救助不足和对其需求外，研究对象的服务救助需求还包括心理辅导、入住养老院或享受养老服务、社会保险等。

老年低保对象主要关注养老问题，比如，H先生就求助于社区帮他找养老院，但最后发现收费较贵：

"我现在关心的主要问题就是养老，我问了一下，养老院一个月要三千多块钱，我自己不能动，要把护理费和生活费加起来，就比较贵，要三千多。"（低保对象，H先生）

66岁的L1先生则表示：

"希望能有自己的社保，对低保没什么特别多的想法。"（低保对象，L1先生）

[①] 郑飞北："贫困儿童的发展状况与儿童福利的政策转向"，载米勇生主编：《社会救助与贫困治理》，中国社会出版社2012年，第197—216页。

这其实说明了他担心自己的养老问题，目前的低保只能解决生存，根本无法应对他老年的生活需要。

街道负责人 Z 女士也谈到了低保对象的养老问题：

"其实我觉得政府应该考虑为这些人建立专门的养老院来看管他们，我觉得政府还是应该在这方面多考虑。"（基层工作人员，Z 女士）

在心理辅导方面，在问到心理方面的需求时，许多低保对象其实都表达了孤单、无助的心理，甚至还有两位直接提到了"想死"的感受。比如，W2 先生表示：

"我挺悲观的。大不了我就引火自焚，我煤气一打开就来个自我了结，我是真的有这样的想法哦，我们这个岁数就是国家的负担，走到路上都影响市容。"（低保对象，W2 先生）

H 先生说道："我就想着我哪天死，死快一点。"（低保对象，H 先生）

这种"绝望"叙述使听众感受到了其内心的痛苦和绝望，也感受到了低保对象急需心理辅导和情绪疏通，但是这两位最需要心理救助的研究对象却表示出对心理救助的不同态度，在被问到如果有心理救助是否愿意去参加，W2 先生表示："不愿意，就算有我也不会去的。" H 先生则明确表示需要。其实认为社区多组织些活动包括心理辅导等，表示愿意参加的研究对象还是不少，G 先生明确表示自己"很想进行心理辅导，但是心理辅导最便宜是 20 块每小时，"他表示"因为没钱所以没接受过心理辅导"。以上充分说明目前相关救助服务的缺失和受助者对救助服务的需求。

由上可见，研究对象对服务型救助存在迫切需求，而且这种需求涉及医疗、教育、住房、就业、养老、心理等诸多方面，对于他们的发展和社会融入至关重要,但目前我国的社会救助却带有统一对待的特点,以低水平现金救助为主,忽视了救助对象的许多方面的需求并缺乏相应的服务型救助,这使得受助对象仅能维持最基本的生存,是一种"输血"的救助方式,难以完成"造血"的功能,无法使受助者积累人力资本、提高能力并获得发展的机会,逐步满足受助者的医疗、教育、住房、就业、养老照料以及精神慰藉等需求,正是我国社会救助进一步完善的方向。

4.3.2 缺乏工作激励、长期救助显现

一般来讲,社会救助包含两大基本目标:一是为贫困群体提供物质方面的援助,二是消除对贫困群体的社会排斥,防止他们被边缘化。[①] 然而,对于第二个目标,许多学者和政策制定者存在异议,因为他们认为社会救助不但不能消除社会排斥,反而还会造成社会排斥,因为救助对于贫富差距的调节作用有限,且可能造成福利依赖,不利于就业甚至影响经济发展[②],那些长期领取救助的人会滋生"依赖文化"[③],使其被排斥在劳动力市场和主流社会之外。

西方国家对福利依赖和对就业消极影响的探讨从 20 世纪 80 年代起成为焦点。之前,在福利国家的鼎盛时期,社会救助被看成政府的当然责任和公民应享受的权利,对受助者在就业和工作要

[①] Eardley, T., Bradshaw, J., Ditch, J., Gough, I., and Whiteford, P. (1996), *Social Assistance in OECD Countries (Volume I): Synthesis Report*, London: HMSO.

[②] Kenworthy, L.(1999), "Do Social-Welfare Policies Reduce Poverty? A Cross-National Assessment", *Social Forces*, 77(3).

[③] Moore, J. (1987), "Welfare and Dependency", Speech to Conservative Constituency Parties Association, September.

求上很少有强制规定。而在20世纪80年代之后，西方各国陆续开始对社会救助进行改革，即采取工作福利政策来促使受助者参与劳动力市场。虽然西方政治背景赞同工作福利，但其学术界对此政策持谨慎和保留的态度，有些学者甚至还对工作福利改革进行了抨击，认为这种改革实际是向济贫法时代强制劳动等不文明做法的倒退，制造出众多工作中的穷人。[①]可以说，国外关于救助、就业及福利依赖的争论必然伴随着学者对救助持有的不同视角及政党的不同政治倾向而不断持续。受其影响，在我国，理论界、大众传媒和政策制定者也不乏对低保和社会救助"养懒汉"的担心，并由此引发了相关的讨论。这种担忧也并非全是空穴来风，从我国救助对象的结构来看（见表4-10），城市低保对象中有劳动能力的人口，包括登记和未登记失业人员、在职人员和灵活就业人员，其加总起来的比重2007年以来一直高于61%，2007、2013和2014年更是高于62%，如果再算上残疾人中有部分劳动能力的人口，有从事劳动就业能力的受助者的比重将更高，把如此之多的有健全和部分劳动能力的人置于低保救助之中，显然并非制度的最终目标。当然，有劳动能力的低保对象中可能一部分因照顾老人和儿童等需被照料者而不具备劳动条件，但是即便减去这些人，可以从事劳动就业的人数依然庞大。根据民政部2013年全国城乡困难家庭社会政策支持系统建设的大规模抽样调查的数据，存在有劳动能力者的城市低保家庭共有4600户，其中没有需要被照料者的家庭共3268户，这些家庭应该是有劳动条件的家庭，其占有劳动能力者的城市低保家庭的比例为71%，若假定这一比例与全国的比例

[①] Torjman, S.(1996), "Workfare: A Poor Law", http://caledoninst.org/Publications/PDF/10ENG.pdf.

相同，则可根据表4-7中数据粗略估算出2013年城市低保家庭中有劳动能力且有劳动条件的失业者（包括登记和未登记）占城市低保人口的比例，估算后这一比例接近30%，依旧相当高。

表4-10　我国城市低保人口中残疾人和有劳动能力者的变化趋势2007—2014（万人、%）

年份	城市低保总人口	残疾人		有劳动能力人口							
				在职人员		登记失业		灵活就业		未登记失业	
		数量	占比	数量	占比	数量	占比	数量	占比	数量	占比
2007	2272.1	161.0	7.09	93.9	4.13	627.2	27.60	343.8	15.13	364.3	16.03	62.89
2008	2334.8	169.1	7.24	82.2	3.52	564.3	24.17	381.7	16.35	402.2	17.23	61.27
2009	2345.6	181.0	7.72	79.0	3.37	510.2	21.75	432.2	18.43	410.4	17.52	61.07
2010	2310.5	180.7	7.82	68.2	2.95	492.8	21.33	432.4	18.70	420.0	18.18	61.17
2011	2276.8	184.1	8.09	61.5	2.70	472.5	20.75	429.7	18.87	426.7	18.74	61.06
2012	2143.5	174.5	8.14	49.6	2.31	400.4	18.68	459.3	21.43	417.1	19.46	61.88
2013	2064.2	169.2	8.20	45.1	2.18	365.5	17.70	459.8	22.27	412.3	19.97	62.13
2014	1880.2	157.9	8.40	37.7	2.00	312.7	16.63	426.2	22.67	398.6	21.20	62.50

资料来源：《中国民政统计年鉴》2007—2014年。

从国内现有的研究成果看，存在不同的观点，大体可分为三类：一是认为低保救助对就业影响十分消极，已产生福利依赖。他们认为低保的福利依赖和西方国家一样，是我国新产生的重要社会问题，需要加以应对。二是认为低保因制度设计等原因导致与西方有本质区别的中国式"福利依赖"。这和国际上因救助水平高而导致的福利依赖有明显区别，因为我国的低保金水平偏低，按道理并不应该造成依赖，导致这一现象的主要原因是救助制度设计不合理，这包括教育、医疗、住房等诸多救助和低保制度的捆绑实施造成了"叠加效应"，即退出低保意味着失去医疗、教育、住房等多项救助的资格，还有就是制度对有劳动能力者的就业要求不高等,这与西方语境下的"福利依赖"以及高福利导致的"养懒汉"有着实质差别。三是认为中国低保制度不存在"养懒汉"或福利依赖问题。中国的低保对象从总体上说,不仅不是"懒惰"的群体,而是相反,大多十分勤劳,努力通过劳动挣钱增加收入,实际上,由于低保金水平低,受助者中的一部分只得隐性就业,同时还要领取低保才能维持生活,这种情况可以看成是低保户在救济金不够的情况下争取更多福利的一种应对,而不是福利依赖。

总之,我国的专家学者关于社会救助和福利依赖的观点与他们各自的研究视角、特有的立场、崇尚的价值观和遵循的原则有关,因此,在社会救助是否"养懒汉"问题上存在分歧也是正常现象,暂时抛开福利依赖的争论,其实可以发现我国社会救助已经存在"受助时间长"的客观问题,也就是说,一些有劳动能力的受助者,不愿意积极找工作并自力更生,而宁可长时间依靠政府提供的各种救助待遇,维持低水平生活的状态,社会救助虽然是希望帮助受助者在困难时给予一定帮助以使其脱离困难,成为一个"蹦床",但在实践中却在"制造"着一个长期的低收入群体,变成了一个"吊床"。民政部曾经开展对低保对象的调查,发现有一半以上的低保对象主动找工作的积极性不高,有一定的依靠心理,而根据一些相关传媒的报道,部分受助者安于现状、不求上进,已经过上了带有"贫困文化"色彩的生活。[①] 根据民政部 2013 年全国城乡困难家庭社会政策支持系统建设的大规模抽样调查的数据,4516 个城市低保家庭平均共享受了接近 6 年的低保待遇,89%的家庭从未退出过,10% 的家庭退出过一次,0.7% 的家庭退出

---

① 洪大用:《转型时期中国社会救助》,辽宁教育出版社 2004 年版,第 246 页。

过两次，仅 0.2% 的家庭退出过 3 次以上，4130 户农村低保家庭平均共享受了 3.4 年的低保，91.9% 的家庭从未退出过，7% 的家庭退出过一次，0.7% 的家庭退出过两次，仅 0.3% 的家庭退出过 3 次以上。有学者依据这次抽样调查的数据，发现有一半的低保家庭的救助收入占家庭总收入的 50% 以上，即可算作"福利依赖"家庭，这些受助家庭受助时间长、劳动力参与率低、不愿退保，"养懒汉"问题已长期存在。[1]

2013—2014 年，笔者在成都进行的抽样调查也表明，受助时间长的问题已经较为突出，领取低保时间 3 年以上的占 68.25%，其中 5—10 年的为 31.25%，10 年以上的为 20%（表 4-11），有 67.8% 的调查对象表示希望一直领取救助金。此外，调查还发现，受助者闲暇时间主要做家务的占受访者总数的比例为 50.8%，闲暇时间主要看电视的占比为 55.1%，闲暇时间主要睡觉的占比为 40.0%，受助者的闲暇时间主要是做家务、看电视和睡觉，受助者每周基本不参加体育锻炼的占受访者总数的比例为 58.7%。从救助金的支出看，用于基本生活支出的占比最大，约 87.6%，其次是医疗支出和子女教育，分别占 34.1% 和 9.7%，随后是社交支出，占 0.5%，而用于参加培训或找工作的支出为 0（见表 4-12），这说明受助家庭对于就业及相关的人力资本投资没有任何投入，当然这主要是救助金水平低的原因，但也有受助者自身意识的问题。由上可见，受助者的业余生活比较贫乏，生活压力感较强，受助者心态较为消极，缺乏摆脱贫困的积极心态和行动，由此可推断，长期救助已经在我国开始显现。

---

[1] 刘璐婵、林闽钢："养懒汉是否存在？城市低保制度中'福利依赖'问题研究"，《东岳论丛》2015 年第 10 期，第 37—42 页。

表 4—11　被调查低保对象领取救助的时间

领取时间	1年以内	1—2年	2—3年	3—5年	5—10年	10年以上
所占百分比	11.8%	9.1%	9.1%	15.1%	29.6%	16.7%

资料来源：本书组织的成都市低保家庭调查数据 2013—2014，笔者统计。

表 4—12　被调查低保家庭的救助金支出情况

救助金支出内容	基本生活支出	医疗支出	子女教育支出	社交支出	找工作或培训支出
所占百分比	87.6%	34.1%	9.7%	0.5%	0.0%

资料来源：本书组织的成都市低保家庭调查数据 2013—2014，笔者统计。

此处利用成都市抽样调查的数据进行量化分析，建立模型并进行回归，以考察"救助依赖"的程度和作用机制。被解释变量是样本在接受调查时的工作状况，有工作定义为 1，无工作为 0，解释变量包括个人特征变量和制度评价变量，具体见表 4—13。

表 4—13　被调查低保对象计量变量简介及构建方法

变量	定义	预期符号
被解释变量		
工作	如被访者已参加工作，该变量为 1；否则为 0	
解释变量		
个人特征变量		
男性	如被访者为男性，该变量为 1；否则为 0	+
年龄	被访者的实际年龄	−
婚姻状况	如被访者已婚，该变量为 1；否则为 0	+/−

续表

变量	定义	预期符号
教育程度	如被访者为高中以上学历,该变量为 1;否则为 0	+
健康状况	如被访者健康状况良好,该变量为 1;否则为 0	+
工作年龄段	如被访者处于工作年龄阶段,该变量为 1;否则为 0	+
制度评价变量		
低保救助金额	被访者获得的低保补助(百元)	+/-
制度满意程度	如被访者对低保制度表示满意,该变量为 1;否则为 0	+/-
获得救助时间	如被访者获得救助时间大于 3 年,该变量为 1;否则为 0	+/-

资料来源:本书组织的成都市低保家庭调查数据 2013—2014。

通过构建二元离散选择 Probit 模型,具体考察"救助依赖"效应的作用程度[①]。首先是构建一个线性的潜在变量模型:

$$Y^* = \beta_0 + \beta_1 PC + \beta_2 MLC + \varepsilon$$

其中,Y^* 代表一个未被观察的潜在变量,PC 代表个体特征变量,MLC 是低保制度评价变量,ε 满足标准正态分布。Y 代表被解释变量,并和 Y^* 之间存在如下关系:

$$Y = \begin{cases} 1, & Y^* \text{ 如果} > 0 \\ 0, & Y \text{ 其他} \end{cases}$$

[①] 韩克庆、郭瑜:"'福利依赖'是否存在?——中国城市低保制度的一个实证研究",《社会学研究》2012 年第 2 期。

当 Y 取 1 时,表明样本愿意参加工作。Y 的相应概率如下:

$$P(Y=1)=P(Y^*>0)=\Phi(\beta_0+\beta_1 PC+\beta_2 MIGC)$$

利用最大似然估计法估计其中参数,对具样本进行了回归,结果如表 4-14 所示。解释变量和被解释变量的定义参见表 4-14。

表 4-14 被调查低保对象工作情况的 Probit 模型回归结果

	Probit 回归系数	边际效应 (dF/dx)
个人特征变量		
男性	0.276 (2.09)	0.068**
年龄	0.0014 (0.08)	
婚姻状况	0.1974 (0.68)	
教育程度	−0.0051 (−0.01)	
健康状况	0.8241*** (2.66)	0.151***
工作年龄段	0.7683* (1.94)	0.096*
制度评价变量		
低保救助金额	−0.00007 (−0.07)	
制度满意程度	−0.0398 (−0.15)	
获得救助时间	0.03492 (1.26)	
样本总数	210	
似然比检验量	58.73	
拟合优度 Pseudo	0.1258	

注:系数代表边际效应 (dF/dx),括号内为 Z 值,***、**、* 分别代表 1%、5%、10% 的显著性水平。

从个体特征变量来看,可以发现性别虚拟变量作用方向同预期相符合,男性比女性工作概率高6.8%。年龄虚拟变量的作用方向同预期相反,因此推断样本中低龄受助者普遍存在救助依赖,对样本数据的分析也支持这一推断,样本中处于工作年龄阶段且位于45岁以下的救助对象虽然占样本总量的21.5%,45岁以下且身体健康有工作能力的则仅为样本总量的6%。婚姻和教育状况在模型里也没有通过显著性检验,故不再进行分析。健康状况虚拟变量和处于工作年龄阶段虚拟变量的系数均为正,且都通过了显著性检验。其中,身体健康状况良好的救助对象相对于其他受助者工作的概率高出15.1%,这表明身体健康状况对参加工作状况有非常显著的影响。并且,处于工作年龄阶段的救助对象相对于其他受助者工作的概率要高出9.6%。结合健康状况和处于工作年龄阶段虚拟变量不难推测出,样本中处于工作年龄段、身体健康状况良好的男性救助对象还是有较强的工作意愿的。其次,从制度评价变量的影响看,低保救助金额、制度满意程度、获得救助时间等三个制度评价变量均未通过显著性检验,由此推测,被调查低保对象产生救助依赖的可能性较明显,结合定性访谈也可以发现,受访低保对象中不少人表示出较低的就业意愿。最后,从以上定量分析结果看,男性、健康良好和处于工作年龄段的救助对象有更强的就业动机,低保对象存在较明显的产生救助依赖的可能性。

在2014年对成都低保受助家庭和相应街道与居委会的救助工作人员进行的访谈中,笔者也发现了与长期救助相关的一些问题。在总共15户家庭中,领取时间1—3年的有2户,3—8年的有5户,8年以上的有5户,而领取时间超过3年的这些较长期领取低保的家庭中,有2户属于有工作能力的家庭,4户属于有部分劳动能力的家庭。从访谈中发现，低保对象通常把自己描述成"被社会淘汰的人"或"疾病缠身的人"，对通过就业来摆脱救助缺乏信心，对社会救助有一定依赖心理。研究对象对申请低保的归因既有内部归因也有外部归因，总体来看，他们是内部归因占多数（19位归结为个人，9位归结为外部），但是受访者内部归因皆归结为疾病或残疾，即非人为的个人归因，没有人归结为自身能力不足或懒惰等。

成都低保对象W2和L3先生的描述具有一定代表性，W2先生是外部归因，L3先生是疾病的内部归因。

"我年轻时上山下乡，后来在建筑公司上班，再后来就下岗了，没有正式工作。我自己找过职业，开过的士，但是也没有钱，打拼好久挣的几万块钱都被偷了，连被子都给我偷了。我本来能当个比较正式的司机，但是要一万块钱押金，我被偷后没有。我不想麻烦社区，不想麻烦政府，低保金我都不想要，但是真的没得办法，已经被社会淘汰了。"（低保对象，W2先生）

W2先生的叙述说明了自己的无奈和对社会代价的承受，他强调了个人生命历程中两次在社会发展变迁中所受的损失，即上山下乡和下岗失业，反映出变迁中的个人和国家与社会的关系，他表述了三层意思和一个归因：一是自己当年的失业是被迫的、非自愿的下岗，二是他自己攒的钱全部被盗，为生活所迫而陷入贫困，三是诉说了正规就业市场对他的排斥，他因为没有钱无法交押金而不能获得正式工作。故事的讲述完成了研究对象对领取低保的外部归因，最终为自己构建了求助国家非个人所愿的理由，消除了自身的不安与焦虑，可以较安心地长期领取救助。

"我是因为身体原因不得不依靠低保的，我九几年从单位病

退,先天性心脏病,肺气肿,嘴巴都是黑的,有些活都干不了,我还有糖尿病。"(低保对象,L3 先生)

在 L3 先生看来,"疾病"加上找不到或不能找工作成为研究对象求助国家、申请救助理由的双重诠释。虽然,有病和残疾是一种"个人因素",但是与因个人"能力"不足而求助的个人性内部归因在性质上却是有区别的:"病残"虽是个体问题,但它属于个人"不可控制"的自然性因素,与个人主观努力无关,即贫困并非其个人的责任,这就使他们能够消除求助国家、申请低保的心理阻碍,心安理得地长期依靠救助生活。

对相关社会救助管理人员的访谈也表明长期救助问题确实开始显现:

"有一些低保对象在外面有活也一直不愿退出低保。因为多是非正规工作,收入没法衡量,管理上难度较大。"(街道负责人,W 女士)

"劳教释放人员不知道该怎么办,他们没有丧失劳动能力,释放回来享受后又不好取消,难以管理。"(街道负责人,Z1 女士)

"现在很多人有劳动能力也年轻就不愿意工作,只为在家吃低保,有的人明明有劳动能力却说没有,我们让他开证明也开不出来,其实说穿了就是好吃懒做。"(社区工作人员,Z2 女士)

以上调查和访谈发现表明,低保对象确实存在长期领取救助金的问题,并显示出对寻求工作的不积极,在救助水平如此低的情况下却存在长期救助的问题,需要更多地反思低保制度自身设计的问题和相关工作激励政策的实施问题。受助者很难通过现有的社会救助制度提升脱贫能力并帮助自身发展,现有救助是一种"养"起来的救助方式,这易导致受助者工作伦理的缺失。从国外对福利依赖和长期救助的研究来看，过于慷慨的救助水平是导致受助者长期领取救助而不愿退出的主要原因，这也被称为"贫困陷阱"或"失业陷阱"。但是，中国的情况与西方完全不同，正如上文分析，我国社会救助水平长期偏低、多数受助者入不敷出，这再次说明我国长期性救助的形成原因和西方天差地别，是由一些不合理的制度安排引发的，这些制度主要如下：

第一，我国社会救助体系中的就业救助不健全，这是社会救助出现长期救助的最主要原因。世界银行的"安全网方案"对很多发展中国家的社会救助影响重大，该方案是强调对有劳动能力群体的救助要以就业为条件并注重工作激励，但由于我国的转型背景，低保制度建立开始这方面并没有被强调和关注，因为低保更多是被当成对下岗失业人员的一种补偿方式和稳定社会的一种手段。[1]尽管北京、上海等一些发达地区制定了就业激励的政策和措施，但这些措施在实践中效果有限。[2]与这些地区的规定类似，成都也在城市低保建立并逐步完善后提出要完善低保与就业的联动制度，实施救助渐退等政策并积极开展就业救助工作。正如美国社会学者斯约堡等人所说："研究弱势群体的最好方法是深入的个案研究，因为这样才能倾听到来自他们的真实声音。"[3]2014年笔者对成都市若干户含有劳动能力者的低保家庭

---

[1] 北京师范大学课题组："中国社会救助体系改革研究报告"，http://www.mca.gov.cn/mca/news/2003lutan/lunwen06.html，2003年。

[2] 梁祖彬、肖萌："社会救助就业福利政策研究"，《首届中国社会救助研讨会论文集》，2009年，第407—421页。

[3] Sjoberg, G., Williams, N., Vaughan, T., and Sjoberg, A.(1991). "The Case Study Approach in Social Research: Basic Methodological Issues", in J.Feadgin, T. Orum & G.Sjoberg, Eds., *A Case for the Case Study*, Chapel Hill: University of North Carolina Press, pp.27-29.

(包括含儿童、老人、残疾人和病人的不同类型)开展了个案访谈。成都低保户的结构和相关就业救助政策与国内其他的城市类似,因此其具有一定代表性,访谈结果发现,多数研究对象对就业救助的评价较低,认为其更多是象征性的,并没有对他们起到实质性的帮助作用。

首先,工作激励的对象界定不够明确与客观。工作激励的对象应是处于劳动年龄段、有劳动能力的低保对象,但实践中,"有劳动能力"是一个较模糊的概念,相关法规并没有对什么是"有劳动能力"做出明确的规定,或对哪些人可以免除参与劳动力市场的义务有相关规定,因此,基层工作人员往往会有灵活的操作和考虑。比如,研究对象中有人表示自己因需要照顾生活不能自理的老人而无法参加工作,并表示居委会工作人员也了解其困难而没有强制要求她进行失业登记;还有研究对象表示自己有意愿工作,但因疾病或残疾等原因可能无法全天工作,于是被工作人员看成没有工作能力,不予推荐工作,在成都的访谈中,32岁的Z女士在访谈中表达了非常强烈的就业意愿,但是她却表示社区人员没有问过她的工作意愿,也没提有合适的工作机会会给其介绍,在问到对社会救助有无其他需求时,她很肯定的回答:

"我的需求是还是希望有一份工作,想去上班。"(低保对象,Z女士)

Z女士的情况可能是因为她患有尿毒症,于是被工作人员看成没有工作能力,而没有纳入就业救助来推荐工作,虽然她本人有非常强烈的就业意愿,但是访谈中问到想找什么工作时,她表示还不确定,因为每周还是要有一天去医院。社区工作人员Z女士在访谈中说道:"现在很多人有劳动能力很年轻就不愿意工作,有的明明有劳动能力却说没有,我们让他开证明也开不出来。"(社区工作人员,Z女士)这反映出"有劳动能力"概念在具体操作和落实中的问题。

其次,就业救助的内容同质性高、不符受助者实际需求。就业救助的内容以免费的就业推荐、职业培训和提供公益性岗位为主,辅之以救助渐退这种奖励措施和不履行就业义务就削减甚至取消救助的惩罚措施,这在目前已实施就业救助的各地区和城市大同小异。问题是,一方面,救助内容没有考虑到受助群体的内部差别,同质性强。个案访谈表明,有劳动能力的低保家庭内部差异性较大:有的因自身健康差或文化与技能水平低而就业困难,有的属于刑满释放人员在就业方面受到歧视,有的是因考虑到就业会引致家庭开支的增加并丧失部分救助待遇而不愿就业,还有一些主要因家里有儿童、老人或病人等需要照顾而难以就业,目前的救助内容忽视了这种差异,缺少针对性。例如,在成都的访谈中,刑满释放的S先生的母亲提到社区给予他儿子多次培训机会,还多次给其介绍和推荐单位,但是由于情况特殊,没有单位愿意接收,这就是歧视方面引发的就业障碍,但是却没有针对性措施。另一方面,救助内容难以满足受助者的实际需求。就培训来说,内容是千篇一律的岗前培训或单一的低端的技能培训,难以满足受助者提高技能和增强就业竞争力的需求,有研究对象H女士表示:

"去看了一圈,就是插花、烹饪,没什么特别合适的,对找工作用处不大";(低保对象,H女士)

G先生表示他曾多次参与培训,如电脑、厨师等,培训期间不会收费还会有餐补,但是培训后发觉意义不大,他说道:

"当初我很高兴,因为觉得马上就有工作了,三百五百都行,

后来我发觉没有用。"(低保对象，G 先生)

就推荐的工作来说，不少研究对象认为无论在工资待遇、劳动条件、工作地点和社会保险方面，所推荐的工作质量都很差，没有考虑其特殊困难，比如，有位女性研究对象就表述了其面对的情况：

"去年他们给我介绍了份工作，是食堂。周末没有休息，每月才500元，什么保险都没有，距离我家也很远。另外，我孩子正上初中，我得给他做饭，所以经过考虑最后我没去。"(低保对象，M 女士)

G 先生在谈到推荐的工作时说道：

"工作是这个样子的，我以前也是找过很多工作，但我有精神病，像社区办事人员还是很关心我的。我修过电脑，我培训过的。我培训了四次，都是早些年，七八年前。上一次参加工作是一年以前，我去了两天，但我没法做事情，他们嫌我突然犯病了怎么办，但他们了解我什么？我平常思维和手脚都是正常的，我去了很多地方，还在川大花园守过自行车。"(低保对象，G 先生)

当被问及是否因为疾病在工作的时候受到了歧视时，他肯定地表示：

"是，这个事已经打击过我五六次了。工作方面很头疼。我不是对社会有意见，关键是现在中国社会对我们残疾人，精神病患者少一些理解。政府、社区、残联都给我介绍过工作，但就是工商部门、青年人对我们缺少理解。工商部门和企业家不敢用我们这些人，怕我们带来物质上的伤害，他也没给我买保险。"(低保对象，G 先生)

G 先生的叙述透露出现有就业救助的问题，即推荐工作后，没有继续跟踪追访并采取相应措施解决雇佣双方的问题，以致多次推荐工作均以失败告终、成功率低，同时，G 先生的话里还透露出对所推荐工作的不满，即没有社会保险。

再次，递送方式存在不规范和松懈。我国就业救助采取公共部门递送方式，由民政部门主管，基层依托社区居委会负责具体事务。居委会贴近社区，了解受助者情况，信息掌握方面有优势，但同时存在缺陷，递送者和社区居民的"亲近"关系，增大了基层工作人员的"人情"压力，导致递送难度上升，并最终造成松懈和不规范，工作激励的一些规定难以真正落实。一些研究对象表示，虽规定不接受推荐工作 3 次以上就要取消低保金，但因个人身体原因或家庭原因（如有上学的儿童、老人等），他们拒绝推荐的工作后并没有被取消待遇，因为和工作人员都比较熟悉；还有个别研究对象利用这种熟悉而隐形就业并拒绝推荐的工作，也没有被取消待遇。一位男性研究对象的话颇具代表性：

"大家都住在一个社区，抬头不见低头见，遇事灵活点就过去了。"（低保对象，L2 先生）

最后，工作激励的资金来源渠道单一、金额不足。实施工作激励的资金主要来自政府财政拨款，资金来源渠道单一，缺少社会力量的参与和支持。因此，用于就业救助方面的资金经常捉襟见肘，这直接导致相关的培训、就业推荐等救助服务质量低下，也无法创造出足够多且工资水平合适的公益性岗位，在成都市的访谈中，社区工作人员 M 先生表示：

"社区提供的工作包括保安啊、城市管理、城市环卫等，由于资金限制，能够推荐的工作岗位不多。"（社区工作人员，M 先生）

第二，目前我国社会救助制度设计造成了"福利叠加"效应，因为我国许多地方的医疗、教育、住房等专项救助对象的选择是依据是否享受低保待遇来确定的,也就是说,低保对象还可以获得其他多项救助待遇,而退出低保则同时丧失享受其他多项救助待遇的资格。

2013—2014年笔者在成都市的调查表明,低保家庭除低保金外,不少还获得了医疗救助金、廉租房补贴、粮油帮助、教育救助和困难临时补助等,其中获得医疗救助金和廉租房补贴的低保家庭比例最高,分别占34.3%和33.3%(见表4-15);有一户领取低保金长达7年的低保对象在访谈时谈到了低保制度的"含金量"问题:

"说实话,低保金帮助有限,但是其他一些救助和福利还是有吸引力的,比如我们家就是住房困难,现在住在政府的廉租房里,省了不少开支,如果退出低保住房方面会有很大负担。"(低保对象,L女士)

表4-15 被调查低保家庭已获得的救助类型

获得帮助类型	低保金	粮油帮困	医疗救助金	教育救助	廉租房补贴	困难临时补助
所占百分比	95.4%	15.7%	34.3%	6.5%	33.3%	3.7%

资料来源:本书组织的成都市低保家庭调查数据2013—2014,笔者统计。

2013年民政部中国城乡困难家庭社会政策支持系统调查数据显示,受助者享受包括低保在内的两到三项救助的占48.75%,享受四到五项救助的占33.94%,救助的叠加效益较明显。[1] 由此可

---

[1] 刘璐婵、林闽钢:"'养懒汉'是否存在?城市低保制度中'福利依赖'问题研究",《东岳论丛》2015年第10期,第37—42页。

见，目前的社会救助制度设计在一定程度上减弱了受助者通过就业来自力更生的动机，进而容易引发长期救助。

第三，我国并没有把是否具备劳动能力纳入社会救助对象认定条件当中，这也使有劳动能力者希望被纳入。①1999年颁布的《城市居民最低生活保障条例》规定：持有非农业户口的城市居民，凡共同生活的家庭成员人均收入低于当地城市居民最低生活保障标准的，均有从当地人民政府获得基本生活物质帮助的权利，可以看出，从政策上讲，人均收入是决定一个家庭能否获得低保的条件，是否有劳动能力并不是关键。2014年的《社会救助暂行办法》在第二章最低生活保障中也没有关于"受助者有无劳动能力"的相关规定，虽然第八章就业救助规定了"有劳动能力的但未就业的成员，应当接受人力资源社会保障等有关部门介绍的工作，无正当理由，连续3次拒绝接受介绍的与其健康状况、劳动能力等相适应的工作的，县级人民政府民政部门应当决定减发或者停发其本人的最低生活保障金"，但如前所述，实践中这种工作激励政策的效果有限，其中对"有劳动能力者"没有明确的界定和区分是其作用有限的原因之一。这样的制度设计不能促使有劳动能力者去积极寻求工作，容易引发长期救助问题。在成都市的访谈中，街道负责人Z女士就谈到了相关问题，她表示：

"我觉得有些制度还是不健全，比如要规定有劳动能力的60岁以上才能享受低保，现在很多人有劳动能力也年轻就不愿意工作，只为在家吃低保，有的人明明有劳动能力却说没有，我们让他开证明也开不出来，其实说穿了就是好吃懒做，别人给几百块钱也

---

① 关信平："中国综合型社会救助制度发展战略研究"，载郑功成主编：《中国社会保障改革与发展战略（救助与福利卷）》，人民出版社2011年版，第71页。

解决不了问题。"（基层工作人员，Z女士）

不少发达国家针对有劳动能力的群体和没有劳动能力的群体（老年人、儿童和残疾人等）设计不同的社会救助，以使有劳动能力者参与劳动力市场并防止福利依赖[①]，这些经验可供我国借鉴。

客观而言，各个国家的社会救助都难以完全避免长期救助问题，与一些西方福利国家相比，我国的长期救助问题尚不严重，但若不谨慎防控、防患于未然，严重后会对社会救助制度的可持续发展会造成消极影响。我国社会救助制度的未来改革应当更关注这个问题，在适度提升救助水平的同时减少长期救助，促进有劳动能力者摆脱救助、自力更生。

4.3.3 缺少儿童救助、出现贫困传递

从全世界范围看，随着减贫和经济发展，过去几十年中儿童贫困问题受到越来越多地关注。儿童是人一生中非常关键和重要的阶段，这一时期的身体和心理状况对今后有深远影响。缺衣少食和缺少必要的医疗卫生服务以及受教育程度低等因素，将给儿童今后的发展带来极为消极的影响。可以说，与成人贫困相比，儿童贫困问题是特殊的，反映了儿童自身的特点以及福利的缺失，这主要体现在三大方面：一是剥夺，即缺少相应的物质条件和服务以致其难以发挥潜能；二是排斥，即其尊严、话语和权利都被否定，遭遇了不公平以致生存受到威胁；三是脆弱性，即在其生活环

---

① 刘涛："德国社会救助制度改革对我国低保制度的启示"，《第二届中国社会救助研讨会论文集》，2011年，第333—343页。

境中，没有能力去应对生存风险。^① 基于此，在测量儿童贫困方面，直接用家庭收入和消费来衡量儿童贫困的方法逐步被摒弃，许多研究开始使用多维角度来测量儿童贫困，即儿童贫困不仅在于物质缺乏，还体现在健康、营养、教育等多方面。儿童贫困问题既关涉到儿童自身的发展和未来，还关涉到家庭和国家的未来，因此，减少儿童贫困有助于消除长期贫困、促进社会公平与人类发展。

我国对儿童贫困问题缺少关注，目前还没有我国贫困儿童规模的官方数据，有些学者曾进行了大体估算，认为 2009 年我国贫困儿童的总数约 710 万[②]，他们的估算是使用家庭收入这个单一维度，没有使用多维测量方法。实际上，若从营养方面出发，我国儿童的营养贫困较为严重，尤其在农村，许多儿童面临营养不良的风险，2010 年贫困地区有 20% 的 5 岁以下儿童生长迟缓，农村地区儿童低体重率和生长迟缓率为城市地区的 3—4 倍，而贫困地区农村又为一般农村的 2 倍。[③] 此外，贫困儿童还面临着健康、教育、社会参与等方面的问题。比如，有研究者从生存、健康、保护、发展和参与等多维视角对我国儿童福利示范区的儿童贫困进行了测量，发现儿童生存的家庭环境极其脆弱、稍遇风险打击就易陷入贫困，儿童健康状况较差、健康行为不良且基本卫生设施状况不佳，对儿童的体罚和辱骂非常普遍、安全隐患普遍存在、儿童保护不足，大多数儿童虽可以获得受教育机会，但学习条件等还存在问

---

① 秦睿、乔东平："儿童贫困问题研究综述"，《中国青年政治学院学报》2012 年第 4 期，第 41—46 页。
② 张时飞、唐钧："中国的贫困儿童：概念与规模"，《河海大学学报》2009 年第 4 期，第 42—46 页。
③ 郑飞北："农村儿童营养贫困与公共服务均等化"，《中国农村贫困与社会发展论坛论文集》，2013 年，第 364—372 页。

题，儿童的自我决策权利差，儿童参与状况较差。①

通过对 2013 年城乡困难家庭社会政策支持系统建设调查数据的分析，发现城市困难家庭（6062 户）中有儿童的家庭（2222 户）占 36.65%，农村困难家庭（6166 户）中有儿童的家庭（1672 户）占 27.12%，流动人口困难家庭（3162 户）中有儿童的家庭（1742 户）占 55.09%。这些家庭中，子女教育负担过重是其贫困的主要原因之一，比如，在城市，近 50% 的独生子女家庭教育负担沉重，而多子女家庭出现这样困境的情况更为普遍，比例约 60%，这些家庭缺少电脑、空调等普通家庭常见的生活用品，这对儿童的生活和学习及发展会有不利影响。调查数据还显示，有儿童的城市贫困家庭的人均收支要低于无儿童贫困家庭，多子女家庭要低于独生子女家庭，家庭总体处于收不抵支状态（见表 4-16）。就负债状况看，城市、农村和流动人口的有儿童的困难家庭均有高额负债，城市最高、流动人口其次、农村再次，尤其是多子女家庭，负债额均在 10000 元以上，城市最高，接近 15000 元，其负债的主要原因是教育和看病。虽然这些家庭医疗费用支出高，城市和农村有儿童困难家庭的医疗平均开支在 5000—7000 元，流动人口约 2000 元，但是这些家庭许多未获得医疗保险，即使获得医疗保障水平也有限，对医疗救助而言，整体水平较低，且流动人口几乎未被医疗救助覆盖，存在严重问题（见表 4-17）。从教育状况看，城市困难家庭中有 2050 名儿童在学，366 名为学龄前，30 人未成年辍学；农村困难家庭中有 1759 名学龄儿童在学，672 名学龄前，

---

① 尚晓援、王小林：“儿童与贫困：中国儿童 福利示范区儿童多维贫困分析”，载尚晓援、王小林等：《中国儿童福利前沿（2012）》，社会科学文献出版社 2012 年版，第 32—75 页。

67人未成年辍学辍学；流动人口家庭有1759名学龄儿童，419名学龄前，18名未成年辍学，农村的未成年辍学比例高于城市和流动困难人口。农村的有儿童困难家庭的教育开支约2000元，远低于城市的3665元和流动人口的3122元，这不利于农村儿童的未来发展。教育救助是专门针对贫困儿童的救助项目，上文述及，教育负担是有儿童的贫困家庭陷入贫困的主要原因，教育救助应该帮助这些家庭减轻甚至消除这种负担，但是根据此次调查的数据，获得教育救助的儿童家庭所占比例不高，且获得的救助金额较低（见表4-18），对于缓解城乡有儿童的困难家庭教育负担的作用非常有限。

表4-16 有无儿童城市困难家庭年均收支（元）

城市困难家庭类型	年均收入	年均支出	收支总计
无儿童	6430	8087	-2900
独生子女	5642	6921	-3109
多子女	4452	6070	-5950

资料来源：民政部中国城乡困难家庭社会政策支持系统建设调查数据2013，笔者统计。

表4-17 各类型有无儿童困难家庭的平均医疗救助额度（元）

家庭类型	无儿童家庭	独生子女家庭	多子女家庭
城市	619.79	702.39	507.49
农村	481.82	674.17	790.31
流动人口	0.08	0.07	0.07

资料来源：民政部中国城乡困难家庭社会政策支持系统建设调查数据2013，笔者统计。

表 4-18 城乡有儿童困难家庭的教育救助情况

家庭类型	独生子女家庭		多子女家庭	
	获助家庭比例 %	平均救助水平（元）	获助家庭比例 %	平均救助水平（元）
农村	18.1	175.24	20.8	229.37
城市	14.6	135.03	12.7	167.37

资料来源：民政部中国城乡困难家庭社会政策支持系统建设调查数据 2013，笔者统计。

我国对儿童贫困问题的关注刚刚开始，无论是官方还是理论界，都更多地把贫困人群看成一个整体，对贫困儿童的特殊性认识不足。我国缺乏具有针对性的专项儿童救助政策，对于贫困儿童的救助没有形成系统的制度体系，已有的救助政策都分散在各类政策中，如低保、医疗救助、教育救助等，带有针对性的专项医疗、营养、早期教育等政策方面发展滞后、力度不够，这不利于贫困儿童的生存和发展，还会造成贫困的代际传递，可以说，儿童贫困既是贫困代际传递的原因，又是其结果。

由于儿童救助的缺失，目前中国已开始出现贫困传递现象。林闽钢、张瑞利运用 CHNS 数据，围绕农村贫困家庭的代际传递问题进行了测算和分析，结果发现，贫困家庭子女容易受到上一代经济和社会劣势的影响，农村贫困家庭已经开始出现贫困代际传递。[1] 城市也同样如此，南开大学社会工作与社会政策系在关信平教授带领下于 2009 年在天津市进行了抽样调查，调查中共涉及 800 户低保家庭，分别对家庭中有 18 岁或以下子女的家长和 14

---

[1] 林闽钢、张瑞利："农村贫困家庭代际传递研究"，《农业技术经济》2012 年第 1 期，第 29 页。

至18岁的儿童进行了问卷调查。在对低保家庭中的家长进行调查时发现,因为收入不足和经济方面的问题而不能给子女购买补充练习材料,不让子女参加课外补习和社会活动的比例分别达到63.8%、68.8%和60.9%。在对低保家庭中的儿童进行调查时发现,认为缴纳学杂费、校服费、午餐费、书本费、辅导材料费等对家庭造成困难的占82.6%;认为与其他大多数同学相比,校内花费少一些和少很多的比例分别为37.1%和24.7%,校外活动花费少一些和少很多的比例分别为33.8%和29.4%,这表明城市低保家庭的收入不足已经影响到了其家庭子女的受教育状况和未来发展,这些家庭的子女在未来竞争中会处于弱势地位,很可能继续贫困的生活状态。2014年,笔者对成都市低保对象的访谈中发现,有一些低保家庭的子女宁可领取低保也不愿意去找工作,觉得自己"虽然没钱但是图个安逸",这说明贫困家庭子女安于贫困的现状,缺少改变的动力,继续着上一代的贫困生活,甚至开始形成类似"贫困文化"的生活习惯。2015年年初,《人民日报》刊文指出,在中国目前已经出现贫困的代际传递,产生了"贫二代",贫富差距具有一定稳定性,并形成了阶层和代际转移,若不改变,社会阶层将固化,将使贫困家庭一直处于贫困状态。①

总之,因贫困家庭儿童失学率高,教育投入不足,在缺少专门针对贫困儿童的救助政策的情况下,会导致这些儿童无法充分接触各种社会资源,人力资本难以得到积累和发展,长大后难以摆脱贫困,出现贫困的代际传递现象。

---

① 冯华:"一些贫者从暂时贫困走向跨代贫穷",《人民日报》2015年1月23日,第17版。

第五章　中国社会救助的现实挑战：复杂化的贫困形势

社会救助制度从产生到发展，都是为了应对贫困问题，它以最直接的方式帮助穷人，可以起到缓解贫困的作用，因此，对贫困形势的分析和判断对于社会救助制度的改革与发展具有重要意义。上一阶段社会救助改革期内，贫困主要表现为绝对贫困和收入贫困，贫困群体以国企改革造成的下岗失业人员为主，而随着经济社会的发展，目前的贫困形势更加复杂，相对贫困、能力贫困更加突出，老年人和儿童贫困群体生活困难，社会排斥和贫困代际传递开始显现，贫困问题会长期存在并有可能会更加严峻，这对我国的社会救助形成了现实的挑战。

5.1　从绝对贫困到相对贫困

绝对贫困是指个人与家庭难以维持最低生活，甚至无法生存。从理论上说，一个社会是可以消除绝对贫困的。改革开放以来，随着国民经济快速发展和人民生活不断改善，中国已迈入中等收入国家行列，绝对贫困现象持续减少。以低保对象的规模估算，

2014年全国城乡低保对象约 7100 万人,在农村随着新扶贫标准的采用,救助规模有所扩大,以现有标准看,随着经济社会的发展,难以维持生存的绝对贫困人口必将越来越少。

但是,现实情况是随着收入分配差距的持续拉大,相对贫困将会越发凸显。早在 19 世纪,马克思就曾论述过相对贫困,他表示"我们的需要和享受是由社会产生的,因此,我们对于需要和享受是以社会的尺度,而不是以满足它们的物品去衡量。因为我们的需要和享受具有社会性质,所以它们是相对的。"① 所以,相对贫困的含义,是指个人与家庭虽然可以满足基本的生活需要,但是难以达到社会平均生活水平的状况,此外,相对贫困还隐含着心理感受,当然这种心理感受也基于实际状况,即相对贫困也有一个客观的标准,这个标准不以人们的主观感受而改变,通常使用一个国家在一定时期内全部居民中等收入(或社会平均收入、中位数收入)的一定比例(如 40%、50% 等)来计算。②

目前,我国相对贫困开始凸显并加剧,引发人们不满的是收入差距逐步拉大,而非无法生存。2014 年,国家统计局发布的中国基尼系数为 0.469,虽然较 2013 年的 0.473 有所下降,但仍高于 0.4 的国际警戒线;城镇居民人均可支配收入为 28844 元,农村居民人均纯收入为 9892 元,前者是后者的近 3 倍。随着经济的发展和人均收入的提升,区域差距、城乡差距以及区域内部差距等会使相对贫困问题更加突出,我国的贫困也更多表现为相对贫困,其内容主要包括以下方面:第一,相对贫困群体数量较多且逐渐增加。目前我

---

① 〔德〕卡尔·马克思:《马克思恩格斯选集》(第一卷),人民出版社 1972 年版,第 367—368 页。
② 杨立雄:《社会救助研究》,经济日报出版社 2008 年版,第 142 页。

国是按照绝对贫困标准来开展生活救助的,最低生活保障标准一般按照当地维持居民最基本生活所必需的衣、食、住费用,并适当考虑水电燃煤(燃气)等费用来确定,只能保障受助者的生存。若依据相对贫困标准,即采用居民中等收入或社会平均收入的40%或50%来计算,我国贫困人口数量将会大幅增加,并且随着收入差距的拉大,相对贫困人口的数量还将持续增长。第二,相对贫困人员构成复杂。绝对贫困人员主要是因丧失劳动能力及生存环境恶劣等原因而难以维持生存的群体,而相对贫困人员的构成则较为复杂:包括"三无"人员,"农转非"人员,部分失业和离退休职工,停产半停产或严重亏损的国有企业的困难职工,职业不固定人员或非正规就业人员以及农民工人员等,而其陷入贫困的原因也非常复杂,不仅包括个人原因、家庭原因,还有社会转型和产业结构调整的原因,是工业化、城市化、市场化相互作用的结果。第三,相对贫困对社会冲击力大。相对贫困人群规模庞大,多属于改革利益受损群体,有共同的利益诉求,再加上与高收入阶级相比的心理落差,相对贫困对社会冲击力较大,需要引起关注。

在相对贫困为主的贫困形势下,我国的社会救助需要进行调整与改革,从过去的反绝对贫困转变到反相对贫困,否则,社会救助就可能变成维持绝对贫困层的消极救济制度。然而,我国在反相对贫困方面经验仍很缺乏,理论和国际经验都证明,反相对贫困是更加复杂的行动过程,这无疑是对我国社会救助的一大现实挑战。为了应对这一挑战,个别发达城市和地区已经开始了积极探索,比如上海市、苏州等地,已经把"支出型贫困"家庭纳入到生活救助对象之中,目的是为了帮助那些收入在低保线以上却无法支付各种突发事件下的刚性支出(教育、医疗等)而陷入暂时性贫困的家庭,这是应对相对贫困的积极探索,但是由于刚刚起步,还存在不少问题有待解决。

5.2 从收入贫困到能力贫困

贫困属于综合性的社会现象,它有多样化的表现形式,其中收入贫困是主要的表现形式之一。从20世纪90年代末开始的我国社会救助改革主要是针对经济转型和国企改革所导致的大规模下岗失业而引发的收入贫困问题,他们因失去工作和较好的保障待遇而遭受了收入损失,低保等新型社会救助制度的建立是为了给予他们适当补偿。[①] 据学者测算,下岗或失业人员家庭的贫困发生率比在职职工家庭高6倍,一个家庭既有下岗或失业人员,又有病人或残疾人员,则该家庭的贫困概率比一般家庭高10倍以上。[②] 由此可见,收入短缺或收入贫困是上一阶段贫困的最主要的表现形式,社会救助制度设计以向贫困群体提供现金补偿和物质援助为主,带有一定消极补救的性质。

然而,随着市场经济发展和进一步转型,因为能力和素质低下而造成被排斥在市场和社会之外的贫困越来越多,可以说,能力和素质低下开始成为我国人口贫困的主要原因,也是其脱贫的内在障碍。"能力贫困"最早是经济学家阿玛蒂亚·森提出的,他认为

[①] 孙立平:《断裂——20世纪90年代以来的中国社会》,社会科学文献出版社2003年版,第67页。

[②] 李实:"我国城市贫困的现状及其原因",http://www.cass.net.cn/file/2005101446846.html,2005年。

贫困的概念中有一个不能丢弃的"绝对核心",即缺乏获得某种基本物质生存机会的"可行能力",所谓"可行能力"是指人有可能实现的、各种可能的功能性活动的组合。从这个定义上看,可行能力实际是一种自由,是一种实现各种可能的功能性活动组合的实质自由,它包括免受困苦——如饥饿、营养不良、可避免的疾病、过早死亡之类——基本的可行能力及能够识字算数、享受政治参与等的自由。[1]衡量"可行能力"的标准是绝对的,尽管这些标准会随着时间变化和社会发展而变化。由此,森认为贫困可以用"可行能力"的被剥夺来合理识别,贫困是基本"可行能力"的绝对剥夺,进而提出了"能力贫困"的概念。教育和医疗条件的低下、性别歧视、收入不平等、失业、生育率高等都会对人的可行能力产生消极影响,有可能使人陷入贫困。[2]传统上对贫困的理解是收入贫困,能力贫困则突破了旧有认识,认为收入低下归根结底是可行能力缺乏造成的,进而表明若可行能力被剥夺,将会使人处于弱势和贫困状态。总之,森的能力贫困理论的根本在于力图通过加强人的可行能力来消除和减少贫困,他在阐述能力贫困时把人的全面发展和生活质量纳入理论范畴之内,其对贫困概念的界定体现了新的理念,即以人为本、注重人的发展。

运用能力贫困的概念来分析当前我国的贫困形势,可以发现贫困者很多是能力不足或低下的,贫困的产生越来越多地和失业相关联,与劳动者的知识资本存量低、劳动技能差等有密切联系。在笔者2013—2014年对成都低保对象的访谈中,许多受助者把自

---

[1] 杨立雄:《社会救助研究》,经济日报出版社2008年版,第146—148页。
[2] 〔印〕阿玛蒂亚·森:"评估不平等和贫困的概念性挑战",《中国社会科学文摘》2003年第5期,第102—103页。

己描绘成"能力低下的人"和"被社会淘汰或不适应社会的人",强调能力缺失、无法就业和参与社会是自己贫困的主要原因。2008年民政部政策研究中心在全国六省市的调查表明,目前低保对象因没有工作而申请低保的家庭占51.5%,而无法就业反过来又会严重弱化人的能力,因为已有确凿证据表明失业除了导致缺乏收入,还有许多深层影响,包括工作动力、经验和自信的损失,疾病以及破坏家庭关系等,这会造成可行能力被剥夺,使人难以摆脱贫困。2013年民政部城乡困难群体社会支持系统建设的调查表明,不同类型困难家庭生活贫困的主要原因和面临的主要困难不外乎家庭主要劳动力无工作、主要成员无劳动能力、疾病负担、教育负担和家庭成员长期照料负担(见表5-1),这说明缺乏能力获得工作机会和收入是导致家庭陷入贫困的重要原因之一,而这又会使这些家庭的成员身体和受教育机会受到影响,增加了脱贫的难度。

表5-1 城乡与流动困难家庭面临的主要困难

主要困难	城市困难家庭%	流动人口困难家庭%	农村困难家庭%
第一	主要劳动力无工作42%	教育负担21%	主要成员无劳动能力31%
第二	教育负担34%	主要劳动力无工作17%	疾病负担22%
第三	疾病负担32%	疾病负担6%	主要劳动力无工作16%
第四	主要成员无劳动能力31%	成员需长期照料6%	成员需长期照料13%

资料来源:民政部中国城乡困难家庭社会政策支持系统建设调查数据2013,笔者统计。

上海市民政局 2008 年的调查显示,在城市低保家庭希望得到帮助以缓解贫困的具体方面,除期望提高低保金的家庭比例最高外(30.08%),希望得到医疗救助和就业援助的比例紧随其后,均占 22.22%,之后是住房(8.67%)和教育(8.13%)。2013 年笔者对成都市低保家庭的抽样调查显示,在家庭日常生活中,负担最大的除物价上涨外,就是家庭成员患病和子女教育,认为医疗救助和医疗保险对自身有较大帮助的分别占 28.6% 和 25%,最迫切需要的帮助除现金救助占比例最高外(80%),再有就是就业援助(23.5%),照顾护理服务(17.6%)和心理或精神慰藉(11.1%)。2013 年民政部城乡困难群体社会支持系统建设的调查表明,不同类型的困难家庭对社会救助的需求存在差别,需求呈现多样化趋势,城市困难家庭最需要的社会救助排在前三位的分别是低保、医疗救助和水电、燃料及采暖补助,流动人口困难家庭最需要的社会救助排在前三位的是住房救助、医疗救助和教育救助,农村困难家庭最需要的社会救助排在前三位的分别是低保、医疗救助以及临时重大事故救助(见表 5-2)。此外,还有不少困难群体需要就业帮扶、创业扶持、法律援助、心理服务等。在从获得救助上升到脱贫目标后,城市困难家庭的需要排在前三位的是直接提供生活金和生活品(27%)、资助子女完成学业(20%)和帮家里劳动力找份工作(20%),农村困难家庭的需要排在前三位的是直接提供生活金和生活品(45%)、减免医疗费(16%)和资助子女完成学业(12%),流动人口困难家庭的需要排在前三位的是提供技能培训、指点致富门路(29%),资助子女完成学业(16%)和帮家里主要劳动力找份工作(13%)。由此可见,我国的贫困群体已经开始认识到单纯的低保金和物品援助无法解决自身的困难,他们对就业、医疗、教育、住房、照顾护理甚至心理慰藉等方面这些有助于增加其能力的援助措施存在需求，希望通过相应服务型救助以帮助其增加能力并获得发展，最终摆脱贫困，这一点对于流动困难家庭来说体现得尤其明显。

表 5-2　城乡与流动困难家庭的社会救助需求情况

需要的社会救助	城市困难家庭	流动人口困难家庭	农村困难家庭
第一需要	低保 49.6%	住房救助 20.6%	低保 53.5%
第二需要	医疗救助 39.1%	医疗救助 17.2%	医疗救助 46.9%
第三需要	水电、燃料及采暖 19.5%	教育救助 13.2%	临时事故救助 21.5%

资料来源：民政部中国城乡困难家庭社会政策支持系统建设调查数据 2013，笔者统计。

在能力贫困成为我国贫困的主要原因和表现形式以及受助者存在提升能力需求的情况下，如果仍然按过去的社会救助制度思路，只关注弥补收入短缺、保障受助者生存，并不能最终实现反贫困的目标。也就是说，将贫困单纯地看做收入缺乏，并用是否能够很好地降低收入贫困作为对社会救助制度的评价标准，这会混淆目的和手段，使社会救助难以实现反贫困、促进人的发展和社会融合的目标。因此，当能力贫困成为我国贫困的主要问题时，反贫困绝不只意味着给贫困者支付一定数量的现金，而是要采取措施提升贫困者的可行能力，这就对传统的社会救助思维和制度设计提出了新的挑战。

5.3 儿童贫困与老年贫困

目前，我国贫困的结构化和人口学特征开始突出[①]，儿童和老年人作为弱势群体更易陷入贫困，儿童和老年贫困群体的规模在不断扩大。然而，我国对于儿童贫困与老年贫困的关注和应对刚刚开始，尚未引发足够的重视，这种新出现的贫困形势无疑对我国的社会救助制度提出了现实的挑战。

5.3.1 儿童贫困

儿童是未来的希望，儿童发展状况反映了国家与社会的进步程度。联合国《儿童权利公约》明确规定："儿童系18岁以下的任何人，除非对其适用之法律规定成年年龄低于18岁"，"儿童因身心尚未成熟，在其出生以前和以后均需要特殊的保护和照料，包括法律上的适当保护"。儿童贫困影响深远，会影响家庭的未来和国家的发展。伴随着经济社会的进步与对贫困研究的深入，更多的研究机构和研究者认识到了儿童贫困的特殊性，儿童贫困不仅体现在物质方面的匮乏，还有情感方面的缺失和精神方面的痛苦，应该将儿童作为特殊的贫困群体对待。2015年贵州毕节的儿童自杀事件正体现了在物质缺乏外，情感与精神的缺失。联合国儿童基金会指出，贫困儿童是"经历过生存、发展和成长所需的物质、精神和情感资源的剥夺，而不能享受其权利，不能发挥其潜能或作

[①] 关信平："中国综合型社会救助制度发展战略研究"，载郑功成主编：《中国社会保障改革与发展战略（救助与福利卷）》，人民出版社2011年版，第71页。

为完整、平等的成员参与到社会中的儿童"。① 贫困儿童因缺乏教育、医疗、营养等保障，会在生理与心理方面受到严重不良影响，形成负面自我评价，难以获得到良好的社会交往环境，这会对其全面健康发展起到限制作用，使他们失去平等参与社会的权利，这些贫困儿童长大后很可能仍处于贫困之中，形成贫困的传递。导致儿童贫困的原因较为复杂，有直接原因也有间接原因，有单一因素原因也有多因素交互作用的结果。尽管不同国家儿童贫困的根源不同，但几乎所有国家的贫困状况不外乎三种因素的相互作用：社会及家庭的变化、劳动力市场变化以及政府的政策。其中，社会和家庭的变化是影响儿童贫困的首要根源，家庭收入、家庭规模、父母的就业状况、父母的文化水平和健康状况等都会影响儿童贫困的发生率。比如，无职业收入家庭、夫妻双方仅有一人挣钱的家庭及单亲家庭，其儿童贫困率要相对高于就业家庭、夫妻双方都有工作的家庭及双亲家庭，抚养儿童人数的增加，无论是单亲还是双亲家庭，儿童贫困率通常都很高。此外，在某种程度上，私有化、全球化、出口导向型的经济增长、经济结构调整、经济转型等都对儿童贫困有一定影响，再有就是自然灾害、冲突等非人为因素也是儿童陷入贫困的原因之一，这些因素的影响通常是间接的，比如地震、洪水等自然灾害以及父母的死亡，不仅会导致儿童丧失父母的关爱，还通常会使儿童中断学业加入劳动力市场以偿还债务，这对儿童的成长极为不利。②

---

① 秦睿、乔东平："儿童贫困问题研究综述"，《中国青年政治学院学报》2012年第4期，第41—46页。
② 尚晓援、王小林等：《中国儿童福利前沿（2012）》，社会科学文献出版社2012年版，第7—8页。

对于儿童贫困,目前还没有一致的定义,不同机构根据自身的研究目的对儿童贫困的内涵做出相应界定。比如,联合国儿童基金会根据"剥夺方法"把儿童贫困定义为最基本的"社会服务的剥夺",其中儿童赖以生存的一系列最基本的商品和社会服务是指食品、安全饮用水、卫生设施、卫生保健服务、住所、教育和信息服务。英国儿童贫困研究与政策中心对儿童贫困的定义是:儿童以及青少年在生长过程中无法获得和使用各种类型有利于其潜能和福利的资源,从广义上讲,这些资源包括经济、社会、文化、物质、环境和政治资源。基督教儿童福利基金会认为儿童贫困是一个相对的、动态的、多维的过程,而且通常是三者交互作用,儿童贫困涵盖了三个相互关联的领域:剥夺、排斥和脆弱性,其中剥夺是指物质条件以及服务的缺乏,排斥是指由于儿童的尊严、话语权以及其他权利受到否认或者当他们的生存受到威胁时所遭受的不公正的待遇,脆弱性是指社会没有能力应对现存或未来可能会影响儿童生长发育的威胁。南非民主协会从四个方面来界定儿童贫困:一是指没有足够的收入以及没有赚取收入的机会,指儿童由于担心家庭收入低以及他们自己没有收入而遭受的痛苦;二是人类发展机遇的缺失,指儿童无法获得诸如医疗保健、教育和卫生服务以及被拒绝使用娱乐设施等社会基本服务以及由于这些方面的缺失对儿童造成的影响;三是经济和人身不安全的感觉,指儿童对家庭收入和公共服务的突然波动的担忧,这些波动通常与不利的经济冲击和家庭成员的去世相关;四是没有权利的感觉,指儿童在家庭中有压抑感,在社会上感觉受到排斥和歧视。加拿大国际发展署认为儿童贫困是对人权的侵犯,贫困阻碍了儿童充分发展其全部潜能的权利,侵害了其受教育权、健康权,否定了儿童参与社会生活的权利,侵犯了儿童免受歧视、剥夺、虐待和被疏忽照料等受保护的权利。救助儿童会也认为儿童贫困和人权关系密切,不仅会影响儿童的发展,而且关系到人权问题,具有多维的特点。① 国际上主要采取包括社会救助、公共服务费用减免、就业扶持、家庭政策等在内的社会保护政策来缓解儿童贫困。

在我国,大多数贫困儿童已经摆脱了绝对贫困的状态,不至于缺衣少食,但其生存状态却仍不容乐观。贫困儿童绝大多数营养状况相对较差,身体发育比同龄人晚;获得医疗服务状况不佳,会影响生长发育;在教育上,失学、辍学率较高,受教育程度和学习成绩较差;在社会交往上,贫困儿童难以参加各种学校和社区的活动,受到排斥。② 目前,儿童贫困问题还没有引起政府足够的重视,这主要表现在以下几方面。

第一,对儿童贫困认识不到位。目前,在理解儿童贫困方面,往往认为儿童贫困的等同于其所在家庭的贫困状况,这其实忽略了不同家庭收入与分配在儿童身上的差别,以上两种认识都落后于国际上对于儿童贫困的理解与认识。2009 年南开大学在天津对贫困儿童的调查表明,贫困儿童除了经济困窘外,在身体和心理健康、社会交往等方面均不容乐观,62.3% 的儿童感到不同程度的筋疲力尽,69.1% 的贫困儿童感到不同程度的情绪低落,51.6% 的贫困儿童认为自己身体健康上的问题或情绪问题一部分或大部分时间妨碍到社交活动,41.7% 的贫困儿童因为缺钱而放弃自己喜欢或需要的活动。由此可见,儿童贫困不仅是指贫困儿童及其

---

① 尚晓援、王小林等:《中国儿童福利前沿(2012)》,社会科学文献出版社 2012 年版,第 9—12 页。
② 同上书,第 32—75 页。

家庭的经济状况差,而且还涉及健康、情感、社会参与等方面的剥夺,使其不能充分发挥其潜能。

第二,儿童贫困方面的研究刚刚起步。目前,我国还没有一个严格的有关贫困儿童数量的统计,国家统计局每年颁布的《中国农村贫困监测报告》中没有儿童贫困的统计数据。2010 年,民政部统计的城乡低保贫困儿童达 1200 多万,有学者利用中国综合社会调查 2006 年的数据进行测量,发现我国儿童整体相对贫困率较高,超过 20%,而 OECD 国家的儿童相对贫困率为 12.38%。[①]2013 年,民政部组织的城乡困难家庭社会政策支持系统建设大规模调查数据发现,城市困难家庭中享受低保的有 4200 户,涉及人口 10833,其中有儿童的为 1520 户,儿童共计 1751 人,占 36.2%,农村困难家庭中享受低保的共计 4203 户,涉及人口 10890 人,其中有儿童的 1119 户,儿童共计 1574 人,占 26.62%。根据这一比例按照 2013 年民政部公布的全国城乡低保家庭户数和人数进行推算,可估计出全国城市低保家庭中有儿童的约 398 万户,儿童 337 万人,农村低保家庭中有儿童的约 758 万户,儿童 767 万人,也就是说,城市低保家庭中有儿童总共约 1104 万。然而,上述测量采用了较简单的、家庭经济状况鉴别的方法,即直观地用家庭收入来衡量儿童贫困,无法考察儿童的营养、教育、交往等被剥夺的情况,落后于国际上儿童贫困的研究趋势。2010 年,北京师范大学课题组对我国中西部五个省 15 个县开展了农村儿童贫困调查,其中除单维度衡量收入贫困外,还多维度地测量了儿童缺乏型贫困,参照国际上的研究,设计了六项指标,包括:饮食

[①] 王作宝:"贫困儿童分类救助机制研究",载王治坤、林闽钢主编:《中国社会救助:制度运行与理论探索》,人民出版社 2015 年版,第 175—190 页。

营养缺乏、饮水缺乏、应季衣服缺乏、医疗服务缺乏、基本教育缺乏、社会交往缺乏,从多维度测量和研究儿童贫困反映出对儿童贫困问题的进一步关注。2012 年,尚晓援、王小林对中国儿童福利示范区的儿童贫困从生存、健康、保护、发展和参与这五个维度进行了测量。但也应看到,全国范围内的关于儿童贫困的多维度测量还没有开展和实施。国内学者主要从弱势儿童群体社会保障制度、孤儿救助、儿童福利机构改革以及非政府组织对消除儿童贫困所做出的贡献等方面展开,比如对留守儿童、孤残儿童的研究等,对普遍性的儿童贫困研究缺乏探讨和研究,总体上我国对儿童贫困的研究存在欠缺,而没有科学合理的对儿童贫困的测算方法和监测机制,就很难制定有效的反贫困政策。过去从单一的家庭收入维度测算儿童贫困存在诸多局限,多维度重叠剥夺的分析方法能够比较科学有效地估算儿童贫困的现状、范围、贫困的程度和深度。因此,政府应当尽快在全国和各省范围内建立多维度儿童贫困的监测和考察机制,及时监测全国和各省儿童多维度贫困状况并定期考察一定时期内各省份的减贫效果,加强对儿童贫困的研究。

第三,对贫困儿童的救助等社会保护措施不足。在儿童社会保护体系中,社会救助在全球范围内广泛实施用来缓解儿童贫困,因为社会救助包括现金、实物和服务援助,可以直接或间接地提高贫困儿童家庭的收入并改善其生活状况。[1] 然而,目前我国对于贫困儿童的救助还没有形成制度体系,已有的救助政策都比较零星和分散,生活救助主要以城乡低保和分类施保为主。另外,还有

---

[1] 史威琳:"社会保护政策及其对缓解儿童贫困的作用",《新视野》2010 年第 2 期,第 30—32 页。

针对贫困儿童的服务型救助,比如医疗救助和教育救助政策。根据 2013 年民政部城乡困难群体社会支持系统的调查数据进行分析,可以发现,一方面,由于低保水平较低,城乡困难家庭中的儿童在生活方面依然十分困难,不少有儿童的低保家庭存在负债,比如,城市困难多子女家庭的负债总额最高,为 14689 元,流动人口多子女和农村困难多子女家庭的负债总额也分别达 11388 元和 10831 元;另一方面,医疗救助、教育救助等专项救助的覆盖范围有限、救助力度不足,也影响了儿童的生活和发展,比如,对流动人口困难家庭而言,独生子女和多子女家庭的医疗救助均值都仅为 0.07 元,基本可以忽略不计,农村、城市和流动困难家庭中都存在未成年辍学的情况,以农村较为严重,而获得教育救助的儿童也比较有限,救助金额不高,农村多子女和独生子女家庭儿童获得教育救助的比例分别为 21% 和 18%,平均救助金额为 229 元和 175 元,城市多子女和独生子女家庭儿童获得教育救助的比例分别为 13% 和 15%,平均救助金额为 167 元和 135 元,流动人口有儿童的家庭获得教育救助的比例更低,不足 6%。由此可见,我国针对贫困儿童的社会救助等保护措施明显不足,有待进一步加强和完善。总体而言,目前我国缺少针对儿童贫困的专门政策与制度体系,在救助对象、救助内容和救助标准方面,相关政策均存在漏洞和不完整之处,贫困儿童生活依旧比较困难。[①] 在其他保护措施方面,我国儿童福利的发展滞后,缺乏家庭和育儿津贴政策,儿童照料服务供给不足等,均不利于我国儿童贫困问题的解决。

---

① 秦睿、乔东平:"儿童贫困问题研究综述",《中国青年政治学院学报》2012 年第 4 期,第 41—46 页。

5.3.2 老年贫困

截至 2014 年年底，全国 60 岁及以上老年人口 21242 万人，占总人口的 15.5%，其中 65 岁及以上人口 13755 万人，占总人口的 10.1%。我国人口老龄化水平超前于经济发展水平，趋势不可阻挡，同时，老龄人口是最特殊且脆弱的群体，特别是在中国农村，老年贫困群体整体数量巨大，地区差别和城乡二元化程度较大。养老服务体系滞后于养老服务需求，"未富先老"和"未备先老"的特征明显。人到晚年之后身体机能减退，有的生活不能自理，需要长期护理并给家庭带来沉重负担，同时因退出劳动力市场会使收入减少，容易陷入贫困，老年贫困群体由此成为贫困人口中的主要组成部分，境遇比较悲惨。从我国救助对象的结构来看，城市低保对象中老年人口占全部低保对象的比重逐年攀升，2014 年已接近 17%（见图 5-1）。

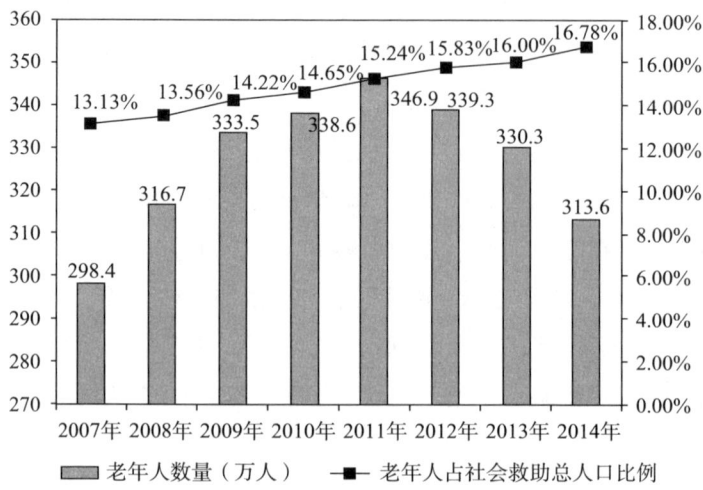

图 5-1 我国城市低保对象中老年人的数量及比例 2007—2014

资料来源：相关年份《中国民政统计年鉴》。

2013—2014年在成都市的低保家庭抽样调查发现,接受问卷调查的低保家庭中,属于独居老人的家庭占受访家庭总数的比例为27.8%,属于一老养一老的家庭占比例为6.2%,两者合计约占被调查家庭的35%,比例较高(表5-3)。

表5-3 被调查低保家庭的类型

家庭所属类型	独居老人	一老养一老	单亲或离异	残疾人	存在患重病或大病成员	存在劳教释放人员	当年有突发事件
所占百分比	27.8%	6.2%	23.5%	20.4%	37.7%	9.3%	3.7%

资料来源:本书组织的成都市低保家庭调查数据2013—2014,笔者统计。

根据民政部2013年全国城乡困难家庭社会政策支持系统建设的调查数据,通过统计发现我国的贫困老年人面临主要问题包括:第一,健康情况较差。城乡贫困老年家庭户内老年人对自身健康状况自评较差和很差的比例明显高于城乡贫困非老年家庭的比例(见表5-4)。第二,居住环境较差。城市贫困老年家庭和农村贫困老年家庭多住在自建房或借房居住,危房居住率为14.3%和17.7%。第三,经济状况较差。城乡贫困老年家庭的年储蓄额明显低于非老年家庭,且都存在负债现象,负债最主要的原因是看病(65.7%和66.9%)。第四,除现金救助外,贫困老人对生活照料、养老服务、精神慰藉、临终关怀的需求较高。比如,城乡贫困老年家庭在精神慰藉方面的需求程度(5.9%,5.5%)要高于城乡贫困非老年家庭(3.7%,4.0%),城乡贫困老年家庭在临终关怀服务方面的需求程度(3.2%和4.1%)也高于城乡贫困非老年家庭(0.9%和1.6%)。总之,贫困老年人身体情况较差、疾病缠身,对医疗服务有较高需求,然而由于经济条件差,他们很少去医院看病,其生活照料、养老等方面的服务需求难以得到满足,生活质量较低。

表5-4 城乡贫困老年家庭和非老年家庭户内老年人自评健康状况(%)

		很好	较好	一般	较差	很差
城市	非老年家庭	12.3	14.6	33.1	26.4	13.8
	老年家庭	4.3	9.6	32.5	39.1	24.6
农村	非老年家庭	11.4	15.9	29.6	26.4	16.6
	老年家庭	2.4	8.1	25.9	43.8	19.8

注:老年家庭户是指户主为老年人的家庭,城市和农村老年家庭户占总困难家庭样本数的比例分别为16.6%和43.9%。

资料来源:民政部中国城乡困难家庭社会政策支持系统建设调查数据2013,笔者统计。

2014年对成都市低保对象的访谈中,许多老年低保对象都表示出目前无法满足医疗方面的需求,63岁的H先生表示:"低保金目前我完全不够,每月1000块应该会舒服点,我有皮肤病,第一要把病治好,身体健康才能过得好。"(低保对象,H先生)

60岁的L3先生表示:"医疗救助一年才400多,而且有病没病都发,有病你就多发点,我们好买药,没有病哪个想吃药嘛,这个就搞得不公平,有病的不敢吃药。没病的人就无所谓,有病的人就不得行,我都不敢吃,你吃了药还哪里有钱啊!就应该啥子病就开啥子药,就怎么报销,现在是不管怎么样都发400块钱,要是没病那个钱我不要都得行。搞得我都不敢吃药。"(低保对象,L3先生)

在我国,随着家庭结构的变化和人口老龄化的加重,很多老年人无法再依靠子女养老,同时许多老年人家庭的经济条件无法让他们自己养老，再加上我国社会保障体系还不完善，尤其是老年保障制度还不健全，大多数老年人缺乏相应的收入和服务保障，老年贫困发生率远高于其他群体。2014 年对成都市低保对象的访谈中，许多老年低保对象都表示出对养老问题的担忧，比如，H 先生就曾求助于社区帮他找养老院，但最后发现收费较贵，"我现在关心的主要问题就是养老，我问了一下，养老院一个月要 3000 多块钱，我自己不能动，要把护理费和生活费加起来，就比较贵，要 3000 多。"（低保对象，H 先生）可以预见，随着人口老龄化的进一步发展，中国的老年贫困问题会逐渐显性化。

目前，我国对老年贫困问题还不够重视，这主要体现在以下几个方面：第一，对老年贫困的认识不足。在理解和认识老年贫困方面，一般没有将老年人作为特殊贫困群体对待，而把其视为贫困家庭中的普通成员加以对待。其实，老年贫困群体除经济困难外，普遍健康状况差，需要医疗、护理、日常照料等相关服务，空巢贫困老人还需要心理和精神方面的慰藉，也就是说，只依靠单纯的现金救助和经济补偿很难解决老年贫困问题，这在上文述及的 2013 年民政部困难群体调查中已有所反映。另外，在造成老年贫困的原因方面，除传统的原因，如收入差距拉大、人均寿命延长而医疗未跟上之外，对新的贫困致因和挑战认识不足，这包括产业结构调整、家庭结构变化、未富先老、社会保障等，这些都需要进一步分析和理解。第二，老年贫困的研究处于初级阶段。目前，对我国老年贫困人口的总体规模、老年贫困的程度还没有全国性的统计调查资料。准确掌握老年贫困人口的数量对制定老年社会政策至关重要，是提高老年社会保障水平的依据和前提。然而现有的数据因统计标准和地域差异而存在较大差别，由于调查范围及样本量的限制以及资料的可获得性,既有研究中关于全国老年贫困人口规模的推测十分有限。①2011年,杨立雄通过对城镇和农村最低生活保障数据的分析,得出老年贫困人口的数量约1800万人,老年总体贫困发生率约为10.8%,并强调由于我国低保标准偏低,计算出的结果只是老年贫困人口数量世纪是超过1800万。②北京大学"中国健康与养老追踪调查"研究认为,如果按照人均消费水平来衡量贫困,中国城乡有22.9%的老年人生活在贫困线以下,贫困老年人总数超过4200万。在农村,全国老龄委和老龄协会的调查数据显示,无论按照恩格尔系数法还是主观感觉法等多种贫困测量标准,中国农村贫困老年人数量都超过3000万。③尽管不同的机构和学者估算出的贫困老人规模有所差异,但不容置疑的是,中国老年贫困人口规模较大是个不争的事实。第三,针对老年贫困人口的社会救助不完善。目前,我国对于贫困老人的社会救助没有系统的制度体系。在针对贫困老人的社会救助政策方面,最主要的就是覆盖城乡的最低生活保障制度,对家庭收入低于当地低保标准的贫困家庭实行差额救助,此外,大多数地区还在低保的基础上实施了分类施保的政策,对有一定年龄以上老人的低保家庭上浮一定的救助金。此外,还有针对贫困老人的"五保"制度和医疗救助制度等。但是,总的来看,老年贫困救助还存在以下问题:一是救助措施缺乏分类性和针对性、救助标准低。现有的社

---

① 邬沧萍:"聚焦中国农村老年人贫困化问题",《市场与人口分析》2005年第2期,第32页。
② 杨立雄:"中国老年贫困人口规模研究",《人口学刊》2011年第4期,第37—45页。
③ 崔炜、周悦:"整体性治理视角下贫困老年人社会救助研究",《第四届全国社会救助研讨会》,广州,2015年。

会救助措施对不同年龄层次、不同身体状况和不同家庭类型人群的区分关注不足，尤其是对贫困老年人群体与其他群体的需求差异重视不够，较少考虑贫困老年人作为特殊救助对象的特殊需求，贫困老年人更多被当成救助对象中的普通群体，对贫困老年人的救助标准也相对偏低，难以满足贫困老年人的实际救助需求。[①] 二是救助项目单一。由于受经济发展水平和财政投入力度的限制，当前对贫困老年人的救助项目，大多局限在基本生活救助，即低保处于绝对主体地位，而在其他方面，如养老服务、医疗、护理、心理慰藉、生活照料等的专门社会救助项目非常欠缺，少有专门针对老年人的救助专门项目。三是救助落实不到位。不少地区由于不了解当地贫困老年人的规模、基本情况以及对救助的需求，导致对老年贫困问题不够重视且应对不力，政府的相关救助工作没有落到实处。另外，作为救助载体的老年服务设施建设相对滞后、救助管理部门之间协调性不强等，也导致救助落实不力。总之，老年贫困救助所要满足老年人的最低限度的生活不能局限于物质层面，还应当使老年人活出一定的尊严，老年社会救助除满足老年人的经济需求外，还包括满足他们的健康、照顾幼儿和心理辅导等需求，使老年人能够分享经济社会发展成果，并安度晚年。

5.4 社会排斥与贫困代际传递

社会排斥和贫困代际传递是西方在贫困研究深入化的过程中

---

① 白桦等："贫困老年人救助模式研究"，中国（国际）老年健康论坛，http://www.cihfs.com，2005年。

形成的两个重要概念,它们对西方社会包括社会救助在内的反贫困政策产生了重要而深远的影响。在中国目前的贫困形势下,社会排斥和贫困代际传递已经开始显现,并对我国的社会救助制度构成了严峻的挑战。

5.4.1 社会排斥

社会排斥(social exclusion)这一概念最早是由法国学者拉诺于1974年提出,直到1980年才逐步从欧洲开始流行起来。它是一个边缘宽泛的、较为模糊的、多角度的概念,可以用多种方式来定义,它的引入为解释社会问题和寻找解决社会问题的出路提供了一种新的理论和方法,比贫困的概念范围更宽泛也更丰富[①]。在欧洲,社会排斥理论的流行和应用有其特殊原因[②],但无论如何,社会排斥如今已经越来越被贫困研究、社会政策研究等方面关注,成为使用频率颇高的概念,吸引了来自理论界、官方以及国际组织的研究者的关注,英国还成立了社会排斥部,专门处理关于社会排斥方面的问题。

关于社会排斥理论,不同学者持不同的观点并做出了一定的理论贡献,有的侧重研究社会排斥的现象和结果,如卡斯托[③]、思尔威[④]等,有的则关注社会排斥的原因解释和解决方法,如维塔斯

---

① 钱志鸿、黄大志:"城市贫困、社会排斥和社会极化",《国外社会科学》2004年第1期,第54—60页。
② 杨冬民:"社会排斥与我国的城市贫困",《思想战线》2010年第3期,第34—38页。
③ Castel, R.(2000), "The Roads to Disaffiliation: Insecure Work and Vulnerable Relationships", *International Journal of Urban and Regional Research*, 24(3):519-535.
④ 彭华民等:《西方社会福利理论前言》,中国社会出版社2012年版,第204页。

对关于社会排斥的话语进行了分类①，这就涉及相关的社会政策应对。由于社会排斥不是简单的资源不足，而是个人和家庭以社会整合和参与劳动力市场为条件，在反排斥的过程中能够保障有体面的生活条件，因此，需要社会救助、教育、培训、工作、住房、健康照顾等社会政策。英国是社会排斥研究和反社会排斥实践的积极行动者，其对社会排斥的理解是，社会排斥风险贯穿生命周期的各个阶段：儿童、青少年、成年和老年，包含不同的维度，主流观点认为社会排斥包含三个层面和十大维度，在资源层面，主要包含物质/经济资源、公共与私人服务可及性和社会资源维度，在参与层面，包括经济与社会参与，文化、教育和技术，政治参与维度，在生命质量层面，包括健康、生活环境、犯罪与伤害维度，从本质上看，社会排斥的这些维度既是风险致因，也是风险结果。②从 2000 年里斯本峰会开始，欧盟就把贫困和社会排斥置于其社会政策的核心，要求各成员国通过国家行动计划来促进社会融合，学术界也聚焦于社会排斥的概念及其度量，也即是说，从新世纪起，社会排斥进入了欧洲的政治与理论话语体系之中。福利国家的相关措施若使用得当，可以带来积极效果帮助改善社会排斥，但是同样的措施也可能会导致社会排斥，比如，一些条件型的福利待遇可能会给受助者带来"标签效应"，这在财政紧张和目标定位型项目应用增加的情况下，尤其后果严重。③欧洲学者强调，社会排

---

① Levitas, R.(1998), *The Inclusive Society? Social Exclusion and New Labor*, UK:Macmillan.
② Ruth Levitas, Christina Pantazis, Eldin Fahmy, David Gordon, Eva Lloyd, and Demi Patsios, "The Multi-Dimensional Analysis of Social Exclusion", http://webarchive.nationalarchives.gov.uk/+/http:/www.cabinetoffice.gov.uk/media/cabinetoffice/social_exclusion_task_force/assets/research/multidimensional.pdf.
③ H. Steinert, A. Pilgram(2002), *Wellfare Policy from Below*, Ashgate Publishing.

斥并非一个静态概念，而是需要动态地来考察。在社会学方面，过去的研究者把社会看成由不同群体稳定构成的，如贫困者、失业者、富有者等，这种把社会地位和个人命运紧密匹配的方式其实是一种误区。纵贯研究已经显示人们在生命周期中可能有多种社会地位的变化，因此，社会学的兴趣不再是把弱势社会成员看成受害者，而是关注他们的主观能动性，赋能（empowerment）的概念由此产生。换句话说，福利国家的目标不再是单纯照顾弱势群体的利益，而是要提升其参与社会与经济活动的能力和资源，也就是说，社会排斥要关注被排斥者自身的潜能，需要考虑到社会排斥的多维度特征。然而，笔者认为，不论如何界定社会排斥的具体维度，收入或经济维度的贫困都是首先应该关注的核心问题，用句通俗的话来讲，钱不是万能的，但是没有钱是万万不能的，社会政策在收入维度方面可以缓冲社会排斥带来的不良后果，否则可能还会导致受影响者在其他维度方面的多重排斥，另外，还会为受影响者提供融入的机会。一定程度的收入保障虽不是社会融入的充分条件，但却是必要条件，要想获得这些收入保障，一方面是通过参与劳动力市场，另一方面是要通过福利国家来获得相应保障。[①] 福利国家一直以来都是应对经济排斥的政治手段，由国家负责为弱势群体提供融入的机会，经济融入可以说是外来移民政治融入的前提。而福利国家的国民本身具有公民权利可以无条件地在经济上融入。当然，某些情况下，也可能存在经济上融入的非公民状态和经济上被排斥但却属于公民的状态。从历史上看，当经济问题用政治上的排斥加以应对（纳粹时期的

[①] H. Steinert, A. Pilgram(2002), *Wellfare Policy from Below*, Ashgate Publishing, p.39.

德国）而不是用经济融入措施（大萧条时期的美国"新政"）来加以应对，或是当经济上的受排斥者反而被惩罚或教育上的弱势者被排斥在劳动力市场之外视角，社会问题就会出现。[①] 福利国家的措施确实可以提供经济融入的资源，其具体措施包括：一是社会保险，这与劳动力市场参与挂钩，防范老年、工伤、疾病、失业等风险；二是为特定问题提供的普遍型社会服务，特点问题包括残疾、家庭危机等；三是为弱势群体提供的特殊社会服务，尤其是那些被排斥在劳动力市场之外和无法获得前两种保障的社会成员。福利国家的上述措施并不能为所有人提供基本的必需资源，而是会造成社会融入的不同等级和社会排斥，最高的等级是社会保险获得的收入补偿，其后分别是为问题人群和弱势人群提供的培训和就业补贴等，福利国家的矛盾是它既能促进融入又会造成排斥，而排斥问题又被看成是受排斥者自身原因造成的，因为福利国家认为其已经提供补偿与服务，而并不关心其提供的方式是否合适与恰当。[②] 另外，动态地看待社会排斥需要全面考量，因为现实中可能出现"好"的融入和排斥，与之对应，也可能出现"坏"的融入和排斥，其中，"好"的融入和"坏"的排斥是常见的符合社会秩序的方式，是与主流观念相一致的。而"好"的排斥是指受排斥者认为被排斥是良好的，这与其说是排斥不如说是主动退出，"坏"的融入是指融入被看成是不好的，这与其说是融入不如说是禁锢。这说明，在国家会把相关的反排斥措施看成是维护社会秩序的时候，社会成员既可能视其为增加自主性的措

---

① H. Steinert, A. Pilgram(2002), *Wellfare Policy from Below*, Ashgate Publishing, p.38.
② Ibid, p.28.

施，也可能把其看成压制措施。①

对社会救助而言，它作为社会政策之一，其目标和社会效果会产生矛盾，在促进社会融合的同时，又不可避免地产生社会排斥。②彼得·汤森在分析英国的贫困救助政策时指出，这种政策是一种剩余性的福利政策来弥补社会分配的差距，忽视了公民的社会权利，尤其是参与社会生活的普遍权利，因而社会救助不是使被剥夺者受到优惠和保护，而是强化了对有利阶层的社会利益分配。③社会排斥通常又和社会救助的污名（stigma）效应相关联，污名效应意味着社会救助会给受助者带来耻辱感和负面的社会认同，对贫困者和弱势群体的救助就是"排斥中的包容"，正如德国社会学家西梅尔的观点，社会救助制度创造了贫困者，贫困者既在社会之中，又在社会之外。④

对中国来说，由于受传统观念影响，"收入缺乏说"更被政府和社会成员所接受，对于贫困的"排斥说"缺乏思考甚至有抵触情绪，而这些因素正是造成贫困的深层次原因。⑤随着经济社会发展和对贫困研究的深入，目前部分学者和机构开始关注制度性贫困和社会排斥问题，从关注收入分配到开始注重各种社会关系，也就是说，我们已经逐步认识到中国的贫困是多种因素相互作用的

---

① H. Steinert, A. Pilgram(2002), *Wellfare Policy from Below*, Ashgate Publishing, p.31.
② 于秀丽：《排斥与包容——转型期的城市贫困救助政策》，商务印书馆2009年版，第45页。
③ Townsend, P., Gordon, D.(2002), *World Poverty: New Politics to Defeat an Old Enemy*, The policy press.
④ 于秀丽：《排斥与包容——转型期的城市贫困救助政策》，商务印书馆2009年版，第45页。
⑤ 唐钧："社会政策的基本目标：从克服贫困到消除社会排斥"，《江苏社会科学》2002年第3期，第41—47页。

结果，包括历史因素、自然环境因素、个体和家庭因素以及政策体制性因素等。20世纪90年代中期以来，经济与社会的转型以及同时进行的就业体制和社会保障体制的重构等导致了比较严重的贫困问题。这一时期我国城市贫困较为严重的表面原因是大规模的失业下岗和农民工问题，深层原因则是和户籍、就业以及社会保障等方面的社会排斥紧密相关，具体而言：

第一，从户籍制度看，城乡二元户籍状况使得相关的制度被人为地贴上了"户口"标签，包括福利等方面的许多制度与户籍存在联系，也就是说，户籍制度已经成为制度性排斥的根源和基础，它的存在使社会上一部分人被排斥而无法分享城市的社会资源。[①]2013年，民政部城乡困难家庭社会政策支持系统建设的大规模调查包含了流动人口，通过对3162份样本信息的分析，可以发现，流动人口在获得社会救助和享受社会服务方面均受到了较大程度的排斥。在社会救助方面，没获得过救助的流动困难家庭为64.9%，对一些重要社会救助项目，如低保、医疗和教育救助等，获助的流动困难家庭的比例远远低于城乡困难家庭（见表5-5）；没有接受过任何就业服务的流动困难家庭的比例为64.2%，高于城市困难家庭的45.1%和农村困难家庭的40.9%；有超过20%的流动困难家庭认为与城镇居民相比，他们在"医疗卫生服务费用"和"津贴、补贴、税费减免方面"存在差异，超过10%认为在"教育服务"和"就业服务"方面存在差别。

---

① 李强："户籍分层与农民工的社会地位"，《中国党政干部论坛》2002年第8期，第16—19页。

表 5-5 流动与城乡困难家庭获得重要社会救助的比例（%）

家庭类型	低保	医疗救助	教育救助	水电、燃料、取暖减免
流动困难家庭	3.1	6.78	3.91	1.46
城市困难家庭	69.0	23.6	10.6	32.3
农村困难家庭	65.8	29.6	8.3	52.4

资料来源：民政部中国城乡困难家庭社会政策支持系统建设调查数据 2013，笔者统计。

第二，从就业看，当前贫困群体表现出多元性，构成较为复杂，包括传统的"三无"人员、失业人员、农民工、新毕业的大学生等，他们中的多数人有劳动能力且有工作意愿，但缺乏就业机会，因为自身素质、劳动技能、年龄、性别等原因受到保障较完善的正规劳动力市场的排斥，无法就业或只能在次级劳动力市场从事非正规的、临时性的工作，这种工作通常工作环境差、工作时间长、职业福利缺失，工资水平低甚至经常被拖欠。前文述及，从对成都低保对象的访谈内容中就可以看出其在就业方面因年龄和技能等所遭受的排斥。2013 年，民政部城乡困难家庭社会政策支持系统建设的调查也表明，城市困难家庭成员和流动家庭成员多从事临时工、钟点工等职业，职业选择范围狭窄，尤其是流动人口家庭，从事的行业集中在批发和零售业（21.85%）、居民服务、修理和其他服务业（18.68%），住宿和餐饮业（15.92%）以及建筑业（9.44%）等低端行业，这些行业技术含量低、工资收入低，受其他因素影响大。

第三，从社会保障看，许多贫困者都被排斥在社会救助、社会福利和社会保险制度之外，经济转型使众多企业职工下岗失业并丧失保障进而陷入贫困之中。农民工群体也在社会保障方面受到严重排斥，近年来虽然不少地区开始重视农民工的社会保障问题，然而由于多方面的原因，农民工社会保障的有效性不高，多数农民工仍然没有被社会保障的"安全网"覆盖，他们无法在居住地享受到社会救助、福利以及教育、医疗等待遇，许多农民工在发生工伤事故或遭遇疾病后无力承担高额费用而负债累累并沦为贫困。2013年，民政部城乡困难家庭社会政策支持系统建设的调查表明，流动困难家庭参与社会保障的情况不容乐观（见表5-6），从参保率来看，参加医疗保险的比例最高，为52.04%，养老保险其次，约占22.85%，工伤、失业和生育保险的参保比例均不足10%，获得老人或残疾人或儿童等福利津贴的所占比例最低，只有约2%；从保障水平看，参保家庭实际领取或报销的总金额较低，完全不能满足流动困难家庭的开支与需要，比如，全年报销的医疗保险费为490元，只占这些家庭医疗支出的不到5%，反映出流动人口在社会保障方面的弱势与被排斥。

表5-6　流动困难家庭参加社会保障的比例和保障水平

	养老保险	医疗保险	工伤保险	失业保险	生育保险	老人、儿童、残疾人福利津贴
参保率%	22.85	52.04	7.99	6.91	5.80	2.08
保障水平（元/年）	757.07	489.6	30.75	11.29	122.84	353.15

资料来源：民政部中国城乡困难家庭社会政策支持系统建设调查数据2013，笔者统计。

我国社会排斥与贫困的关系，不仅与就业制度的作用有关，而且与社会保障制度的不完善和户籍制度的壁垒相关。社会排斥使人们认识到动态贫困和社会成员社会生活参与不足等其他方面①，这对我国当前社会救助制度提出了新的挑战。此外，我国社会救助在实施过程中的张榜公布等程序设计带有污名效应，会对受助者造成耻辱感和心理压力，是他们产生被排斥感。比如，在成都的访谈中发现，有低保对象感受到自己已经被淘汰并被排斥在主流社会之外，"我觉得我已经被社会淘汰了，我的生命已经没有什么意义，感觉很压抑，但是我对我的孩子还有希望。"（低保对象，W女士）另外，访谈还发现救助可能导致上文述及的国外学者所说的"坏"的排斥及"坏"的融入，比如，有老年低保对象表示："我现在已经没什么社会交往了，原来的老朋友都不联系了，看你吃低保感觉你没能力呗，我现在自己孤单地生活。"（低保对象，P先生），这就是"坏"的排斥，低保对象因为标签效应被排斥在社会生活之外。还有低保对象表示："我的邻居朋友知道我领救济后，都用同情的态度看我，时不时给我些吃的和旧衣物等，但是我感觉不好，我并不想要怜悯，而是希望他们像以前一样对待我。"（低保对象，M女士）这说明虽然M女士的社区并没有排斥她，却让她感觉很不自在，有一种接受可怜和施舍的感受，在她看来，这种融入并不好。因此，社会救助制度自身如何改进执行程序和方式，以减少污名效应和社会排斥的可能，使受助者的感受从"羞耻感"转变为"上进心"，努力地摆脱救助，也是一项不小的挑战。

---

① 杨冬民："社会排斥与我国的城市贫困"，《思想战线》2010年第3期，第34—38页。

5.4.2 贫困代际传递

贫困代际传递概念源自社会学对阶层继承和地位获得的研究,美国经济学家通过对贫困家庭和社区的长期性贫困研究,在20世纪60年代初提出了这个概念。贫困代际传递是指贫困及致贫因素,在家庭内部传承,使子女在成年后重复父母的贫困境遇,造成恶性循环;也指在一定的社区或阶层范围内,贫困及致贫因素在代与代之间延续,使后代重复前代的贫困境遇。[①] 贫困代际传递理论在考察和解释长期性贫困的原因时,既强调结构性的影响因素,也关注文化性的影响因素,并侧重从国家、社会、社区、家庭、贫困者个体等多方面来考察贫困为何持续发生、代代相传的根本原因,认为贫困群体的能力与素质、社区文化、资源环境、消费习惯、政治体制等因素会长期积累和相互渗透,使贫困不断再生、传递下去。概括起来,在贫困代际传递的原因方面主要有要素短缺论、智力低下论、贫困文化论、环境成因论、素质贫困论、功能贫困论、社会排斥论、能力贫困论等不同观点。[②]

在我国,社会上"穷二代"的说法其实反映出贫困代际传递已经出现。2015年年初,《人民日报》刊文指出目前中国已经出现贫困的代际传递,产生了"贫二代",贫富差距具有一定稳定性,需要采取积极的行动来解决这一问题。在农村,贫困农民家庭的子女,童年生活艰辛,大多受教育程度有限,几乎没有财产的积累,

---

[①] 李晓明:"贫困代际传递理论述评",《广西青年干部学院学报》2006年第2期,第75—84页。

[②] 同上。

甚至不少长大后还要替父还债，在竞争与生存压力越来越大的情况下，他们甚至比父辈生活得还要辛苦艰难。还有部分贫困地区的农户仍以自给自足的农业生产为主，由于资金和技术的短缺，他们很难进行生产性投资，进而无法摆脱贫困状态，若缺少专门和特定的扶持政策和措施，他们不仅自身难以脱贫，而且其下一代也几乎难逃贫困的厄运，陷入贫困的代际循环。国内已有学者利用CHNS 数据（CHNS 指中国健康和营养调查数据 1989—2009 年，由北卡罗来纳大学卡罗来纳人口中心与中国疾病控制与预防中心联合调查和创建），分析了我国农村居民的贫困代际传递问题，结论认为农村贫困家庭父辈和子辈在收入水平、就业机会、受教育年限和医疗保险等重要社会因素方面有明显的相关性，贫困家庭子女易受父辈劣势的影响，从而自身也处于劣势，这说明了农村贫困家庭贫困代际传递较为明显。[①] 形成农村贫困代际传递的原因，既包括个人与家庭因素，也包括制度与政策性因素，还包括文化教育的贫困以及权利的贫困，如政治参与权利、自组织权利等方面的贫困。在城市，下岗失业人员、进城务工的农民工和传统"三无"人员构成了贫困人口的主体，他们没有工作或从事非正规工作，没有稳定的收入保障，社会关系也很狭窄，很难通过就业来摆脱贫困并提升其社会地位。由于这些贫困群体在职业方面处于弱势地位，其子女的职业选择也受到限制，和同龄人相比他们自然处于弱势地位，这就造成了贫困的代际传递。教育作为一种重要的人力资本投资，有助于贫困家庭的儿童长大后摆脱贫困，然而，城市贫困家庭儿童的受教育情况不容乐观，调查显示，贫困家庭青少

---

① 林闽钢、张瑞利："农村贫困家庭代际传递研究——基于 CHNS 数据的分析"，《农业技术经济》2012 年第 1 期，第 29—35 页。

年接受大专以上教育的比例只有12.5%，低于普通家庭的18.8%，教育水平偏低显然也不利于消除贫困的代际传递。① 加之社会保障制度不健全、城乡二元分割等诸多社会条件的影响，贫困家庭很难合理并均等共享经济社会发展成果，这无疑也会致使贫困的代际传递。在前文提到的2009年的天津市贫困家庭调查显示，城市低保家庭中的家长有32.9%认为供养子女受教育有一些困难，22.2%认为有较大困难，37.6%有很大困难；而因为收入不足和经济方面的问题而不能给子女买补充练习材料，不让子女参加课外补习和社会活动的比例较高，分别达63.8%、68.8%和60.9%。在2013—2014年对成都低保户的问卷调查中发现，被调查者认为对家庭造成最大负担的除物价上涨（40.3%）外，就是家庭成员患病（39.8%）和子女教育（13.4%），此外，选择家庭成员失业的占比例为2.2%，选择住房负担大的占比例为4.3%（见图5-2）。还有一些低保家庭的子女在访谈中表示领取低保也没什么不妥，他们已经习惯并且不愿积极主动地去寻找工作，一位老年低保对象在说到其子时感觉很无奈："他一天到晚没个正事，让他找工作总是推三阻四，说不适合他，真不知道他要怎么办。"（低保对象，Z先生）2013年，民政部城乡困难家庭社会政策支持系统建设的调查表明，在有儿童的家庭中，子女教育负担是造成困难家庭陷入贫困的最主要原因，约49%的独生子女家庭和60%的多子女家庭面临这一问题；此外，家庭主要劳动力没有工作和家庭成员疾病也是重要原因，这些家庭大多收不抵支，且从收不抵支的严重程度看，有儿童的家庭高于无儿童的困难家庭，多子女家庭高于独生子

---

① 孙莹、周晓春："我国城市贫困家庭子女青少年的教育救助问题研究"，《中国青年政治学院学报》2004年第4期，第24—30页。

女家庭（见表 5-7），这说明贫困家庭中儿童的艰难处境。这些家庭住房环境和质量较差，有 15.8% 和 17.8% 的城市与农村多子女困难家庭居住于危房之中；儿童抚养人的就业状况较差，家庭内就业人数平均不到 2 人且稳定性差，这会直接影响儿童的生活水平和质量。另外，调查还发现，有儿童的流动困难家庭虽然生活困难，但是获得的政府救助很少，每户平均金额不到 70 元，这对于缓解这些家庭的儿童贫困几无作用，会造成贫困的固化与代际传递。

表 5-7　城乡有无儿童困难家庭的年均收支情况（元）

	城市困难家庭			农村困难家庭		
	无儿童	独生子女	多子女	无儿童	独生子女	多子女
收入	6430	5642	4452	3334	3356	2810
支出	8087	6921	6070	4239	4677	4176
收支总计	-2900	-3109	-5950	-885	-1145	-1181

资料来源：民政部中国城乡困难家庭社会政策支持系统建设调查数据 2013，笔者统计。

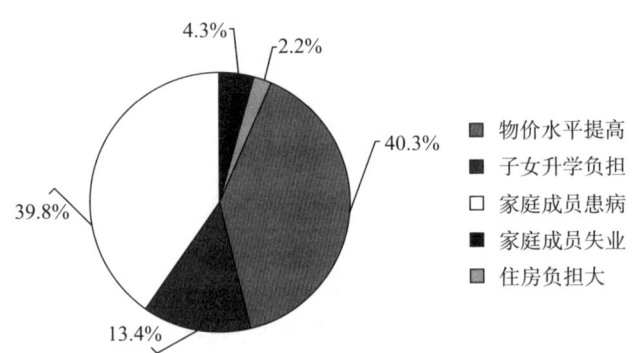

图 5-2　被调查低保家庭生活中负担最重的一项

资料来源：本书组织的成都市低保家庭调查数据 2013—2014，笔者统计。

在成都的访谈中，有一户低保家庭中正在上职高的学生在接受访谈时说道："我都能看到我未来的生活，没什么希望，现在大学毕业都挣不到什么钱，何况我职高毕业呢，也就是有点技术，挣钱糊口呗。"（低保对象，Y先生）由此，可见贫困家庭的子女对未来的生活持较为悲观的态度，认为自己难以摆脱低收入的困境。不可否认，我国目前已出现了贫困的代际传递，政府也已经意识到这一问题的不良后果，单纯地对贫困家庭实施物质与现金援助这种"输血"式的帮扶很难斩断贫困传递，注重贫困家庭成员、尤其是贫困儿童的人力资本和能力的提升，通过教育、就业培训和医疗卫生等相关服务型救助政策的建立和实施来应对贫困代际传递问题应该成为关注焦点，这就对我国目前的社会救助制度提出了现实挑战。

第六章　构建中国发展型社会救助制度的必要性

国际上不同国家社会救助改革的总体趋势，我国贫困形势的新变化以及社会救助制度自身存在的问题，都对我国社会救助提出了不小的挑战，要求制度向发展型的制度安排迈进，其必要性主要有以下几大方面。

6.1　改变生存型救助制度现状的有效途径

目前，我国的社会救助主要以经济补偿为主要方式来解决贫困群体的生存危机，采取的是保障生存的救助理念，在这种理念指导下，相应的救助制度设计也必然以维持生存为目的。生存是发展的前提，保障生存的救助理念在上一阶段转型期的背景下有其合理性，因为下岗失业导致的收入丧失会使原本享受较好单位保障的职工陷入生存危机，需要给予其相应补偿确保其免于生存危机。但是，随着中国经济社会的快速发展，这种保障生存的理念和相应的生存型制度设计已经越来越不适应我国贫困形势和整个社会救助制度环境的变化。偏低的救助水平使得社会救助仅仅能保障基本生存而非基本生活，大多数受助者收不抵支，家庭生活依旧困难并难以合理地分享经济社会发展成果，更不用提积累和发展人力资本。此外，贫困家庭中的儿童生活状况堪忧，这严重影响了其未来发展，贫困的代际传递开始显现。而与此同时，尽管救助水平低，长期救助问题仍显现出来，一些有劳动能力的受助者不愿意积极地通过就业去改善自己的生活，宁愿长期依靠社会救助生活。2013—2014 年对成都低保户的调查显示，领取低保时间在 3 年以上的接近 70%，5—10 年的超过 30%，10 年以上的有 20%，这同之前的调查结果类似，再次印证了我国社会救助开始出现长期救助问题。

救助是否一定会导致福利依赖呢？根据既有的理论与经验研究，笔者认为，救助导致福利依赖需要一些既存的条件：一是救助主要为现金形式，且救助金额慷慨。现金救助主要针对的是贫困的症状而非起因，再加上较高的救助金水平，会容易产生"贫困陷阱"，即所得增加时，可获得的与个人收入水平有关的补助下降，从而导致个人通过工作努力增加收入的结果却是实际收入下降，这会影响受助者通过就业摆脱救助的积极性，进而增加福利依赖的风险。二是申请救助的程序简单，容易获得。国外的经验表明，救助程序越复杂，受助人需要填写的表格和接受的审查越多，部分合乎资格的贫困人员就会放弃申请，这就是许多西方学者探讨的对于救助制度的"不利用"（non take-up）问题。[①] 例如，数年前英国政府发现有超过 100 万符合资格的老人没有申请最低收入保障金这项救助计划，其中一个主要原因就是申请表格长达 20 多页，并需要透露详细的收入支出状况，十分烦琐，令申请人望而

---

① Mood, C. (2004), "Social Influence Effects on Social Assistance Recipiency", *Acta Sociologica*, p.47.

却步。① 三是受助者不会被贴有负面标签或被污名化。西方福利研究者早就察觉到社会救助包含了权力控制，政府官员可以通过操控申请过程来减少申请者以降低财政支出，这是由于受助者重视个人尊严，为了逃避救助制度带给他们的"污名"（stigma），这种"污名"是指社会建构而成、属于负面又有别于他人之处②。Page（1984）强调"污名化"（stigmatization）可以是刻意的，当中涉及阶级、地位及权力等因素，具体方法包括冷漠对待、负面评语及法律制裁等。③ 对于社会救助而言，受助者可能被贴有的负面标签包括好逸恶劳、欺诈、不良嗜好等，这使他们有一种强烈的羞辱感受，而政府可以利用负面标签合法地操控社会成员的行为，减少救助申请人，防止福利依赖。四是社会救助制度对就业的要求不高。如果救助对有劳动能力的受助者在就业方面没有要求或要求不高，那么，受助者可能会没有积极寻找工作并通过就业摆脱救助的动力，进而增加福利依赖的风险。20 世纪 90 年代后，许多欧美国家受助者中越来越多的是失业者，面对这种情况，其社会救助制度纷纷进行了改革，增加了就业方面的各种要求，进行从福利到工作的转变。这种改革最早发生在英、美等自由主义福利国家，之后也被德国等保守主义福利国家接受。具体做法就是采取工作福利模式，对受助者领取救助金附加了诸多就业要求，比如要求有劳动能力的受助者必须接受救助机构提供的工作或参加培训，否则会

---

① 陈泽群："低保养懒人！：由指控低保户而显露出的福利体制问题"，《社会保障研究》2007 年第 1 期。
② Powell, Justin（2003），"Stigma", in Fitzpatrick, et al.(eds.), *International Encyclopedia of social policy*, Routledge, http://www.mpib-berlin.mpg.de/en/institute/dok/full/powell/stigma/stigma Preprint Jpowell02.pdf.
③ Page, R.(1984), *Stigma*, London:Routledge & Kegan Paul.

面临救助的减少或丧失。五是社会救助制度背后蕴含的福利文化是强调公民权利和再分配。社会救助是具有一定价值取向的制度安排,其背后蕴含的福利文化会影响乃至决定社会对贫困的态度和对救助模式的选择。如果一个国家的福利文化更多是注重公民权利和对社会资源的再分配,那么,救助不会关注受助者的行为和性格,也不会以穷人自身的失败或弱点来解释贫困[①],这样穷人接受救助是理所应当的,而不需要满足就业等要求,于是就有可能导致福利依赖。其实,在包括中国、韩国、日本等国在内的儒家文化圈内,福利文化对公民权利的关注较弱,这些国家更加注重家庭的作用和强调自力更生,只有个人无法自立和家庭无法提供援助时,贫困者才会向政府申请救助,而接受救助者多对政府的"恩惠"抱以感激之情,这种福利文化一定程度上会减少福利依赖的风险。由上可见,救助导致依赖是需要一些前提条件的,而由于上述多种条件的制约,现实中的社会救助并不必然导致福利依赖。西方"新右"和新家长制等理论流派所持的观点,即传统的福利国家和各种救助会培育"依赖文化"并滋生福利依赖[②],其实更多是一种意识形态的认识,而不是实证研究的发现,这些理论流派希望借"救助会导致福利依赖"的观点来重塑福利国家中政府与个人的权责划分、培育公民的责任心和自力更生的价值观,这得到了不同党派的认可和支持,福利依赖也因此被塑造成为了能摆上议事日程的问题,并成为政界的关键词之一。

反观我国的情况,长期依赖救助金的现象显然不是因救助水

---

① 〔英〕迪肯:《福利视角》,周薇等译,林闽钢校,上海人民出版社 2011 年版,第 134 页。
② 同上书,第 182 页。

平高引起的,也不是因为申请程序简单或没有标签效应,相反我国低保申请的程序较为复杂且受助者要经过张榜公布等,带有标签效应。另外,中国的福利文化倡导自力更生,这些因素降低了福利依赖发生的可能,但是我国社会救助对就业的要求不高,还有其他一些不合理的制度安排和制度衔接问题,因此,最终仍然导致了受助者不愿退出救助和长期救助现象的发生。比如,就业救助不健全,社会救助对象资格认定的制度中没有包含是否具有劳动能力的因素,把享受低保作为享受其他专项救助的前提条件而造成福利叠加效应等。在长期救助显现和动态管理机制不完善的情况下,如果社会救助进一步扩大覆盖范围就可能无法持续,受助者难以积累人力资本并提高自立能力,新进入的受助者很快就会成为长期甚至终生依赖救助待遇者,此后出现的新生贫困群体也通过这种方式解决,如此循环往复,将增大制度瞄偏的风险并使救助制度扩面无止境,最终导致我国生存型的社会救助制度负担过重、不可持续。[①]

基于目前受助者难以积累人力资本并提升素质和能力的情况,构建发展型社会救助制度可以保障受助者的基本生活并提高受助者的素质与技能,帮助其发展人力资本,还可以帮助贫困家庭中的儿童积累人力资本,进而减少甚至阻断贫困的代际传递。也就是说,构建中国发展型社会救助制度可以有效地改变目前维持生存的救助制度现状,以应对并解决生存型救助制度设计所造成的问题,使社会救助不再只注重"输血"功能,而是强调"造血"功能以及对生存能力和发展机会的支持,致力于通过配套的发展型救助服务,如提供就业支援、提高就业能力、加强教育和培训、

[①] 张时飞:"加快健全低保制度亟待深化的问题及对策",《第一届中国社会救助研讨会论文集》,2009年,第71—80页。

改善贫困者的生理和心理健康状况、强化社会网络等,从根本上提高贫困人口参与经济、融入社会的能力,有助于受助者通过自助摆脱贫困状态,自食其力地过上有尊严的生活并最终融入主流社会,实现个人和社会的发展。

6.2 应对国内复杂贫困形势的有力手段

20 世纪 90 年代,我国的贫困主要是国企改革引发的下岗失业问题造成的,成因较单一,最低生活保障为主的以维持生存为目的、以经济补偿为手段的救助措施确实成效明显,为贫困群体提供了一定补偿和稳定预期,在保证经济改革顺利实施的前提下维护了社会稳定,防范了社会危机的发生。然而,时至今日,我国的贫困问题已经日益复杂化,相对贫困增多、能力低下型贫困、贫困代际传递开始出现,老年、儿童贫困问题开始凸显等,这种形势和背景要求社会救助做出相应改变,不能再以维持生存为主要目的,而要具有促进发展的功能,才能有力应对当前的贫困问题。此外,随着经济社会的发展,目前受助者对社会救助的期待也不再是满足温饱,而是涉及医疗、教育、住房等多方面,从对现金和物质救助的需要发展到了对服务型救助的需要。

2014 年对成都低保户的访谈发现,不少低保户论及了对医疗救助、教育救助和就业救助的需求,此外,还谈到了对其他服务救助的需求,包括心理辅导、入住养老院或享受养老服务、社会保险等,这说明,在新的贫困形势和社会背景下,贫困者对社会救助的期待是多样化的。也就是说,受助者除了对现金救助的需求外,还有对服务型救助的需求,除了对满足基本需求的"工具性"救助方式的需求外,还有对"情感性"救助方式的需求,这和我国传统社会救济时期在"社会主义不能饿死人"原则下受助者只有对温饱的需求明显不同,现有这种救助需求的多样化反映出受助者对自身权利的诉求,他们越来越从维护自身权益的角度提出需求。在访谈中,不少研究对象还表示了对国家责任的诉求,这种国家责任观的生成是研究对象在对个人和国家关系的诠释下建构的,经济社会的转型和改革已经使原有的"国家—地方精英—民众"的三层结构关系变成了"国家—民众"两层结构,在这种结构下,社会淹没在国家之中,国家的权力可以直接作用于每一个被原子化的个人,每个人都直接与国家有关,直接置于国家的管制下[①]。这种改变作用于研究对象身上,表现为在市场经济条件下,在家庭资源网络有限的情况下,对国家和政府在社会福利中角色和地位的理解。研究对象已经意识到,市场经济中的家庭具有脆弱性,不能承担对研究对象的长期性实质帮助,这种经验和社会现实使他们将受助的意愿放到了超越家庭之上的国家身上,也就是说,国家责任观的生成是以社会变迁所带来的社会结构的变化为基础的,受助者认为只有国家有能力提供长期帮助,代表着他们对政府角色和责任的诠释,反映了市场经济条件下与之相适应的社会福利观念的生成过程。[②] 总的来看,研究对象对服务型救助的需求体现了对自身权利和国家责任的诉求,这是社会变迁和社会现代性增

[①] 孙立平:"改革前后中国大陆国家、民间统治精英及民众间互动关系的演变",《中国社会科学季刊》1994 年第 1 卷。

[②] 马凤芝:《转型期社会福利的内卷化及其制度意义》,北京大学出版社 2010 年版,第 369 页。

长下的必然取向,也让我们看到当个人在市场与家庭无法满足生活所需时,国家作为个人庇护者的角色将会突出,残补模式将逐步被制度模式的福利政策取代。由此,个人与国家的关系将越来越正式化,"权利"的观念也将逐步生长成熟。

发展型社会救助提出要关注受助者的基本生活需要,使之随着经济社会发展而得到不断满足,这可以有力应对相对贫困问题。此外,还提出要关注受助者的能力提升和素质发展,关注心理和其他救助服务的需求,这可以帮助应对能力低下型贫困,减少贫困代际传递并满足受助者基本生活之外的心理慰藉和其他社会服务的需求。这无疑可以更好地适应新的社会救助制度环境并有力应对各方面的挑战,也有助于公民权利观念的树立和巩固。我国对"中国梦"的追寻和经济发展的"新常态",说明了当前经济社会环境的深刻变化。面对贫困群体权利意识的加强以及对社会救助需求的升级,社会救助制度必然需要进一步改革和发展才能适应新的形势和环境。构建发展型社会救助制度,可以在充分满足受助者各方面需求的基础上体现积极的、促进发展的功能,能够更好地应对相对贫困和特殊群体的贫困,在克服收入贫困的同时消除能力贫困并减少贫困的代际传递,这符合国情变化和时代发展的潮流。

6.3 顺应国际社会救助改革总趋势的必要之举

从国际经验看,在人力资本投资理论、第三条道路理论和新兴的发展型社会政策理论的影响下,20世纪90年代之后,许多发达和发展中国家的社会救助均不约而同地改变了以往较消极的、补偿收入损失的功能，显示出了较为积极的、促进受助者发展的功能，并由此形成了不同的发展型社会救助制度，这主要包括三种实践模式：欧美国家为代表的工作福利模式、拉丁美洲国家为代表的有条件现金转移支付模式和东南亚国家为代表的专项救助模式。无论哪种模式，其背后蕴含的价值理念均是"发展"，是一种积极的而非消极的应对贫困的思想。这说明在新的时代背景下，发达国家和发展中国家在反贫困方面显示出了一定的趋同性，这是因为在知识经济与全球化的背景下，一国的竞争力与其人力资本及其社会整体环境的关系紧密，而发展型社会救助可以在保障贫困者最基本生活的同时促进贫困群体能力的提升和人力资本的积累，防止贫困固化并增强国家竞争力。这不同于单纯地强调就业，西方新家长制的代表人物米德关于工作福利的主要假设就是失去工作是福利依赖和长期贫困的主要原因。由此可见，失业和福利依赖的关系紧密，那么，既然如此，通过这种强调就业的方式，福利依赖是否被避免了呢？可以通过既有的理论和经验研究来寻找证据。一方面，从理论研究看，自由主义者认为现实中没有令人信服的证据表明：社会中有足够的岗位可免除每一个个体的福利，而且许多现有的就业岗位付不出足够的薪水让他们的家庭摆脱贫困[①]，因此，就业能否避免福利依赖的关键是创造更多且足够的工作岗位，并让这些岗位支付较高的薪水，也就是说，除了保证工作数量外，还要确保工作质量。但不可否认，现实生活中，这是很难实现的目标。因此，有不少针对美国救助改革的批评，有学者认为美国的改革提供给受助者的不是"两年后就业"，而是两年后"什

---

① 〔英〕迪肯：《福利视角》，周薇等译，林闽钢校，上海人民出版社2011年版，第54页。

么都没有,没有救助,没有工作没有支持",而这将为贫困者带来可怕的后果,实质性地增加贫困与赤贫。① 尽管美国救助改革后,受助者人数出现大幅下降,但许多贫困家庭的贫困深度加深,那些仍然贫困的家庭陷入了比以往更加贫困的境地,而他们定然更加依赖救助生活。另一方面,从经验研究看,无论是通过让受助者寻找受雇工作还是鼓励其自雇或创业,最终使其摆脱贫困以避免福利依赖的效果都是有限的。更多时候,贫困的受助家庭把就业所得收入作为其救助收入的补充以维持最基本的生活。Ducan等人曾对美国1969年到1978年的受助对象进行了考察,发现很少有家庭把救助收入作为唯一的收入来源,救助收入一般作为补充以弥补其就业收入的不足,或是其他收入渠道失效时的一种替代。② Harris(1991)对美国受助对象中的单身母亲进行了一项纵贯研究,之所以选取单身母亲是因为她们缺乏工作技能与经验且需要照顾小孩,因此她们是最有可能成为福利依赖的群体。其研究结论并不支持米德等新家长制代表人物的观点,即认为救助会导致福利依赖并滋生与重视工作这种主流价值观相悖的"依赖文化",相反,研究发现,越是有福利依赖倾向的单身母亲,其参与劳动力市场并就业的可能性越高。单身母亲就业后分两种情况:一是短期内摆脱救助;二是仍需长期依赖救助,因为其工作收入低以致不能支撑其生活,需要救助收入来补充,因此,问题的关键在于就业是否提供了摆脱福利依赖的有效途径。另外,研究发现,对于受教育程度较高(完成高中学业)的单身母亲而言,她们就业

---

① Ellwood, D. (1988), *Poor Support*, New York:Basic Books.
② Duncan, D.J. (1984), *Years of Poverty, Years of Plenty*, Ann Arbor: University of Michigan, Institute for Social Research.

后更容易摆脱救助；而那些受教育程度较低的女性，只能找到兼职或收入很低的工作，因此，她们仍需较长时间地依靠救助生活。与教育和培训等要素相比，工作经验的要素在使单身母亲摆脱福利依赖方面的重要性要低。由此，该研究的结论是，就业并不能避免福利依赖，强制就业的工作福利模式并不能帮助受助者自力更生。从长远看，为了减少福利依赖，重视教育和培训等人力资本投资方面比单纯地强制受助者进入低级劳动力市场更为有效。[①]

我国的贫困者很多是因为人力资本存量低和能力差而陷入贫困无力自拔，单纯给予其维持生存的救助而不助其发展，会导致长期救助问题的出现，其结果是维持一个低收入群体。另外，在促进其发展时，也要注意不要把发展仅仅看成是就业，因为国际经验已经表明，就业并不能避免福利依赖，强制就业的工作福利模式并不能帮助受助者自力更生，从长远看，为了减少福利依赖，还需要强调教育和培训等有助于人力资本发展的方式。此外，还应该通过资产建设、可持续生计等办法，使贫困者积累财产和社会资本，这同样有助于受助者的长远发展。总之，建构我国发展型社会救助制度无疑可以顺应国际上社会救助改革的总趋势，帮助受助者提升能力并积累人力资本和社会资本等，有助于其获得发展机会并最终自力更生，进而提升我国在全球竞争中的优势。

6.4 汲取社会救助历史经验的合理选择

任何制度都不是在历史的真空中起步，社会救助也不例外，该

[①] Harris, K.M., 1991, "Teenage Mothers and Welfare Dependency: Working Off Welfare", *Journal of Family Issues*, 12(4):492–518.

制度古已有之,是社会保障体系中最古老的制度。探讨社会救助制度的改革和发展,不能只关注现实经验和教训,而忽视历史经验和教训[①],要以史为镜、知往鉴今。中国古代社会救助以救灾和济贫为主,采用的是"重养轻教"的救助理念,是一种维持受助者生存的消极补偿理念,容易造成受助者的依赖。[②] 中华人民共和国成立后,中国共产党在前人的基础上进一步创新和改革,大力提倡依靠发展生产解决弱势群体的问题,倡导生产自救和以工代赈,主张社会救助应当促使受助者积极投入生产劳动以自力更社,可见中华人民共和国成立初期,我国的救助思想突破了原有"重养轻教"的消极理念,力图将发展生产和经济建设与提升受助者的能力等"造血"途径结合起来以达到"教养并重",强调社会救助要立足于提升弱势群体的自救能力并发挥受助者的主观能动性以使其最终自力更生,这显示出了非常积极的功效,不仅可以保障受助者的基本生活,还能促使其获得发展并维持社会稳定,有助于提高救助的公平性和效率。[③] 在对待灾民方面,提出在发放救助金外要扶助灾民生产自救、以工代赈、节约互助等,要组织灾民就地进行农业、手工业和副业生产,以实现对灾民的根本救助,此外,还组织灾区群众参加当地农村基础设施建设,并发放劳务报酬,即通过以工代赈方式帮助灾民。在对待失业者方面,救助办法以以工代赈为主,同时采取生产自救、转业训练、帮助回乡生产及发放救济金

---

① 郑功成:"当代社会保障发展的历史观和国际视野",载郑功成、〔日〕武川正吾、〔韩〕金渊明主编:《东亚地区社会保障论》,人民出版社2014年版,第313—319页。

② 高冬梅:《新中国成立初期中国共产党社会救助思想与实践研究》,人民出版社2009年版,第57页。

③ 同上书,第58页。

等方法,其中,以工代赈规定了工程范围和工赈时间,生产自救强调以举办农场及手工业工厂、作坊为主,以上两种方式是积极的、可促进受助者发展的救助措施,这种救助方式占80%以上,而单纯的现金救助不足20%。[①] 在对待弱势群体方面,提出要改造其思想,医治其疾病,要帮助其学艺和从事生产,并帮助他们树立新的世界观、人生观和价值观,通过医治其疾病可以帮他们重获健康,助其学艺和就业可以帮助他们提升人力资本,有利于其长期发展。在儿童方面,除了给予生活救助外,还注重教育救助,对家境贫寒无力上学的,公立学校免收学杂费,私立学校也适当照顾,生活困难看不起病的,看病还可以享受免费医疗[②],这均有助于儿童的发展,带有积极和预防未来贫困的作用。此外,中华人民共和国刚成立时政府曾经和民间组织有过短暂且良好的互动与合作,但是随着社会主义改造,政府接办了民间慈善事业,还直接参与、组织和控制公益募捐活动,成为民间救助的全能的组织者,这虽然有好处并密切了政府和群众的关系,但是也存在不足,导致社会组织丧失生存空间,也不利于整个社会慈善意识的培养。中国社会救助的历史经验其实可以为社会救助改革和发展方向提供相关的启示与借鉴。

20世纪90年代末起,由于转型期特殊背景的影响,出于对受到国企改革影响的新生贫困群体进行补偿的意图,最低生活保障等新型社会救助项目建立起来,这些项目主要采取的是以提供补偿为主的、维持受助者生存的理念,而中华人民共和国成立初期

---

① 高冬梅:《新中国成立初期中国共产党社会救助思想与实践研究》,人民出版社2009年版,第200页。
② 同上书,第79页。

的具有积极意义的生产自救、以工代赈等传统正在被送进历史。①历史是最好的老师,通过回顾历史并从中汲取经验,可以发现,积极的社会救助思想曾经发挥过非常有效的作用。此外,政府和社会组织的良好互动对社会救助意义重大,时至今日仍有很高的参考价值。因此,目前通过构建发展型社会救助制度来重新树立积极的救助理念并采取积极的、促进受助者发展的救助措施,是非常有必要的,也可以看成是汲取社会救助历史经验的合理选择。

---

① 郑功成:"当代社会保障发展的历史观和国际视野",载郑功成、〔日〕武川正吾、〔韩〕金渊明主编:《东亚地区社会保障论》,人民出版社2014年版,第313—319页。

第七章　中国社会救助的整体重构：迈向发展型制度

伴随着中国经济发展的新常态和新型城镇化的步伐，我国经济体制和社会结构正在发生深刻的变革，在这一过程中，明确我国社会救助的改革方向并不断完善其制度设计对我国的经济社会发展意义重大。由于国际趋势的影响，我国贫困形势的变化以及社会救助制度自身的问题，对我国社会救助进行重构和改革是具有必要性和紧迫性的，而其重构方向应该是向发展型的制度安排迈进与过渡。以下将探讨对中国社会救助进行整体重构，使之迈向发展型制度安排的理念指导、模式选择和具体的制度调整方式。

7.1　培育发展型的救助理念

对于什么是贫困、谁是贫困者以及怎么测量贫困等问题的看法，会影响应对贫困的措施，社会救助作为最直接的应对贫困的制度，无疑是带有一定价值理念的。价值理念属于意识形态范畴，其作用非常关键，它会影响乃至决定社会救助的功能定位与制度实践。① 向发展型的社会救助制度安排迈进,首先需要培育发展型的救助理念,进而拓展社会救助制度的基本功能。为此,需要从以下两方面入手。

7.1.1 从"消极"到"积极"的思路

历史的短视和全球视野的欠缺,会影响社会保障政策的发展和正确选择,因此,研究中国社会保障包括社会救助的改革和发展问题,需要具备历史观和全球视野。②

历史是最好的老师,社会救助过去的发展历史告诉我们,近代以来尤其是中华人民共和国成立初期,基于当时资源禀赋的限制,中国的社会救助由"消极"的思路转向了"积极"的思路,通过以工代赈、生产自救、介绍就业、转业培训、移民生产等方式,调动受助者的积极性,立足于受助者的能力和素质建设以及人力资本发展,其最终目的是使受助者能够自食其力,从根本上摆脱贫困、重新生活并融入社会,这种发展型的积极救助理念保证了社会救助制度的顺利实施,对于推动制度的可持续发展和中国经济、社会进步具有重要意义。回顾历史是为了更好地总结经验,为现实服务,所谓"以史为鉴"或者要有"历史观"正是此意。目前我国以最低生活保障制度为主体的社会救助体系在建立伊始是为以下岗失业人员为主的城市新贫困人口提供补偿,暗含把这些人"养"

---

① 江治强:"我国社会救助建设的经验、议题与展望",《第一届中国社会救助研讨会论文集》,2009 年,第 117—127 页。
② 郑功成:"当代社会保障发展的历史观和国际视野",载郑功成、〔日〕武川正吾、〔韩〕金渊明主编:《东亚地区社会保障论》,人民出版社 2014 年版,第 313—319 页。

起来的意思,并没有特别关注其发展,带有一定消极性,值得肯定的自力更生和生产自救传统正在走向式微,以工代赈也正在被送进历史。① 在这种情况下,我们可以"知古察今"并获得启示,目前的社会救助应该被注入发展型的积极理念,才能促使受助者增强生存能力,从源头上遏制贫困。

全球化背景下,如果没有互相了解的空间广度,缺乏全球视野,将无以把握不同国家社会救助制度发展的共性和趋势,难以了解其发展的客观规律,将缺乏长远战略性的谋划,不利于制度的可持续发展。国际上发展型社会救助制度建设的理论和实践表明,为社会救助注入"积极"的思路和理念有助于拓展制度的基本功能,使其在保障受助者基本生活的同时发挥促进受助者发展和反"社会排斥"的功能。发展型的、积极救助思路的加入,并不是说通过补偿现金收入来扶持贫困者并促进社会公平变得不再重要,而是强调为实现社会公平提供基础和平台,具有"积极"思路的社会救助可以在保障受助者基本生活的同时发挥促进受助者发展的作用,有助于增强受助者的能力以使其融入社会并保证经济社会协调发展,这无疑是实现社会公平的最基础内容。目前,我国社会救助制度背后暗含的是保障生存的较为"消极"的救助理念和思路,在这种理念的指导下,社会救助的基本功能是提供托底性质的保障,其功能无法得到拓展,也就是说,目前我国社会救助的政策思维仍停留在保证受助者生存并维护社会稳定上,没有从战略角度和发展眼光思考社会救助的功能与作用。尽管其他国家发

---

① 郑功成:"当代社会保障发展的历史观和国际视野",载郑功成、〔日〕武川正吾、〔韩〕金渊明主编:《东亚地区社会保障论》,人民出版社 2014 年版,第 313—319 页。

展型社会救助的实践与做法不能直接照搬,但在这些做法背后的原因和基本救助理念是具有共性的,归结起来,共同的原因是为了更好地应对全球化挑战与反社会排斥,而基本救助理念则是为了在保障受助者生活的同时促进其获得发展。中国虽然有自己特殊的国情,但全球化的挑战与社会排斥是同样需要我们应对的,无论从现实国情还是从长远发展的角度来看,中国社会救助的价值理念不能仅选择维持生存和事后补偿,而是要具备积极预防贫困和促进贫困者发展的特点。为此,需要顺应国际社会救助改革的总趋势并借鉴国外的经验,培育并加强我国社会救助制度发展型的、积极的救助理念,进而拓展社会救助的基本功能,除了让其发挥保障基本生活需求的功能外,还要发挥其促进受助者积累人力资本、帮助社会成员提升能力并融入社会的基本功能,而只有充分发挥社会救助制度的多元功能,才可以更好地应对经济全球化以及我国经济社会结构变化所提出的要求,才能逐步向发展型的社会救助制度迈进并有效应对目前我国复杂化的贫困形势并解决社会救助制度自身的一些现存顽疾。

7.1.2 从附带"羞耻感"到激发"上进心"

培育发展型的救助理念,除了要从"消极"救助转向"积极"救助的思路,还要从外部给予受助者"羞耻感"转为从内在激发受助者的"上进心",这才能使"积极"的思路和措施真正发挥效果,促使发展型理念的生成。

为没有劳动能力以及劳动年龄外的贫困者提供救助,无论从公民权利还是人道主义角度来看,都毫无争议,但是对有劳动能力的人而言，社会更倾向于让其自食其力。西方福利研究者早就发现社会救助包含了权力控制①，这种控制可以减少申请救助的人数，因为受助者重视个人尊严，为了逃避救助制度带给他们的"耻辱感"，这种"耻辱感"是指社会建构而成、属于负面又有别于他人之处。②学者佩吉强调"污名化"可以是刻意的，当中涉及阶级、地位及权力等因素，具体方法包括冷漠对待、负面评语及法律制裁等。③对于社会救助而言，受助者可能被贴有的负面标签，这包括好逸恶劳、吸毒、酗酒等不良嗜好，这给他们带来强烈的"耻辱感"，而政府则对其加以利用以减少救助申请人，防止福利依赖。④我国低保制度在审核过程中，明确要求要对低保家庭进行公示，公示内容包括申请人姓名、家庭成员、拟保障金额等。这种方法是一把"双刃剑"，虽然发挥了社区的监督作用，其实却附带了"耻辱感"，让受助者的隐私暴露在众人面前，这种"耻辱感"使很多受助者面临较大的心理压力，感觉抬不起头。2014年在成都的访谈中，很多低保对象都表示会感觉"没面子"，被人指指点点，自尊受损等。例如，L3先生在被问到有没有对领取低保有歧视的现象时，他回答："肯定是有，心里不舒服。就像接受施舍一样。"（低保对象，L3先生），这说明了领取救助和社会主流"自力更生"的

---

① Chan, Chak Kwan (1996), "Colonial Rule, Chinese Welfare Ideologies and the Reproduction of Social Policy:The Case of Hong Kong Security", Ph.D. diss., Sheffield University.

② Powell, J. (2003), "Stigma", in Fitzpatrick, et al. (eds.), *International Encyclopedia of social policy*, Routledge, http://www.mpib-berlin.mpg.de/en/institute/dok/full/powell/stigma/stigmaPreprint Jpowell02.pdf.

③ Page, R.(1984), *Stigma*, London:Routledge & Kegan Paul, p.61.

④ 陈泽群："低保养懒人！：由指控低保户而显露出的福利体制问题"，《社会保障研究》2007年第1期：第128—136页。

意识形态相冲突,给受助者带来了社会污名和"耻辱感"。社会嵌入理论认为,社会对个人的影响是深远的,这表现在个人所处的社会环境决定着个人的具体行动,个人对他人的意见非常敏感,并且完全屈服于共同的价值与规范体系。[1] 中国人从小就被教育要自力更生、自强自立,这是社会期望的规范,而接受国家救助意味着违背了"自食其力"的社会价值规范,因而会受到歧视,被认为是依赖、不劳而获,承受着社会污名,但是在生存的压力下,受助者虽然会"脸红"、"不舒服",但最终却无法摆脱救助。应该说,受助者直接说出救助的施舍性质既是一种主观建构,也与实际的社会生活经验密切相关,现实中大众传媒在宣传各级政府对弱势群体、贫困群体提供帮助时常使用"送温暖"、"关怀"、"关爱"等字眼,同时强调受帮助者对党和政府充满"感激",这种话语的建构将受助者置于受施者地位的同时,把政府摆在了施舍者的位置上,使受助者认为接受救助是一种施舍,这种提供者和受助者之间的不平等关系,即"施"与"受"的关系,说明了社会救助的权利观念没有完全建立起来。

附带"耻辱感"虽然可以一定程度控制福利依赖并减少申请,但是有研究表明,在中国申请低保更多是一种对最基本生存需要的满足,为了生存下去,申请者不得不求助和受助,这种刚性的特征使得"耻辱感"在现实中并不能构成受助的阻碍。[2] 另外,笔者还在成都的访谈中发现,长期生活在"耻辱感"中会使受助者麻木不仁,丧失"上进心",有受访对象表示"刚开始领

---

[1] 马凤芝:《转型期社会福利的内卷化及其制度意义》,北京大学出版社2010年版,第178页。
[2] 同上书,第342页。

低保是会脸红的,现在几年过去了早就麻木了,无所谓了。"(低保对象,H 先生)以上说明,一方面由于求助和受助的刚性特征使得"耻辱感"在防止福利依赖方面几无效果,另一方面"耻辱感"使受助者产生被社会淘汰和排斥的感受,进而可能麻木不仁,甚至产生"贫困文化"①。比如,笔者在成都访谈时发现,低保家庭中有劳动能力的家庭成员宁可靠低保勉强维持生活也不愿意去找工作。之前有研究也发现,低保对象正在实践中建构一种与其低收入相适应的生活方式,这种方式带有极强的"贫困文化"色彩,比如,一些低保对象有着"反正政府保我的温饱,最多吃不好的心态",过着一种惬意的生活,上午爬山溜达,中午吃午饭,下午和朋友聊天消磨时光,菜摊收摊时以最低价格买些便宜菜,还有一些低保户的生活形态是"吃点麻辣烫,打点小麻将,看点晚录像"。②由此可见,附带"耻辱感"的社会救助难以使受助者获得摆脱贫困的动力和信心,还会造成带有贫困文化色彩的生活方式,使受助者心态消极且麻木,不利于培育发展型的社会救助理念。

回顾历史,中华人民共和国成立初期的社会救助经验表明,除了提供物质帮助外,社会救助还非常注重对受助者的思想改造和教育,通过教育使各类弱势群体恢复"上进心",摆脱不劳而获的

---

① 最早由美国学者刘易斯提出,他认为"贫困文化"是指贫困阶层所具有的一种独特的生活方式,它主要是指长期生活在贫困中的一群人的行为方式、习惯、风俗、心理定式、生活态度和价值观等非物质形式,包括消极无为、听天由命的人生观,安贫乐贫、得过且过的生活观,懒散怠惰、好逸恶劳的劳动观,不求更好、只求温饱的消费观等。参见高冬梅:《新中国成立初期中国共产党社会救助思想与实践研究(1949—1956)》,人民出版社 2009 年版,第 263 页。

② 洪大用:《转型时期中国社会救助》,辽宁教育出版社 2004 年版,第 144—145 页。

思想和宿命观念。比如,在救灾工作中,通过深入宣传教育等工作,让灾民认清生产自救是战胜灾荒的根本方法,改变他们听天由命的思想和单纯依赖救济的观点,发动受灾群众爱国增产的热潮。[①] 在救助乞丐时,除了保证其最基本生活外,还非常注重教育,以使其提高思想觉悟,通过政治学习和人生观教育帮助他们树立自食其力的劳动思想,指出当乞丐过寄生生活对人民对社会是有害的,而劳动是光荣的,这些教育其实推翻了其原有的世界观、人生观和价值观,灌输了新的世界观、人生观和价值观,因为教育过程结合了每个乞丐的实际情况、人生经历,再加上干部们关心的行动,使他们感受到了曾被践踏的自尊,获得了温暖,救助取得了较好的效果,大部分乞丐提高了思想政治觉悟,转变了观念,感情上认同了对他们的教育和改造,激起了他们参加劳动并为人民服务的上进心,其成效也非常明显,基本肃清了职业乞丐并改善了城市的社会秩序。[②] 在救助妓女时,也同样非常注重教育改造,通过谈话、开展诉苦运动、排演话剧和政治及文化学习等教育方式,帮助其认识落难原因,打破宿命观念,提高了她们的觉悟和学习情绪,使其人生观发生了根本性变化,让她们明白了在新社会只有参加劳动才能获得解放、只要努力人人都有出路的道理,树立了正确的婚姻观念并改变了旧社会带来的坏习气,人生观和作风都产生了巨大变化,这为其另谋出路、成家立业准备了条件,取得了较好效果,很多妓女改造后树立了上进心,有的入了党,有的当了劳动模范,有的还当了工会主席,人生道路实现了重要转折,走向了

[①] 高冬梅:《新中国成立初期中国共产党社会救助思想与实践研究(1949—1956)》,人民出版社 2009 年版,第 116 页。

[②] 同上书,第 179 页。

健康的新生活。① 由上可见，中华人民共和国成立初期社会救助在改变受助者生活状况的同时，通过教育和思想改造的方式推动了新兴社会风气的形成，原来与贫困群体生活状况相适应的"贫困文化"得到一定程度的改变。比如，使乞丐认识到在新社会里，坐吃等穿不劳而食是不能存在的，是会被社会淘汰的，由此使受助者摒弃了好逸恶劳、享乐观念等旧思想，树立了"劳动光荣，不劳动可耻"的新信仰。

从国际视野看，单纯的"耻辱感"会造成对于救助制度的"不利用"（non take-up）问题②，还可能引发社会悲剧，如受助者无法维持生存仍不去申请救助。③ 因此，许多国家在提供救助时，也注重帮助受助者树立信心，激发其改变自身境遇的上进心，甚至改变对救助的宣传策略，比如，新西兰为了促使受助者摆脱福利依赖，在公共宣传中改变了对救助的提法，强调救助只是人们无法养活自己时为他们提供的暂时援助，有劳动能力的人应该抓住一切机会在他们力所能及的时候尽快接受工作④；英国等福利国家在实施"从福利到工作"计划的时候，注意到了受助者面临的长期失业和社会排斥问题，这些受助者在进入劳动力市场的过程中，既缺少能力技术，又没有志向和工作伦理，因此为了激发受助者的上进心，使工作福利政策更好地发挥效果，许多国家采取了专业的

---

① 高冬梅：《新中国成立初期中国共产党社会救助思想与实践研究（1949—1956）》，人民出版社 2009 年版，第 169 页。
② Gustafsson, B.（2002），"Assessing Non-Use of Social Assistance", *European Journal of Social Work*, 5(2): 149-58.
③ 陈泽群："低保养懒人！：由指控低保户而显露出的福利体制问题"，《社会保障研究》2007 年第 1 期：第 128—136 页。
④ 〔美〕吉尔伯特等编：《激活失业者——工作导向型政策跨国比较研究》，王金龙等译，中国劳动社会保障出版社 2004 年版，第 94 页。

个案工作方法来帮助受助者,通过签订"合同"的方式,努力树立案主的上进心和信心,并确定就业目标和中间步骤等。[①]

不论从历史经验看还是从国际视野考察,发展型社会救助都需要重新认识受助者,不能把其当成社会的包袱,而是重要的人力资源和平等的社会成员,需要把外在附带的"耻辱感"转化为内在激发受助者摆脱贫困的"上进心",这是培育发展型社会救助理念的重要内容。

7.2 选择符合国情的制度模式

在确立理念之后,构建我国发展型社会救助制度还需要选择并明确合适的制度模式。为此,首先需要明确发展型社会救助制度模式选择的相关决定性因素,然后再根据中国相关因素的情况,确定相应的制度模式。

7.2.1 模式选择的决定性因素

根据待遇给付的情况,社会救助项目大致可以划分成三类,即普遍型救助、类别型救助和专项型救助,其待遇形式、对象和特点见表 7-1。

[①] 黄晨熹:"城市低保对象动态管理研究:基于'救助生涯'的视角",《第一届社会救助研讨会论文集》,2009 年。

表 7-1　按待遇给付划分的社会救助项目类型

救助类型	待遇形式	对象	特点
普遍型	现金	收入低于一定水平的所有个人或家庭	不论贫困原因，直接提供现金，短期内反贫见效快、效果好，但很难根治贫困，有一定消极性
类别型	现金	收入低于一定水平的弱势群体，如老人、儿童、残疾人等	提供现金、针对性和目标性强，短期反贫效果较好，但很难根治贫困，有一定消极性
专项型	实物/服务	收入低于一定水平且某方面特殊困难，如住房、教育、医疗、就业等方面	通过提供住房、医疗、教育等服务来改善贫困群体的生活条件，提高人力资本，也有缓解贫困作用，但更突出的是促进发展的功能

资料来源：Eardley, T., Bradshaw, J., Ditch, J., Gough, I., Whiteford, P.（1996），*Social Assistance in OECD Countries (Volume I): Synthesis Report*, London: HMSO.

绝大多数西方发达国家存在普遍型救助，因为这些国家信用体系发达，家计调查成本较低且较为准确，此外，还有专项型救助作为辅助；而在大多数发展中国家由于家计调查困难且成本较高，一般只存在类别型救助，专项救助也较少。根据表 7-1 中关于普遍型和类别型这两类现金救助的特点，可以发现，普遍型和类别型救助在促进受助者发展方面不及专项救助。因此，20 世纪 90 年代后，主要采取这两类救助的发达国家和发展中国家纷纷进行了制度改革与创新，其改革的共同之处是赋予救助制度促进发展的功能。在普遍型救助广泛存在的欧美发达国家，改革是针对有劳动能力的受助者实施工作福利，使其在享受救助金的同时履行一系列与工作相关的义务，即通过职业培训、工作介绍、财政激励等具体"激活"举措使长期受助者获得从劳动力市场获得收入的能力，最终摆脱救助、自力更生。当然不同福利国家的具体策略有所不同，一般而言，英、美等自由主义福利国家以强制快速就业为主，而北欧的社会民主主义福利国家则侧重培训和财政激励。[①] 在类别型救助为主要救助项目的发展中国家，包括拉美国家和部分非洲国家，其改革是引入有条件现金转移支付（CCT）项目以替代原有的类别型现金救助，所谓有条件的现金转移支付是指救助金的发放是带有条件的，而这些条件的设定有利于在人力资本和社会资本等方面进行投资和积累，主要目的是提高特定贫困者的教育水平、健康水平和就业能力等，有助于打破贫困的代际循环，从根本上消除贫困并促进社会的发展进步。在东南亚发展中国家，传统社会救助的基础非常薄弱，主要是一些临时的、应急性的救济措施，其改革举措重点在建立和完善专项救助型的社会救助制度，通过提供实物或服务的非现金救助待遇来帮助受助者改善生活条件并提升能力和素质，专项救助型的制度虽然不直接提供现金，但它可以通过提供住房、医疗服务、减免学费等方式来改善贫困与弱势群体的生活条件，进而帮助提升受助者的能力，最终有助于人与社会的发展。

归结起来，西方发达国家、拉美和东南亚发展中国家的原有的社会救助政策基础及改革后的发展型社会救助制度模式如图7-1所示：

---

① 梁祖彬、肖萌："社会救助就业福利政策研究"，《首届中国社会救助研讨会论文集》，北京，2009年。

原有的社会救助政策基础		改革后发展型社会救助的制度模式
西方发达国家	普遍性救助 ⟹	工作福利模式
拉美发展中国家	类别性救助 ⟹	有条件现金转移支付模式
东南亚发展中国家	临时救济措施 ⟹	专项救助模式

图 7-1 社会救助原有政策基础及改革后的发展型制度模式

从上述分析可以看出，改革后发展型社会救助制度模式的选择是和原有的社会救助政策基础有着密切联系的，此外，其他经济、社会、政治与文化等背景也会影响制度模式的选择。

西方发达国家之所以选择工作福利模式，是因为这些国家大多属于福利国家，其社会救助体系完善、政策基础好，普遍型现金救助项目普及且在救助体系中占主体地位，而过于慷慨的救助水平引发了较为严重的福利依赖，为了使沉淀在救助制度中的长期受助者获得工作动力进而重返劳动市场以自力更生，工作福利成为了恰当且适合的手段，此外，通过工作福利来防止福利依赖的思想在欧美国家由来已久。[①] 基于上述政策基础、社会现实和思想理念的影响，欧美发达国家不约而同地采取了工作福利模式的发展型社会救助制度。

拉美国家选择有条件现金转移支付模式的原因，一是这种模式的救助在现金支出水平不高、成本可控的条件下还可以发挥促进受助者人力资本积累和能力发展的作用，与发展中国家的经济、社会状况相适应；二是拉美国家在采取这种模式前，不存在普遍型救助而以类别型救助为主，不同类别的群体包括儿童、妇女、失

---

① 徐丽敏："国外福利依赖研究综述"，《国外社会科学》2008 年第 6 期，第 78—83 页。

业者、老年人等,而有条件现金转移支付模式实质是在其基础上对不同类别的群体实施有条件的现金转移支付,比如要求贫困家庭中的儿童必须上学、孕妇必须定期体检、失业者必须参加培训或主动寻找工作、老年人须按时体检等,这其实是对类别型救助的补充发展和进一步完善;三是拉美各国政治家把有条件现金转移支付模式这种"新一代"扶贫计划看成其执政的一项重要绩效,有助于争取支持率;此外,拉美各国受结构主义和新自由主义影响较深[①],国家愿意承担的社会救助责任有限,采取有条件的救助可以控制其承担的责任。基于上述政策基础,经济、社会以及政治方面的考量因素,拉美发展中国家选择了有条件现金转移支付模式的社会救助制度。

东南亚国家之所以选择专项救助模式,一是由于这种模式的救助不直接提供现金,可以较好地控制成本,且能够通过提供住房、教育、医疗等救助服务等来帮助贫困群体提升能力和改善生活,适应这些发展中国家的经济、社会状况;二是因为东南亚国家在采取这种模式前,社会救助政策的基础薄弱,只存在零散的、临时的救济措施,可以顺利地通过引入新的社会救助项目而发展成一种主导的模式;三是因为东南亚国家一直强调个人自力更生,政府则扮演最后出台的角色,不大可能建立以提供现金为主的救助模式。上述原有社会救助政策基础和经济、社会与思想观念方面的多种因素共同决定了东南亚国家最终选择了以提供实物和服

---

① 结构主义主张国家加速发展,认为只要经济增长,贫困和就业等各种社会问题就会迎刃而解;新自由主义强调市场化、自由化和私有化,对社会公正存在忽视。见郑皓瑜:《拉美国家扶贫政策研究》,对外经济贸易大学出版社2013年版,第43—47页。

务为主的专项型救助模式,目的是使受助者通过能力的提升而实现自立。

7.2.2 中国应选择混合型制度模式

借鉴国外发展型社会救助的制度实践模式并结合我国的情况来看,我国的发展型社会救助应该选择包含工作福利、专项救助和有条件现金转移支付因素在内的混合型制度模式。

中国经过近20年的社会救助改革,已建立了以最低生活保障为基础,以医疗、教育、住房等救助为补充的综合性社会救助体系,其中最低生活保障属于普遍型救助,医疗、教育、住房等救助属于专项型救助,具备了一定的社会救助政策基础,但是整体来看,我国社会救助水平偏低,制度还有待进一步完善。应该说,从制度现状看,中国目前社会救助的政策基础不同于欧美发达国家在建设发展型社会救助制度之前以普遍型的高水平现金救助为主的状况,也不同于拉美发展中国家以类别型现金救助为主的情况,还不同于东南亚发展中国家改革前仅有临时性、应急性救助举措的状况。对我国来说,工作福利模式所依托的普遍型现金救助项目,即我国的最低生活保障制度居于核心地位,由于救助水平低和长期救助并存问题的出现,许多地方已纷纷开始探索积极的工作激励措施,即就业救助。2014年颁布的《社会救助暂行办法》中明确了就业救助是我国社会救助体系的重要组成部分,要求有劳动能力的低保对象要通过就业救助积极寻找工作,即工作福利的因素在我国社会救助中已经存在。专项救助模式所依托的专项救助项目也是我国社会救助体系的重要组成部分，且随着经济社会发展，其重要性在不断加强，即医疗、教育、住房、就业等专项救助的因素在我国社会救助中也已存在。有条件现金转移支付模式所依托的对特定群体的有条件的现金转移支付项目在我国尚不存在，但目前我国低保制度中的"分类施保"与其有一定的相通之处，只不过在"分类施保"的实施过程中针对特殊群体而上浮的低保救助金并没有与促进该群体的发展和能力提升相联系。实际上，有条件现金转移支付项目可以促进社会性支出的再分配，有助于稀缺资源用得其所，其在改善贫困者的健康、教育和消费等方面的积极作用也已经被证实，可以说，有条件现金转移支付项目在人力资本开发、低成本、高灵活性和高人口覆盖率等方面的综合成效意味着其是一种有效且在财政上具有可持续性的长期减贫方法[1]，在我国较落后的农村地区要求低保家庭把因残疾人、老人、儿童等而获得的额外救助金用于这些群体的康复、护理、医疗、体检、教育、营养等方面是有必要的，也是有利于我国人力资本积累和社会长期发展的。目前，在一些国际组织的支持下，我国四川、甘肃等较落后的农村贫困地区已经启动了有条件现金转移支付项目的试点工作，说明这种模式开始处于萌芽状态之中。

由上可见，基于我国特有的社会救助政策基础和现实状况，中国发展型社会救助制度模式的选择应该是包含工作福利、专项救助和有条件现金转移支付因素在内的混合型模式。此外，这种混合型制度模式可以适应我国的经济、社会发展状况，因为它不会

---

[1] 亚洲开发银行："在中国开展有条件现金转移支付项目的理据"，http://www.mof.gov.cn/mofhome/guojisi/pindaoliebiao/diaochayanjiu/201304/t20130418_830099.html，2014年。

产生过高的现金救助成本,还可以起到在多方面共同促进受助者发展以应对复杂的贫困形势的作用。最后,我国社会救助制度的思想来源较复杂,包括传统的福利思想,社会主义的意识形态和西方福利国家的理论和实践,既有强调自力更生的传统,也有强调政府责任、追求平等的思想,还有西方新自由主义的影响[①],这也说明了选择混合型的制度模式更适合中国。

7.3 进行适应性的制度再设计

目前,要使我国社会救助从生存型向发展型的制度安排迈进,就需要在培育发展型救助理念和选择适合国情的制度模式的基础上,采取适应性的制度再设计,从优化制度安排入手,改变目前生存型的制度现状,以解决救助水平低和长期救助并存的问题,并打破贫困的代际传递、促进社会融合。

根据发展型社会救助的概念界定,它指社会救助除了要满足受助者的基本生活需要并使其适度共享经济社会发展成果的同时,还要具有并发挥积极的、促进贫困群体发展的功能和作用,使受助者最终摆脱贫困、融入社会。这就需要我国社会救助制度适度提高救助水平,同时还要根据混合型制度模式的方向,从国外发展型社会救助制度建设的实践模式中汲取经验和获得启示(见图7-2),在立足本土的基础上对制度安排进行适应性的调整和再设计。

---

① "中国社会救助体系改革研究报告",http://mca.gov.cn/mca/news/2003luntan/lunwen06.html,2003年10月23日。

国外发展型社会救助的三种模式	对中国社会救助制度再设计的启示
工作福利模式 ⟹	重新定位与设计就业救助制度
专项救助模式 ⟹	强化现有专项救助并增加服务类专项救助
有条件现金转移支付模式 ⟹	通过试点逐步实施有条件的现金转移支付项目

图 7-2　国外发展型社会救助对中国社会救助制度再设计的启示

总的来看，为了向发展型的制度安排过渡和迈进，我国社会救助制度的适应性再设计可以从以下几个方面入手。

7.3.1　适度提升救助水平

发展型社会救助包含两层含义，第一层就是让受助者能满足基本生活需要并共享经济社会发展成果，然而，目前我国社会救助总体水平偏低，受助者仅能满足基本生存，因此，要实现发展型社会救助制度建设，首先需要适度提升社会救助水平。

从国际经验看，当今发达国家多采用相对贫困为基础来设定贫困标准，即按照社会平均收入（或中位收入）的一定比例（一般为其 40%—50%）来考虑贫困和救助标准。中国社会救助水平总体偏低，最低生活保障制度的标准基本是按照"绝对贫困"的概念来制定的，即按照最低温饱和其他日常消费需要来进行测算，过去的标准调整主要依据通货膨胀的情况，少有考虑低保标准随着城市居民平均收入和生活水平的提高而提高。随着经济社会的发展和救助制度环境的变化，应该逐渐从过去的绝对贫困概念向相对贫困概念转化，即考虑低保标准与社会人均收入（或中位收入）挂钩的动态变动机制。目前，我国低保标准一般为人均收入的 20% 左右，有学者指出应逐步提升到 30% 左右的标准，使受助者能共享经济社会发展成果①，当然这是一个长远目标，不能一下子就大幅提高低保标准，而是要先建立相对贫困的概念，即逐步摒弃过去使用的"生活必需品"概念，向"基本生活水平"过渡②。此外，还要考虑救助规模和力度、政府财政负担能力、最低工资替代率等多方面因素，循序渐进地提高救助标准。

国外经验还表明，中央政府在制定救助标准方面责任重大、疆域小且区域差距较小的国家一般实行统一的社会救助标准，比如，英国、德国和比利时等就由中央政府制定统一的社会救助标准，而疆域较大且存在地区差距的国家一般实行不同的救助标准，适当拉开差距，以适应不同经济类型地区，比如，美国有三条官方贫困线。目前，我国低保等救助标准制定的权力完全归地方政府，直辖市和设区的市以及县均可以制定救助标准，由于管理层级低，造成中国救助标准不计其数③，各地标准差别很大，亟需中央政府的指导与协调，因为贫困不是一个地方区域内的概念，而是一个整体社会的概念。为此，首先，我国需要在标准制定的权限方面适度集中，中央政府应考虑制定全国统一低保标准的计算方法；其次，省市人民政府民、政部门应会同财政、统计、物价等相关部门根据

---

① 关信平："中国综合型社会救助制度发展战略研究"，载郑功成主编：《中国社会保障改革与发展战略（救助与福利卷）》，人民出版社 2011 年版，第 75 页。
② "生活必需品"概念和绝对贫困相关，采用"菜篮子"法测定最低生活需要；"基本生活水平"和相对贫困相关，指在社会中一般家庭都已普遍达到的生活水平，它包括生活品和服务消费的项目、质量和水平。见关信平："我国城市居民最低生活保障制度研究"，载米勇生主编：《社会救助与贫困治理》，中国社会出版社 2012 年版，第 3—19 页。
③ 杨立雄："最低生活保障标准计算方法实证调查及检验"，《第二届中国社会救助研讨会论文集》，2011 年。

全国统一的计算方法制定低保标准,省市以下各级政府不应该具备标准制定权,只能严格执行本省市的低保线,其重点工作要转移到救助的管理和经办上来。① 此外,还需要建立低保标准的制度化动态调整机制,这一方面是为了应对通货膨胀,另一方面是为了让贫困群体通过标准的变化而适度地享受到经济社会的发展成果。一直以来,我国低保标准的调整主要针对物价上涨,缺乏制度化的调整机制,当遇到物价上涨时,通常采用临时调整方式,且多为在正规标准外增加额外补贴的方式,这种方式的最大好处在于反应及时、灵活性大,缺点在于其对贫困者的针对性和区分性比较差,难以根据不同的贫困户提供不同的津贴,还可能导致多次使用后额外补贴部分占总低保金的比例过大,使原有的低保标准效果大打折扣,为此,减少甚至取消使用额外补贴方式并建立制度化的动态调整机制十分必要。② 低保标准可考虑每年调整一次,按上年度城市人均收入变动情况来确定平均调整幅度,如遇到阶段性物价上涨,可视情况给予临时性的额外补贴,最晚在下一年标准调整后即取消。

此外,在提升社会救助水平的同时,要注意与社会保险、社会福利等其他社会保障政策的协调和衔接,以使社会救助发挥最大效用,也就是说,社会救助虽然能够给予贫困群体最直接的帮助,但是社会保险、社会福利等其他社会保障制度的作用也不能被忽视。社会救助是居于基础地位的子系统,旨在保障社会脆弱

---

① 杨立雄:"最低生活保障标准计算方法实证调查及检验",《第二届中国社会救助研讨会论文集》,2011年。

② 关信平:"我国城市居民最低生活保障制度研究",载米勇生主编:《社会救助与贫困治理》,中国社会出版社 2012 年版,第 3—19 页。

群体的最基本生活；社会保险是居于主体地位的子系统，旨在化解劳动者面临的各种风险；社会福利是最高层次的子系统，旨在提高全体国民的生活质量。这三大系统应该协调发展，不能顾此失彼，也不能厚此薄彼，否则就会影响社会保障体系整体功能的发挥，甚至会激发社会成员的矛盾。如果社会保险和福利覆盖面窄、水平低，不继续发展的话，劳动者的风险难以预防，全体国民的生活质量难以提高，而残疾人、老年人、儿童和妇女等抗风险能力差的群体的生活质量甚至会下降，不得不依赖社会救助，使社会救助负担加大。与此相反，如果社会保险和社会福利比较完善、健全，一方面可以提高全体国民的生活质量，减少抗风险能力差的群体落入贫困的可能，进而减轻社会救助的压力；另一方面，对正在接受社会救助的家庭而言，家庭中的老人、儿童等通过享受相应的社会福利，可以减轻家庭的负担，有助于受救助家庭摆脱贫困。

在成都的访谈中，除低保金外，还有一部分低保对象同时享受残疾人福利补贴和老年福利补贴，这些福利对改善贫困家庭的生活起到了一定作用。但是，各种政策之间缺乏衔接与协调，产生了冲突撞车，给贫困群体带来不便，比如，失独家庭 C2 先生表示：

"养老想过嘛，只能靠国家了。只能让国家出台些政策，给我们好的希望，希望国家考虑我们的情况，还有就是觉得看病是个大问题，现在社区动员我们买社保，但是买社保就要把我的低保取消，社保买了等于说低保，还有整个残疾人补助金都没有了，那天问他社区工作人员，他们说买了社保之后是每个月发四百多，还要把低保、残疾人补贴都去掉，还要等到明年 12 月份才能领社保金。现在开始办手续的话低保就停了,明年领社保之前就没有收入,我吃啥呢嘛?计生委免费给我们买社保,这个政策很好,但是买的最低等的,一个月四百多,还没有低保高,而且没有和残联协调好。我还属于失独家庭,所以说想参加社保但是参加不了,如果我不残疾,计生委给我买社保我很高兴,但是不能领残疾补助了。你想我出门都很恼火,不能工作,属于没有文化的40、50人员,我眼睛不好,但过了50岁又不能学习盲人按摩。因为我是占了好几种情况,残疾人、失独家庭,两边的政策都很好,残联给我们买社保,要给我们出60%的费用,我们出40%,每个月可以领600多,计生委给我们办社保,就是一个标准,就是400多,但不用交钱,如果答应领社保,低保就全部取消。"(低保对象,C2先生)

以上叙述可以看出,虽然国家的救助和相关福利政策单独拿出来都很好,但是相互之间协调性较差,尤其是对于C2先生这种特殊家庭,既有残疾人、又是失独家庭同时还是低保家庭,这当中涉及计生、民政和残联等多个部门,各项缺乏协调的政策让C2先生左右为难,虽说有他有通过社会保险和残疾人福利摆脱救助的机会,却最终因政策协调性差而只能继续依赖救助。因此,在提高救助水平的同时,应当考虑为有需要的受助者提供参与社会保险和社会福利的机会,同时注意社会救助和各类社会保险及福利政策的协调,使其有效紧密地衔接,互补互促。

7.3.2 重新定位并设计就业救助

发展型社会救助的第二层含义,是要具有并发挥积极的、促进贫困群体发展的功能和作用,而要实现这个目标就要促进有劳动能力者积极投身劳动力市场，笔者认为，在目前我国长期救助已经开始出现并日益严重的背景下，迫切需要高度重视和重新设计就业救助制度。2014年国务院颁布的《社会救助暂行办法》中，就业救助制度被正式确定为我国社会救助体系的基本组成制度，这说明我国已经开始重视就业救助，以确保有劳动能力的低保对象就业、脱贫、自立。以下将阐述重新定位和设计就业救助的原因，国际上就业救助的理念定位和制度设计经验，以及重新定位与设计就业救助的途径。

1. 重新定位与设计就业救助的原因

因为我国社会救助"问题导向"的产生和发展方式，低保制度建立开始主要是为以失业下岗职工为主体的新贫困群体提供补偿，以确保经济改革的顺利进行和社会的稳定发展，因此，几乎没有对受助者就业方面的硬性要求。这导致在随后十多年的低保制度发展和实施过程中，制度内沉淀了大量有劳动能力的受助者，这在上文4.3.2中已经具体分析过。根据中国民政统计年鉴的数据，2013年和2014年我国低保对象中有劳动能力者的比例高于62%，当然，这些有劳动能力的低保对象中可能一部分因照顾老人和儿童等需被照料者而不具备劳动条件，但是即便减去这些人，可以从事劳动就业的人数依然庞大。根据民政部2013年全国城乡困难家庭社会政策支持系统抽样调查的数据，有劳动能力且不需照顾家庭成员（有劳动条件）的城市低保对象占低保总人数的比例约71%，若按此比例根据民政部的城市低保数据估算全国城市低保家庭中有劳动能力且有劳动条件的失业者（包括登记和未登记）占城市低保人口的比例，估算后这一比例接近30%，比例仍相当高。此外，我国已开始显现长期救助的现象，根据民政部

2013年全国城乡困难家庭社会政策支持系统的调查数据，城市和农村低保家庭平均共享受了近6年和3.4年的低保待遇，从未退出过低保制度的家庭比例相当之高，均在90%左右（见表7-2）。以上有劳动能力和条件的受助者占比高以及长期救助现象的出现，说明目前我国社会救助面临严峻的问题，上文的定量分析与质性访谈都说明中国已经出现了低救助水平的中国式"福利依赖"，导致这一问题的因素有多种，包括专项救助的叠加效应、工作激励不强、就业服务措施不完善等。要解决这一问题，笔者认为需要高度重视并重新定位和设计就业救助，并把其作为建设我国发展型社会救助的重点与突破口。

表7-2 我国城乡低保家庭退出低保的次数

退出次数	城市低保家庭户数所占比例%	农村低保家庭户数所占比例%
0次	89.0	91.9
1次	10.1	7.0
2次	0.7	0.7
3次及以上	0.2	0.3

资料来源：民政部中国城乡困难家庭社会政策支持系统建设调查数据2013，笔者统计。

重新定位与设计我国的就业救助有以下几方面的重要意义：第一，是我国低救助水平的中国式"福利依赖"问题的有效应对手段。中国古话说"授人以鱼不如授人以渔"，就业救助制度能够帮助有劳动能力和条件的受助者摆脱对救助的依赖，满足其通过劳动获取生存条件的需要，让其从劳动中体会自己生存的价值和尊严，走上脱贫自立之路。在当前我国长期救助日益严重和有劳动能力受助者比例较高的背景下,就业救助的重新定位和设计无疑是解决中国式"福利依赖"问题的重要与有效手段。第二,是对20多年以来国际社会救助改革共同趋势的顺应。20世纪90年代以来,无论发达国家还是发展中国家都在积极促进有劳动能力的受助群体就业,发达国家更多是出于减少福利依赖和"激活"的理念,发展中国家则希望通过就业救助使受助者积累人力资本,实现自立和减贫,应该说,就业救助被看成是能够平衡权利与义务的治本的社会救助措施,我国顺应这种改革的总趋势无疑可以提升劳动力的能力和素质,在全球化背景下有助于提高我国的国家竞争力。第三,是我国发展型社会救助建设的必然选择。发展型社会救助需要发挥积极的、促进贫困群体发展的功能,就业救助制度有助于克服现有社会救助的消极性,改变补偿式物质救助只能表面上满足最基本生存需求的现状,带有积极和发展的意味,能够解决受助者长期的生存和发展问题,是一项治本的社会救助举措,是发展型社会救助建设的重中之重和必然选择。

2. 国际上就业救助的理念定位和制度设计

一方面,从理念定位看,发达国家和发展中国家有一定差别,发达国家更多是为了"激活"和防止福利依赖,发展中国家则更多是为了减贫和促进人力资本发展,这种理念的区别和国家面临的贫困问题和经济社会发展状况有关。

就业和救助是西方发达国家持续关注的问题之一,从英国1601年《济贫法》的"属地管理"和习艺所救助方式,到《新济贫法》的"劣等处置原则",再到大卫·李嘉图的"工资铁律",均反映了要受助者通过劳动或工作以摆脱救助并避免福利依赖的思想。[①]发达国家关于福利依赖及其对就业的负面影响的讨论从1980年起就成为热点。在这之前,即福利国家发展的黄金时代里,救助一直被视为政府的责任和公民的权利,对于受助者在就业方面很少有硬性的规定和要求。20世纪80年代后,尤其在美国,几乎每届政府都不约而同地把福利改革作为政府竞选和政策执行的重要内容,为此,越来越多的发达国家开始关切并要求受助者以工作换取福利,这些改革的努力汇聚成以"激活"和防止福利依赖为理念的就业救助制度。

发展中国家贫困人口众多,而贫困是对生存权的极大侵犯,作为首要人权,生存权得不到保障,其他权利就无从谈起。绝大多数贫困人口生活在发展中国家这一现实决定了减少乃至消除贫困以确保公民的生存权是发展中各国面临的紧迫任务,就业救助是满足贫困者生存的基本条件之一,因为就业是人与生产要素结合的有效形式,是形成劳动的基本条件,也是劳动者获得物质等各种利益的基本途径,由此,缓解与减少贫困是发展中国家就业救助首要理念,目的是帮助贫困的社会成员脱离贫困的境地,使其生存权得到保证。此外,在全球化与工业化大潮的影响下,发展中国家的贫困已不仅仅是收入贫困,也同时表现为因文化水平低、劳动技能差而受到市场与社会的排斥,也就是说,人力资本存量少是贫困的深层原因和脱贫的内生障碍。虽然以减贫为理念向贫困群体提供就业救助是亚洲各国政府的责任,但是由于贫困人口数量巨大,如果就业救助不注重人力资本发展,那么贫困者即使就业也难以脱离贫困。因此,在减贫这一理念之外,发展中国家的就业救助还

[①] 徐丽敏:"国外福利依赖研究综述",《国外社会科学》2008年第6期,第78—83页。

注重以促进贫困者的人力资本发展为指导理念,通过培训、教育等措施增加受助者的自立能力,使贫困群体可以尽量充分参与劳动力市场并融入主流社会,以减少长期贫困和贫困的代际传递。

另一方面,从制度设计来看,发达国家和发展中国家的侧重点也有所不同,发达国家主要涉及财务激励、培训、强制快速就业等措施,发展中国家主要的措施是以工代赈、培训和小额信贷,总体来说,发达国家的就业救助制度设计更为复杂和科学,但发展中国家也有值得借鉴之处。

发达国家的就业救助制度主要就是工作福利制度,这类制度改变了社会救助单是补偿收入损失的功能,救助更要配合和就业以及培训相关的服务,在重视"相互责任"和"平衡权利与义务"的原则下,受助者需要在行为上达到一定的要求才可以获得救助,也就是说,就业救助名为救助制度,实则发挥着劳动力政策的功能。在"激活"和防止福利依赖理念指导下,发达国家就业救助制度主要内容包括:强制快速就业（work first）、培训（training）和财务激励（financial incentive）,不同国家会采用不同的重点和内容组合方式,且救助对象、策略上有一些不同,英美等自由主义福利国家主要针对底层阶级,以强制快速就业为主,北欧等社会民主主义福利国家则主要针对青年失业人口,重点强调培训。①

强制快速就业是促使被救助者尽快返回劳动力市场,有劳动能力的劳动者必须接受救助机构提供的就业机会或满足相应的就业目标,拒绝会伴随着相应惩罚,美国是强制快速就业的典型代

---

① 梁祖彬、肖萌:"社会救助就业福利政策研究",《首届中国社会救助研讨会论文集》,2009年。

表。它一般包含以下五大关键要素：①对象与资格条件，对就业救助的对象和可以排除在外的家庭会有明确规定。比如，美国的贫困家庭暂时救助（TANF）主要对象是生活困难的抚养儿童家庭，这些家庭中的成年人必须按要求参加工作和相关就业活动，可以排除在外的对象是：抚养 6 岁以下儿童的单亲家庭，可经抚养人举证，其所处居所或工作场所内一定合理范围内，无法获得适当的儿童托管服务；或通过亲戚或其他安排仍无法获得适当的儿童托管，或获得适当儿童托管，无法遵守工作要求时，可以免除给付降低或终止的处罚。①②强制就业的要求，救助对象必须参加工作或其他与就业相关的活动。美国贫困家庭暂时救助（TANF）要求单亲父母两年内需要每周工作 30 小时，核心家庭每周至少工作 35 小时，另外，还严格限制了救助时间，受助者一生中的受助时间不得超过 5 年，各州可拒绝那些已享受 2 年救助的人继续领取救助金。③就业援助措施，包括各种帮助救助对象实现就业目标的措施。比如，美国的相关援助措施有受补贴的工作，社区服务工作等，英国也向青年失业者提供了多种就业援助方案，如到志愿部门工作，可以领取求助者津贴和政府补贴，香港除了向受助者提供园林美化、社区服务等志愿工作外，还帮助提供最新工作信息和安排就业选配，对于成功就业者还提供至少三个月的就业后支援服务，鼓励受助者持续工作。②④儿童托育服务或负担儿童照顾费用。为了让救助对象可以投入劳动力市场而帮助解决其儿童照顾问题。美国为救助对象提供儿童托育，以使受助者可以参与社区

---

① 吴小芳：「就业救助的制度设计及对中国的启示」，《第四届中国社会救助研讨会论文集》，2015 年。
② 同上。

服务计划,英国政府则支付正式儿童照顾的所有费用。⑤惩罚措施。救助对象若不满足就业救助的相关要求,则会受到相应惩罚和制裁,包括限定领取救助的时间、降低救助金额和终止救助。比如,美国对于不服从工作安排的受助者,会按比例减少救助金,甚至取消资格,大部分州最严厉的惩罚就是终止救助,原则上救助领取时间不得超过 5 年。① 由上可见,强制快速就业假定受助者的低就业动机和缺乏工作伦理是导致其陷入贫困和福利依赖的最重要原因,因此,强制快速就业意在强调从注重权利与资格转化为强调就业优先,目的是把有劳动能力者推向就业市场,防止福利依赖。此外,有学者认为,劳动力市场结构对强制快速就业的形成和发展也有重要影响。②

培训是指为受助者提供所需技能的培养和训练,在不同福利体系中培训作用有不同,新自由主义国家更多是短期的、补救性的培训,目的是让参与者能快速就业,帮助受助者获得最基本的技能,甚至是基本的工作伦理或态度。比如,在美国,培训主要包括五种形式:①就业准备培训,为受助者提供包括心理咨询、康复等来帮助其为求职做充分的准备,需要专业医疗和心理咨询师评估。②工作经验,对于无法找到全职工作者培训个人与工作相关的技能。③在职训练,公共部门和私人部门提供的提高受助者知识和技术的训练。④技能教育训练,为个人现有或预期的工作机会提供与之相关的技能教育,受助者最长受训时间为 12 小时。⑤完成

---

① 吴小芳:"就业救助的制度设计及对中国的启示",《第四届中国社会救助研讨会论文集》,2015 年。
② 梁祖彬、肖萌:"社会救助就业福利政策研究",《首届中国社会救助研讨会论文集》,2009 年。

高中学历计划,针对没有高中学历和文凭的受助者,使其参加高中课程,获得文凭。在北欧社会民主国家,培训通常是长期的、正规的、高质量的,使失业者和受助者获得人力资本的发展,推动其返回主流劳动力市场,避免出现分割的劳动力市场和低工资部门。比如,在瑞典,针对新近的外国移民,由于其就业难度高、福利依赖倾向强,瑞典政府会对这些移民和难民的技能和教育程度进行测试和评价,并开展有针对性的职业培训,并专门设置了针对移民和难民的安置官员和就业服务机构等。[①]

　　财务激励是指确保救助金数额不会随工作收入增加而减少,进而能积极地改变受助者的行为,让其积极投身工作。关于OECD国家社会救助的研究报告指出了三种不同的"陷阱":一是"失业陷阱",即因为救助待遇高,那些几乎没有工作技能的受助者再就业工资过低,他们宁可失业而不愿就业;二是"贫困陷阱",即救助金会随就业收入的增加而减少,削减比例高过税率,再就业反而导致实际收入降低,他们宁可依赖救助生活;三是"依赖陷阱",即享受救助还能获得其他附带福利,如房租补贴、能源、医疗补助等,使受助者不愿退出救助。因此,发达国家的就业救助非常重视增强受助者的工作诱因,通过财务激励的方式让他们重返劳动力市场。具体而言,财务激励包含四种形式:①收入豁免与渐进扣除。收入豁免是指对就业收入设定一定的豁免额,减少救助金对就业收入的抵消,即就业获得的劳动收入若不超过豁免限额,则收入不会影响其领取的救助待遇,渐进扣除是指对于收入超过豁免限额的,在计算待遇时设置一定比例的

[①] 粟芳、魏陆等编著:《瑞典社会保障制度》,上海人民出版社2010年版,第215页。

抵扣率,以降低就业收入对救助收入的全额挤出。① 比如,美国的补充保障收入(SSI)这项社会救助项目规定,对于部分尚有劳动收入者,会扣除其每月 20 美元的社会保障支出和 65 美元的劳动收入,而后每增加 1 美元,补充保障收入待遇减少 0.5 美元,即 50% 的抵扣率;在澳大利亚,青年失业者就业津贴项目,若青年找到工作获得收入,只要其就业收入低于每两周 405 澳元,就可以享受全额豁免,新就业者津贴项目规定,若新就业者获得工作,其收入低于每两周 62 澳元,则享受全额豁免,若其收入在每两周 62—250 澳元,每超过一澳元,则津贴降低 0.5 澳元,即 50% 的抵扣率,若其收入在每两周 250 澳元以上,每超过一澳元,则津贴降低 0.6 澳元,即 60% 的抵扣率。② ②税收抵免。税收抵免是帮助低收入家庭尤其是有孩子的贫困家庭脱离贫困的负所得税制度,鼓励贫困家庭通过就业来脱贫。例如,美国的工作收入课税扣除(EITC)即在于为就业家庭提高额外救助,对于有两个子女的家庭,穷人每多赚取 1 美元收入,政府会补助 40 美分,当然,小孩越多,补贴比例也会相应提高。③ 英国工作家庭税收信贷(WFTC)的机制类似,目的也在于促使低收入家庭获得就业收入。③救助渐退。救助渐退是指受助者在就业后,相关现金或专项救助待遇并非马上随之取消,而是会保留一段时间。比如,英国政府在受助者就业后,会对住房救助和议会税收救助金延长一个月④,使受助者可以进行过渡。④就业补助金。因为就业需要

---

① 周蕾:"救助渐退思路下的国际救助制度经验与启示",《第三届中国社会救助研讨会》,2013 年。
② 同上。
③ 同上。
④ 吴小芳:"就饿业救助的制度设计及对中国的启示",《第四届中国社会救助研讨会论文集》,2015 年。

一定成本，如交通、通信工具、劳动工具等，因此，就业补助金通过直接的现金补助对受助者的就业花费给予补偿。比如，香港为受助者在寻找工作和就业初期提供交通补贴。

发达国家和地区的就业救助制度设计复杂，既考虑了救助和劳动力市场的宏观问题，也兼顾了受助者工作动机和诱因的微观层面，那么，其实施效果究竟如何？就业救助是使受助者自力更生还是造成了在职贫困？从既有研究来看，在效果方面目前还存有争议：一些研究表明，就业救助制度可以减少受助者人数，提高就业率，在促进受助者自力更生方面有积极作用。例如，在美国，随着1996年就业救助的改革，即《个人责任和工作机会》法案的实施，享受救助的人数开始下降，1996年8月到1998年9月，受助者的人数下降了35%，而且到2000年仍在不断下降，2002年3月，享受贫困家庭临时补助的人数下降到520万，只占人口总数的1.8%，远低于20世纪70年代的水平（4.6%—5.25%），另外，受助者就业的总比例也得以提高，从1997年的30.7%增加到1999年的38.3%，尤其是单身妇女的就业率大幅提高。① 然而，不少研究者认为，就业救助制度实施的效果具有局限性，会造就"在职贫困"（working poor），难以防止福利依赖，促进受助者自力更生的效果有限。一方面，从理论研究看，现实中没有令人信服的证据表明：社会中有足够的岗位可免除每一个个体的福利，而且许多现有的就业岗位付不出足够的薪水让他们的家庭摆脱贫困。因此，就业能否避免福利依赖的关键是创造更多且足够的工作岗位，并让这些岗位支付较高的薪水，也就是说，除了保

---

① 〔美〕哈瑞尔·罗杰斯，《美国的贫困与反贫困》，刘杰译，中国社会科学出版社2011年版，第93页。

证工作数量外,还要确保工作质量。但不可否认,现实生活中,这是很难实现的目标。因此,有不少针对美国等国就业救助制度的批评,有学者认为美国提供给受助者的不是"两年后就业",而是两年后"什么都没有,没有救助,没有工作没有支持",而这将为贫困者带来可怕的后果,实质性地增加贫困与赤贫。① 另一方面,从经验研究看,就业救助制度在促进受助者自力更生、最终使其摆脱贫困以避免福利依赖的效果是有限的。更多时候,贫困的受助家庭把就业所得收入作为其救助收入的补充以维持最基本的生活②,问题的关键在于就业是否提供了摆脱福利依赖的有效途径。另外,有研究发现,对于受教育程度较高(完成高中学业)的单身母亲而言,她们就业后更容易摆脱救助;而那些受教育程度较低的女性,只能找到兼职或收入很低的工作,因此,她们仍需较长时间地依靠救助生活,处于"在职贫困"的状态,与教育和培训等要素相比,工作经验的要素在使单身母亲摆脱福利依赖方面的重要性要低。由此,该研究的结论是,以强制快速就业为主要内容就业救助制度并不能帮助受助者自力更生,而是在制造"在职贫困",从长远看,为了减少福利依赖,重视教育和培训等人力资本投资方面比单纯地强制受助者进入低级劳动力市场更为有效。③

发展中国家的就业救助制度是基于发展主义建立起来的,其

---

① 〔美〕安东尼·哈尔、詹姆斯·梅志里,《发展型社会政策》,罗敏、范酉庆等译,社会科学文献出版社 2004 年,第 44 页。

② Pearce, D. (1979), "Women, Work and Welfare: The Feminization of Poverty", in Feinstein, Karen Wolk, ed., *Working Women and Families*, Beverly Hills, CA:Sage, pp.103-124.

③ Harris, K. M.(1991), "Teenage Mothers and Welfare Dependency: Working Off Welfare", *Journal of Family Issues*, 12(4):492-518.

目的是在一个全面的、国家导向的过程中寻找社会政策和经济政策的结合,通过包括就业救助在内的社会项目推动经济参与,从而使社会项目也对经济产生正面作用。[①]对发展中国家而言,在减贫与促进人力资本发展的理念指导下,就业救助的制度安排主要有三种内容:以工代赈、小额信贷和培训,不同国家会采用不同的重点和内容组合方式,且救助策略上有一些不同,东南亚、南亚和非洲的发展中国家主要针对农村贫困人口,以以工代赈和小额信贷为主,拉美发展中国家则主要针对青年失业人口等就业困难群体,重点强调培训。

以工代赈其实可以看成是发展中国家的快速就业援助措施,是指政府投资建设基础设施工程,受助者参加工程建设获得劳务报酬,以此取代直接发放救助金的一种扶持政策,是发展中国家就业救助制度中最常见的内容方式,印度的农村就业保障计划和埃塞俄比亚的生产性安全网项目就是以工代赈的典型代表。以工代赈的特点主要如下:①政府出资提供就业机会。就业机会一般是由政府全额出资创造,比如,2006年印度实施了《全国农村就业保障法案》,首次通过立法保障农村劳动力的就业权利,该就业救助项目的资金90%来自中央政府,具体实施主要由各个邦政府负责[②]。②非技术劳动为主。工作主要是非技术劳动,涉及基础设施建设或改造,如修路、架桥、兴修水利等,每日的工资标准不低于一定数额,以保证贫困群体的最基本生活。③基本的工作条件和

---

① Harris, K. M.(1991), "Teenage Mothers and Welfare Dependency: Working Off Welfare", *Journal of Family Issues*, 12(4):492—518。
② 温俊萍:"印度农村就业保障政策及对中国的启示",《南亚研究季刊》2012年第2期,第66—67页。

补贴。为了使以工代赈更具可操作性并吸引贫困群体，会规范工作条件和工作地点并给予补贴等。①

小额信贷可以看成是发展中国家的财务激励措施，它是指以低收入和贫困群体为服务对象的小规模的金融服务，旨在为贫困农户或微型企业提供获得自我就业和自我发展的机会，促进其走向自我生存和发展，摆脱贫困。与以工代赈这类政府主导的"自上而下"的项目相比，小额信贷这种"自下而上"的方式更为有效，因为它能调动贫困社区参与的积极性，提高贫困群体的技能、工作经验等以积累人力资本并缓解贫困。孟加拉的乡村银行和印尼的人民商业信贷项目（KUR）是典型代表。其特点如下：①服务于从事小微商业活动的贫困者。人民商业信贷项目（KUR）主要通过发展小微型商业企业以促进贫困者创业，赋予其摆脱贫困的机会。②无须担保和抵押、额度较小。比如，人民商业信贷项目（KUR）规定，参与者在向银行申请不超过 500 万卢比的贷款时不再需要向银行提交到款抵押品或其他担保，印尼政府通过财政拨款的形式为人民商业信贷项目提供担保②。③可推动社区或村庄的减贫。例如，在印度尼西亚，各政府部门推出一些劳动密集型项目，政府设立"社区基金"，直接资助贫困村庄展开小额信贷项目③，这有利于整个社区和村庄的减贫。

培训其实和发达国家的培训类似，但更多是为受助者提供技

---

① 温俊萍："印度农村就业保障政策及对中国的启示"，《南亚研究季刊》2012 年第 2 期，第 66—67 页。

② Bayu Fajar Nugroho(2013), "Micro Financing: Peoples Entrepreneurs Credit (KUR) of Small and Medium Enterprises in Indonesia", http://www.sesric.org/imgs/news/image/675-s3-indonesia.pdf.

③ 同上。

能方面的训练、指导和实习等,目的是帮助就业弱势群体找到工作、自力更生,培训这种就业救助项目在拉丁美洲的发展中国家普遍受到重视。拉丁美洲各国的失业率和贫困率较高,尤其是在20世纪80年代拉美各国遭遇了严重的经济危机,失业群体与贫困群体的人数大增,尤其是青年失业率非常高,整个80年代被称为"失去的十年",政府不得不采取各种措施加以应对,20世纪90年代初,青年培训项目(Jovenes)应运而生且时至今日仍然是该地区重要的以培训为内容方式的就业救助制度,它以需求为导向,目标群体是弱势青年,项目最早出现在智利,之后阿根廷、乌拉圭、哥伦比亚、多米尼加等拉美国家纷纷效仿。其特点包括:①受助群体是来自低收入家庭且受教育水平低的青年失业者。②目标是提供实践机会和经验以帮助其进入正规劳动力市场,在这一点上,类似于北欧国家的培训目标,不同于英美自由主义福利国家从属于强制快速就业的培训目标。致力于提供长期的、持续性的培训,培训项目鼓励受助者获得正式工作并重新融入社会,为那些就业特别困难的群体或收入低、劳动生产率低的群体(自雇者、小微企业主等)还设计了特殊的培训项目。③需求为导向,私人与社会企业竞标运作。和以往政府主导不同,这类培训以受助者需求为导向,内容包括实习和课程学习,政府无权制定培训的课程内容,政府只负责规范,由私人企业与社会企业通过竞标来运作实施。[1] 进入21世纪后,在知识经济的新时期,拉美国家开始提供信息技术和通信技术方面的新型培训项目(Entra 21),目标是16—29岁的青年,该项目最早是在2002年由世界

---

[1] Costanza Biavasch, etc(2012), "Youth Unemployment and Vocational Training", http://ftp.iza.org/dp6890.pdf.

国际青年联合会建立,并由世界货币基金组织、美洲开发银行和私人企业等共同筹资,最早出现在阿根廷,其后在巴西、智利、哥伦比亚等其他拉美国家普及,培训的核心内容包括课程讲座、实习、持续性指导和旨在提高培训参与率的财政激励,培训的平均时间是 2 年,受助对象是 16—29 岁失业或非充分就业的高中毕业生。①

发展中国家因为工业化、城市化起步晚、人与社会发展滞后等因素,反而注意到了对劳动力和就业的促进,因此,对就业救助较为重视以期增加人力资本并减少贫困。那么,在实践中,发展中国家的就业救助效果如何?是只能"授人以鱼",还是真正能够"授人以渔"?笔者认为,不同的内容方式具有不同的效果:研究表明,以工代赈类的就业救助可以为贫困人口提供就业机会,还能促进公共设施的建设并改善贫困居民的生产和生活条件。② 这说明这种救助基本能够发挥"授人以鱼"的作用。但是,上文已经论及,由于以工代赈的特点之一是提供非技术劳动工作岗位,这对于受助者的能力提升和素质改善作用不大,带有一定消极性,它只能在工程期间给予贫困者相应的援助,却无法解决其长期的生计问题。相比来说,小额信贷和培训则致力于长期的、可持续生计的维持,而非短期的、补偿性的措施,它通过赋予贫困者资产和参与市场的机会,使其融入市场并最终可以自力更生,积累人力资本并断绝贫困的传递,能够发挥"授人以渔"的作用。例如,拉丁美洲各发

---

① Costanza Biavasch, etc(2012), "Youth Unemployment and Vocational Training", http://ftp.iza.org/dp6890.pdf.
② 严晓:"印度劳动力就业政策及其启示",《改革与战略》2009 年第 11 期,第 174 页。

展中国家的青年培训项目提高了受助群体的可雇性并提高了其工资水平,相关评估研究表明,在阿根廷受培训的成年女性就业概率增加了10%,受培训的青年男性和成年女性月工资增加了10%;在秘鲁,受培训者的就业概率增加了6%,小时工资增加了18%;在智利,受培训的青年女性就业概率增加了21%,受培训者的月工资增加了26%等,许多失业贫困青年通过培训获得了正规部门的工作机会,工资水平至少等同于最低工资,还可享受带薪休假、奖金和医疗保险等职业福利。[①]当然,这些培训为主的就业救助也带有一定缺陷,会削减其效果,比如,拉美的这些培训并不是像社会民主主义发达国家的培训那样,把培训看成以提高竞争力为重点的长期发展战略,因为提高受助者的劳动生产率并不是项目的核心内容;另外,这些培训覆盖的人群有限,在一些国家该类项目的投入逐渐减少、覆盖面也逐步缩减,这反映了项目管理的困境,原因之一是尽管这些项目倡导以受助者的需求为导向,但是在确定将来的需求并相应地调整培训内容方面存在困难。[②]总的来看,经验研究表明,拉美的青年培训项目在改善弱势青年群体(尤其是女性)的就业安置和工资水平方面效果较明显,具有一定"授人以渔"的效果。

3.我国就业救助的重新定位和设计

中国古话说"授人以鱼不如授人以渔",就业救助制度能够帮助有劳动能力的受助者摆脱对救助的依赖,满足其通过劳动获取生存条件的需要,让其从劳动中体会自己生存的价值和尊严,走上

[①] Costanza Biavasch, etc(2012), "Youth Unemployment and Vocational Training", http://ftp.iza.org/dp6890.pdf.

[②] 同上。

脱贫自立之路。2014 年，国务院颁布的《社会救助暂行办法》其实确立了就业救助的重要地位，并对我国就业救助有原则性和大纲性规定，但是对于就业救助的理念和细化的制度设计目前还没有深入研究。

从国外的经验看，就业救助制度采取的制度设计体现出了较为明确的建制理念，建制理念是制度建设的指导，对制度功能和内容有重要影响，由此，对中国而言，在未来就业救助制度的建设和发展过程中，需要确立适合的建制理念。目前，我国属于发展中国家，新型城镇化、经济新常态和人口老龄化等决定了贫困问题的长期性，且相对贫困和能力贫困问题日益突出，而同时我国社会救助的水平低，受助者只能维持生存而无法积累人力资本，存在长期受助和有劳动能力受助者占比高的情况，基于此，发达国家与发展中国家的建制理念均应当考虑。也就是说，在理念方面，我国既需要借鉴发达国家的激活与防止福利依赖的理念，也要借鉴发展中国家的减贫与促进人力资本发展的理念，因为复杂的贫困形势使我国既有类似于发达国家"福利依赖"的一面，也有和发展中国家一样的贫困人口众多且人力资本低下的问题，因此需要在理念方面全面考虑和借鉴。

在制度设计方面，就业救助制度在实践中涉及的问题比较复杂，因为它不仅关涉社会救助的相关内容，还关涉劳动力市场等问题。根据《社会救助暂行办法》（表 7-3 中简称《办法》）中的相关规定和各地方的实践，结合国际上的制度设计经验，可以发现我国就业救助包含了强制快速就业、财务激励、培训和小额贷款等内容方式（见表 7-3）

表 7-3　国际比较下的我国就业救助内容

	主要内容	具体方式	我国就业救助的内容
发达国家	强制快速就业	对象与资格	《办法》有规定，对象是低保家庭中有劳动能力并处于失业状态的成员，但没有排除和例外条件。
		强制性就业要求	《办法》有规定，救助对象应当接受人力资源社会保障等有关部门介绍的工作，确保有劳动能力低保家庭至少一人就业
		就业援助措施	《办法》有规定，公共就业服务机构免费提供就业岗位信息、职业介绍、职业指导等就业服务，通过社会保险补贴、岗位补贴、培训补贴、费用减免、公益性岗位安置等办法予以救助；吸纳就业救助对象的用人单位，享受社会保险补贴、税收优惠、小额担保贷款等就业扶持政策
		儿童托育服务或付费	无
		惩罚措施	《办法》有规定，无正当理由，连续3次拒绝接受介绍的与其健康状况、劳动能力等相适应的工作的，减发或者停发其本人的最低生活保障金
	培训	就业准备培训	有，一些地方实践中有规定，如广州
		工作经验和在职训练	有，一些地方实践中有规定
		技能教育培训	有，《办法》有规定培训补贴，各地有实践
		完成学历	无
	财务激励	收入豁免与渐进扣除	有，一些地方在实践中有规定，如上海、广州
		税收抵免	无
		救助渐退	有，一些地方在实践中有规定，如上海、广州
		就业补助金	有，一些地方在实践中有规定，如上海

续表

	主要内容	具体方式	我国就业救助的内容
发展中国家		小额信贷	有
		以工代赈	有公益性岗位安置,但无大规模公共工程等以工代赈的规定
		需求导向的培训	无

由上表可见,与国外的就业救助内容设计相比,我国就业救助具有强制快速就业、培训和财务激励等方面的要素,较为全面,但是仍存在一些问题:一是培训和财务激励方面主要是部分地方的实践,没有全国性规定;二是在强制快速就业中,没有考虑到低保家庭中需要照料的成员,如儿童的托育和老人的照料,也没有考虑到可排除或例外救助对象;三是缺少需求导向的培训和大规模的以工代赈。另外,根据2013年中国城乡困难家庭社会政策支持系统建设调查的数据,可以发现我国许多城乡及流动困难家庭并没有获得政府的就业援助服务,城乡及流动家庭中从没有接受过任何就业援助服务的比例为45.1%、40.9%和40.9%(见表7-4)。另外,城市及流动困难家庭很少通过公共就业服务获得工作机会,主要渠道还是亲友介绍、灵活就业或自主创业(见表7-5)。也就是说,我国包括低保家庭在内的困难家庭在政府就业援助方面很多被排斥在外,并没有真正获益。

表7-4 城乡及流动困难家庭获得政府就业服务的情况(%)

政府就业服务	城市困难家庭占比	农村困难家庭占比	流动困难家庭占比
接受扶持资金	4.8	20.9	0.9

续表

政府就业服务	城市困难家庭占比	农村困难家庭占比	流动困难家庭占比
享受税收优惠	1.1	4.3	6.0
享受小额贷款	1.7	4.2	4.2
享受技术支持	4.2	10.1	4.7
接受结对帮扶	10.9	23.9	2.2
接受免费培训	39.2	21.0	16.4
接受有偿培训	0.9	0.6	1.6
接受其他服务	0.8	0.6	0.7
没有接受任何服务	45.1	40.9	40.9

资料来源：民政部中国城乡困难家庭社会政策支持系统建设调查数据2013，笔者统计。

表7-5 城市及流动困难家庭获得工作的途径（%）

工作获得途径	城市困难家庭占比	流动困难家庭占比
职业介绍所	5.8	5.8
招聘会	6.5	10.8
直接应聘	13.0	20.0
亲友介绍	31.6	28.2
社区介绍	13.6	4.7
政府公益岗位	4.6	1.5
自主创业	3.2	28.8
灵活就业	33.9	39.8
其他途径	1.4	0.9

资料来源：民政部中国城乡困难家庭社会政策支持系统建设调查数据2013，笔者统计。

2014年，在对成都市低保对象的访谈中，也发现了就业救助在对象和资格条件、救助内容和就业推荐以及救助递送方面的问题，多数受访者对就业救助的评价不高，认为其并没有对他们起到实质性的帮助作用。首先，就业救助的对象是低保家庭中处于劳动年龄段、有劳动能力的低保对象。但实践中，"有劳动能力"是一个较模糊的概念，救助相关法规并没有对什么是"有劳动能力"做出明确的规定，或对哪些人可以免除参与劳动力市场的义务有相关规定，因此，基层工作人员往往会有灵活的操作和考虑。比如，访谈对象中有人表示自己因需要照顾生活不能自理的老人而无法参加工作，并表示居委会工作人员也了解其困难而没有强制要求她进行失业登记；还有访谈对象表示自己有意愿工作，但因疾病或残疾等原因可能无法全天工作，于是被工作人员看成没有工作能力，不予推荐工作，比如，32岁的Z女士在访谈中表达了非常强烈的就业意愿，但是她却表示社区人员没有问过她的工作意愿，也没表示有合适的工作机会会给其介绍，在问到对社会救助有无其他需求时，她很肯定地回答："我的需求是还是希望有一份工作，想去上班。"（低保对象，Z女士。）Z女士的情况可能是因为她患有尿毒症，于是被工作人员看成没有工作能力，而没有纳入就业救助来推荐工作，虽然她本人有极其强烈的就业意愿。其次，从救助内容来看，一方面，救助内容没有考虑到受助群体的内部差别，同质性强。访谈发现，有劳动能力的低保家庭内部差异性较大：有的因自身健康差或文化与技能水平低而就业困难，有的属于刑满释放人员在就业方面受到歧视，有的是因考虑到就业会引致家庭开支的增加并丧失部分救助待遇而不愿就业，还有一些主要因家里有儿童、老人或病人等需要照顾而难以就业，目前的救助内容忽视了这种差异，缺少针对性。另一方面，救助内容难以满足受助者的实际需求。就培训来说，内容是千篇一律的岗前培训或单一的低端的技能培训，难以满足受助者提高技能和增强就业竞争力的需求，有研究对象表示"去看了一圈，就是插花、烹饪，没什么特别合适的，对找工作用处不大"（低保对象，H 女士）；"当初让我培训我很高兴，因为觉得马上就有工作了，三百五百都行。后来我发觉没有用"（低保对象，G 先生）。就推荐的工作来说，不少研究对象认为无论在工资待遇、劳动条件、工作地点和社会保险方面，所推荐的工作质量都很差，没有考虑其特殊困难，而且还存在就业歧视等现象。比如，有位女性受访对象就表述了其面对的情况："去年他们给我介绍了份工作，是食堂。周末没有休息，每月才 500 元，什么保险都没有，距离我家也很远。另外，我孩子正上初中，我得给他做饭，所以经过考虑最后我没去。"（低保对象，S 女士）"工作是这个样子的，我以前也是找过很多工作，但我有精神病，像社区办事人员还是很关心我的。我修过电脑，我培训过的。我培训了四次，都是早些年，七八年前。上一次参加工作是一年以前，我去了两天，但我没法做事情，他们嫌我突然犯病了怎么办，但他们了解我什么？我平常思维和手脚都是正常的，我去了很多地方，还在川大花园守过自行车。"（低保对象，G 先生）当被问及是否因为疾病在找工作的时候受到了歧视时，他肯定地表示："是，这个事已经打击过我五六次了。工作方面很头疼。我不是对社会有意见，关键是现在社会对我们残疾人，精神病患者少一些理解。政府、社区、残联都给我介绍过工作，但就是工商部门，青年人对我们缺少理解。工商部门和企业家不敢用我们这些人，怕我们带来物质上的伤害，他也没给我买保险。"（低保对象，G 先生）G 先生的叙述透露出现有就业救助的两大问题，一是培训内容是千篇一律的岗前培训或单一的低端的技能培训，难以满足受助者提高技能和增强就业竞争力的需求，G先生参加过许多次培训，但发觉没有大用，直至对培训失望，他说最近已经不参加了。二是推荐工作后，没有继续跟踪追访并采取相应措施解决雇佣双方的问题，以致多次推荐工作均以失败告终、成功率低，同时，G先生的话里还透露出对所推荐工作的不满（工作没有社会保险）以及对就业歧视的无奈。再次，我国就业救助采取公共部门递送方式，基层依托社区居委会负责具体事务。居委会贴近社区，了解受助者情况，信息掌握方面有优势，但同时存在缺陷，救助递送者和社区居民的"亲近"关系，增大了基层工作人员的"人情"压力，导致递送难度上升，并最终造成松懈和不规范，就业救助的一些规定难以真正落实。一些研究对象表示，虽规定不接受推荐工作3次以上就要取消低保金，但因个人身体原因或家庭原因（如有上学的儿童、老人等），他们拒绝推荐的工作后并没有被取消待遇，因为和工作人员都比较熟悉；还有个别研究对象利用这种熟悉而隐形就业并拒绝推荐的工作，也没有被取消待遇。一位男性研究对象的话颇具代表性："大家都住在一个社区，抬头不见低头见，遇事灵活点就过去了。"（低保对象，L先生）。

针对以上制度内容的国际比较、调查和访谈发现的问题，笔者认为，我国就业救助制度设计的完善应从以下方面入手。

第一，客观合理地界定就业救助的对象与资格条件，并明确可以排除的对象。我国传统的社会救助一直使用较为主观模糊的标准来确定受助对象，比如，"鳏寡孤独废疾"、"三无"人员等，现代社会救助要求有较客观科学的贫困标准来确定受助者，"低保线"的设定就是一大进步。对就业救助来说，也应用较客观、科学的标准来界定受助者,对"有劳动能力"应有个明确的界定,比如,德国规定凡是每天至少可以从事3小时就业活动的人即为"有劳动能力",就必须积极寻找工作并就业,而不能依靠救助生活,这也包括了部分轻度残疾人和病人。①2014年在成都对低保对象的访谈中发现,部分身体有疾病者有很强烈的就业意愿,但是社区工作人员却把他们归入"没有劳动能力"的群体,没有给予其就业救助。比如,32岁的Z女士因尿毒症每周要去医院透析一次,在访谈中她表达了强烈的就业意愿,但是她却表示社区人员没有问过她的工作意愿,也没提有合适的工作机会将给其介绍,在问到对社会救助有无其他需求时,她很肯定的回答:"我的需求是希望有一份工作,很想去上班。"(低保对象,Z女士)另外,对于哪些人可以免除参与劳动力市场的义务也要有明确的规定以减少和避免争议,而不是像现在由基层工作人员自由裁量。国际上,因照顾生活不能自理之家人的救助对象通常可免除义务,生活不能自理的家人主要包括一定年龄以下的未成年子女(如,荷兰5岁、捷克4岁、中国台湾6岁等)及身心障碍或罹患特定病症的家人。②总之,要在相关法规文件中对就业救助的对象进行较为客观和合理的规定,这是完善就业救助的前提和基础。

第二,提供以救助对象需求为导向的个性化、内容全面的培训。培训是目前我国困难家庭获得最多的就业服务,城乡和流动困难家庭分别有39.2%、21%和16.4%获得过免费培训(见表

---

① 蔡和平:"哈茨改革能否扭转德国劳动力市场的颓势",《中国劳动》2007年第1期,第33页。
② 黄晨熹:"城市低保对象动态管理研究:基于'救助生涯'的视角",《首届中国社会救助研讨会论文集》,2009年。

7-4），然而，培训的方式主要是技能培训，没有针对受助者自身的需求和市场的需要，因而效果有限、大多流于形式，比如成都的访谈中，G先生表示他曾多次参与培训，如电脑、厨师等，培训期间不会收费还会有餐补，但是培训后发觉意义不大，对找工作几乎没用，他说道："当初我很高兴，因为觉得马上就有工作了，三百五百都行，后来我发觉没有用"（低保对象，G先生）。因此，应该考虑受助者自身需要并结合市场需求，增加培训的内容，除技能培训外，还要训练救助对象的求职技巧、沟通与交往技巧，帮助其积累工作经验或取得相关学历文凭等，要避免千篇一律和无针对性。发展中国家的经验表明，培训项目由政府规范并由私人企业与社会企业通过竞标来运作，使得项目可以以弱势青年的需求为导向，效果较好。我国在实施培训的过程中也应该重视发挥社会力量的参与作用，在培训等内容方式上更多地调动第三部门的积极性。国外许多经验研究已经证明，为了减少福利依赖，重视教育和培训等人力资本投资方面比单纯地强制受助者进入低级劳动力市场就业更为有效。对此，可以考虑强制性地要求长期受助的有劳动能力的低保对象（3年以上）必须参与培训相关项目。

第三，改进现有就业援助措施并细化援助流程。上文已分析，虽然我国就业援助措施较多，但是真正受益者较少，这需要进一步扩大就业援助措施的覆盖范围，让更多的救助对象享受到技术支持、扶贫资金、就业介绍、就业指导等服务。另外，要充分发挥社区推荐、职业介绍所等作用，帮助救助对象找到"合适"的工作，目前不少救助对象认为社区推荐的工作不符合其需要，因此，要着力提供"合适"的岗位，即契合受助者劳动力市场特征和家庭实际情况的就业岗位。国际经验上看，"合适"工作的判断标准包括：

和之前工作相比所提供的薪酬；工作地点和离家的距离；新工作和受助者以往职业、能力和培训的联系；新工作的危险或危害程度等。① 总之，推荐的工作要尽可能满足受助者对工作的需求以及他们自身的职业经历和能力技术等，并能让受助者一定程度兼顾家庭。② 再有，还要细化就业援助的流程，现有的就业援助措施较为简单，更多是从相关部门的管理便利出发，而非基于受助者的需求，难以帮助其真正脱贫自立。③ 许多发达国家和地区会与受助者一起订立职业计划，协助其获得最新劳动力市场信息并提供合适的就业机会，受助者就业成功后还会继续提供服务，鼓励其持续工作。现实中，我国就业救助只是有什么就提供什么，对受助者需求很少关注，受助者就业后也没有持续关注，导致就业状态不稳定，失业后又不得不重新申请救助。因此，就业救助在帮助受助者准备工作、寻找工作和适应工作方面，都要有相应举措。

第四，重新设定财务激励和惩罚措施。目前，我国就业救助在财务激励方面没有全国性规定，部分地区设计有收入豁免、救助渐退及就业补助金等。国外经验表明，财务激励作为对受助者的经济奖励措施，可以增强工作诱因，是非常重要的制度，受助者找到低收入工作后不仅可以获得工作收入，还能获得税收抵免或就业奖励，进而愿意寻找工作。我国应当规定收入豁免和渐进扣除，因为低保实质是"补差"制度，这其实隐含着对救助人口的收入

---

① US-SSA (2008), "Social Security Programs throughout the World: Europe", Vol. SSA Publication, Washington, DC.: Social security administration, Office of retirement and disability policy, Office of research, evaluation and statistics.
② 黄晨熹：''城市低保对象动态管理研究：基于'救助生涯'的视角''，《首届中国社会救助研讨会论文集》，2009年。
③ 吴小芳：''就餓业救助的制度设计及对中国的启示''，《第四届中国社会救助研讨会论文集》，2015年。

从低保标准线起征收 100% 的所得税,这会影响低保对象的就业积极性,可以考虑设置 60% 以下的扣除率以取代现有 100% 的扣除率,结合救助渐退,让就业后的低保家庭仍可以享受一段时间的住房、医疗和教育救助等相关待遇,同时,要考虑到因找工作和就业后所需的花费,为就业者设立交通、通信和服装补助金等,以降低低保对象对救助的依赖。除了奖励之外,还要考虑惩罚措施,明确受助者的责任和义务,除了对无故不接受就业者要减少甚至停发其低保金外,可以对较年轻的受助者规定救助时限,要求其连续享受低保不得超过 3 年,累计不得超过 5 年等,但对于多次无法就业者也要具体情况具体分析,进一步细化本人因素与非本人因素,对于非本人主观因素的可免除处罚。

第五,增加针对受助者家庭的儿童、老人等社区日间照料,完善以工代赈和小额信贷的救助方式。发达国家经验表明,要使受助者投身劳动力市场,需要帮助解决其家庭尤其是单亲父母的子女照顾问题,因此,政府多有儿童托管服务或负担儿童照顾费用。在我国,对于因照顾家庭原因而无法工作的人来说,应该增加儿童托管、老人社区日间照料等服务,这可以使受助家庭减少后顾之忧、积极投身劳动力市场,还可以促进社区福利服务的发展、创造更多就业机会,而这些机会又可以发展出公益性岗位解决就业特困受助者的工作问题,是一举多得的方式。此外,现有的政府公益岗位属于一种以工代赈,但是目前能够获得这种就业救助的对象比例很低,根据 2013 年民政部调查,只有 4.6% 的城市困难家庭和 1.5% 的流动困难家庭通过政府公益岗位就业(表 7-5),这说明应该进一步增加政府公益岗位,同时可以考虑在建筑、环保等领域实施大规模以工代赈的方式,解决受助者的就业困难,我国在中华人民共和国成立初期曾广泛使用以工代赈这种救助方式并取得了较为显著的效果,这与中国鼓励自力更生的文化一致,也可避免使人变懒惰的道德风险,发展中国家的经验也表明这种方式有积极的减贫效果,对我国具有借鉴意义。小额信贷在我国虽然存在,但是还有许多问题需要解决,应该继续加以完善并在城市和农村地区扩大范围去推广,可以把小额贷款的目标首先放在一家一户的"可持续生计"上,[①]待其发展起来后,有更大的潜力的,再发展成小企业,让更多的人就业。

第六,优化就业救助管理体制并重构递送方式。就业救助的提供不仅涉及民政部门,还涉及人社等部门,发达国家的经验表明,就业救助需要与失业保险制度进行衔接合作,采取与就业市场广泛连接的内容方式并建立遍及社区的职业介绍所,针对每个受助者开展有针对性的培训和职业介绍等。由此,我国需要理顺就业救助的管理体制,在管理上,除了继续加强民政部和各级民政机构的职能以外,还可以加强与分管劳动就业的部门和各地就业中心的管理互动和信息共享,力图通过阶段性救助来促使受助者返回就业市场。[②] 关于递送方式,现有公共部门的递送方式显然无法提供多样化和个性化的就业救助内容,基层社区居委会也有不少"人情"因素在内的弊端,不利于就业救助制度的规范化实施。对此,除引入专业的社会工作者扩充基层工作队伍以提高其专业

---

① 在1995年社会发展峰会上通过的《哥本哈根宣言》中是这样表述"可持续生计"的:"使所有男人和妇女通过自由选择的生产性就业和工作,获得可靠和稳定的生计。"参见唐钧:"城市低保制度、可持续生计与资产建设",《商洛师范专科学校学报》2005年第1期,第2—6页。

② 刘涛:"德国社会救助制度改革对我国低保制度的启示",《第二届中国社会救助研讨会论文集》,2011年,第333—343页。

性并减少"人情"因素外，还要积极引入包括志愿组织等在内的第三部门参与递送以彻底改变现有递送方式。第三部门参与救助递送有一定优势，因为需要救助的困难家庭差异较大，而第三部门的特长在于其弹性，容易获得信任并可以提供有针对性的、灵活的且个性化的服务，有助于提高递送的公平性和效率。事实上，四川省在2011年就开始为省内所有残疾人提供以残疾人需求为导向的个性化福利服务并取得了较好效果，可以对其递送方式加以借鉴。

最后，还要注意就业救助与相关配套制度的衔接。就业救助要想更好地发挥作用，不能孤立运行，还要关注其他配套制度并与其有效衔接。首先，是要和老年人、残疾人与儿童福利相衔接，福利服务对贫困家庭非常重要，可以减轻贫困家庭的负担和后顾之忧，使有劳动能力的家庭成员积极投身劳动力市场。我国目前福利服务虽然得到长足发展，但是还远远滞后于儿童、老人和残疾人等特殊群体的需求，对贫困家庭来说尤其如此，由于家庭成员的儿童托管、残疾人康复和老人养老及护理没有办法解决，有劳动能力的贫困者往往因为要照顾家庭成员而不具备劳动条件，这既不利于他们实现自身价值，也不利于家庭的脱贫，为此，需要积极发展和完善相关福利制度。其次，要和失业保险制度有效衔接。国际上看，失业保险制度不仅要具备保障失业者基本生活的功能，还要具备预防失业和促进就业的作用。我国目前的失业保险在促进就业方面的作用十分有限，为此，需要在这方面着力，使之和就业救助制度有效衔接，考虑低保群体的具体情况，积极促进其就业。再次，要和医疗救助制度有效衔接。健康是非常重要的人力资本，如果没有健康，工作只能是奢望，通过本书调查的定量分析（见表4-14），可以发现健康变量在回归模型中影响显著，身体健康者的工作概率比其他受助者高15%。通过医疗救助对贫困家庭的医疗进行干预并提升其成员的整体健康水平，其实是一种人力资本投资，可以帮助其实现就业。最后，要和就业促进制度相衔接。我国已经颁布了就业促进法，其中涵盖各种优惠措施，可以将相关规定的落实和就业救助制度结合与衔接，比如保障就业公平、通过税收优惠鼓励用人单位接受受助者等，这包括有部分劳动能力的残疾人，也要积极促进其投入劳动力市场。[①]

7.3.3 强化现有专项救助并增加服务类专项救助

贫困中的"贫"是指收入少、基本生活困难，"困"是指陷在无法摆脱的环境当中，也就是说，贫困既包括弱势群体的收入不足，也包括其所处的社会困境，其也分别对应着收入贫困和多维贫困的概念[②]（见图7-3）。我国社会救助中的低保可以应对"贫"的问题，而"困"的问题则需要专项救助来解决，由此可见专项救助的重要性。

东南亚发展中国家专项救助模式的发展型社会救助实践同样表明，医疗、教育、住房等专项救助主要通过提供服务来帮助贫困群体解决特殊方面的困境，并帮助奠定发展的基础。我国受助群体获得低保金后，只能满足最基本的生活需要，难有发展的条件，

---

① 王三秀："中外救助与就业促进联动模式比较及创新研究"，载王治坤、林闽钢主编：《中国社会救助：制度运行与理论探索》，人民出版社2015年版，第161—174页。
② 冯贺霞、王小林、夏庆杰："收入贫困和多维贫困的关系分析"，《劳动经济研究》2015年第6期，第38—58页。

面对这种情况,再加上老年、儿童贫困问题较为突出,强化能够解决各类社会困境的专项救助十分必要,因为上一节已经专门阐述了发展型社会救助的重点即就业救助的问题,这里的专项救助主要涉及教育、医疗和住房等救助。具体可以从以下几个方面入手。

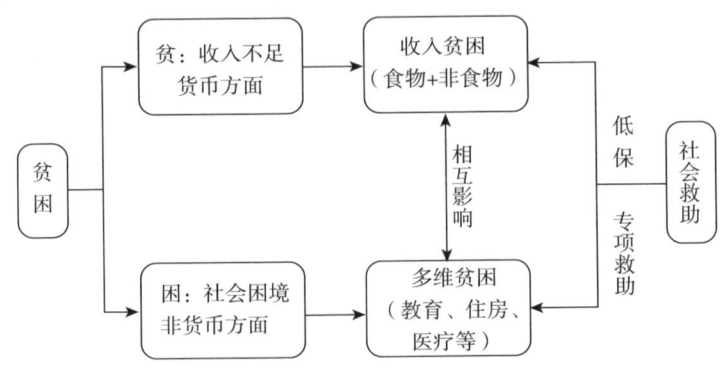

图 7-3 贫困的含义分析和社会救助的分工

第一,规范专项救助的救助对象,避免叠加效应。上文已经分析,我国救助水平偏低,但同时出现了长期救助现象,许多有劳动能力和劳动条件的受助者沉淀在救助制度中不愿退出。根据民政部 2013 年全国城乡困难家庭社会政策支持系统的大规模抽样调查数据,城市低保家庭平均享受了接近 6 年的低保待遇,89% 的家庭从未退出过,农村低保家庭平均共享受了 3.4 年的低保待遇,92% 的家庭从未退出过。出现长期救助的原因之一是叠加效应,即专项救助对象的确定多建立在低保资格上,也就是说,对生活影响重大的教育、医疗和住房等专项救助项目,一般都以低保资格为依据来有选择地实施,这种简单地叠加使低保证的"含金量"不断提高,造成低保对象不愿退出救助,也使更多的低保边缘群体希望获得"低保证"以享受各种专项救助,长此以往势必会影响我国社会救助的公平性和效率。根据2013年民政部城乡困难家庭社会政策支持系统建设的数据,同时享受两到三项救助的低保家庭占48.75%,同时享受四到五项救助的低保家庭占33.94%(见表7-6),也就是说,低保家庭在低保金的基础上还能领到较多的叠加补助,使得低保家庭产生了救助的依赖。①

表7-6 我国城市低保家庭社会救助项目叠加情况(%)

救助项目叠加情况	所占比例
仅享受低保金	11.96
同时享受两到三项救助	48.75
同时享受四到五项救助	33.94
同时享受六到七项救助	4.98
同时享受八项及以上救助	0.37

资料来源:刘璐婵、林闽钢:"养懒汉是否存在?城市低保制度中'福利依赖'问题研究",《东岳论丛》2015年第10期,第37—42页。

针对此,可以考虑将各类专项救助纳入统一的社会救助管理体系,对各个项目在救助对象、标准、给付方式和水平以及管理等方面都统一设计,以提升各项目之间的协调性。同时,要打破专项救助资格和低保对象的捆绑,即可将专项救助的基本资格扩大到低保以外的群体,或将其缩小到低保领取者中的某些特殊家庭,还可以与低保范围交叉。总之,是要本着家庭的实际困难情况通过需求测试的方式来确定专项救助的对象,而绝不是按照是否具有

---

① 刘璐婵、林闽钢:"养懒汉是否存在?城市低保制度中'福利依赖'问题研究",《东岳论丛》2015年第10期,第37—42页。

"低保证"来确定专项救助的对象,以避免叠加效应①,这才有助于社会救助的可持续发展。在这方面,我国近邻韩国最新的社会救助改革可以提供借鉴与启示,1999年韩国建立了国民基础生活保障制度,类似于中国的低保制度,为低于绝对贫困线的受助者提供生活救助,此外,这些受助者还可以获得教育、医疗、住房等救助,而如果不是国民基础生活保障的对象就不能获得任何救助待遇,这一方面使国民基础生活保障的受助家庭产生福利依赖,另一方面也造成了类似于中国的叠加效应。因此,2015年7月,韩国实施了最新的改革措施,基础生活保障、医疗救助、教育救助和住房救助等专项救助制度分开运行,基础生活保障主要针对绝对贫困群体提供生活救助,而医疗、教育、住房等专项救助针对有需要的绝对和相对贫困人群②,这种方式更能满足贫困家庭的需要,也有助于更加公平、有效地提供救助。

第二,优化现有各类专项救助的制度设计。目前,我国医疗、住房、教育等专项救助还存在一些不完善之处,需要加以改进和优化。一个共同的问题就是各类专项救助的覆盖面较小,对于流动人口而言尤其如此,根据对2013年城乡困难家庭社会政策支持系统调查数据的分析,城市困难家庭享受到医疗、教育、住房救助的比例为23.6%,10.6%和14.8%,农村困难家庭的比例相应是29.6%,8.3%和2.4%,流动困难家庭中没有获得任何救助的比例非常高,达64.9%,获得过医疗、教育和住房救助的比例仅为

---

① 关信平:"我国城市居民最低生活保障制度研究",载米勇生主编:《社会救助与贫困治理》,中国社会出版社2012年版,第3—19页。
② 〔韩〕李贤珠:"收入贫困的两面:贫困测量的实验性对策",《第十一届国际社会保障论坛论文集》,2015年。

6.8%、3.9% 和 3.5%，许多困难群体难以获得各类专项救助，生活质量难以得到改善。另外，就是各项救助自身的制度设计问题，比如医疗救助只面向重特大疾病群体，慢性病、多发病等并没有被列入医疗救助的范围，而调查表明患慢性病的贫困群体占病人的比例非常高，患病家庭的医疗支出中慢性病费用的支出最多①，但目前患慢性病或其他疾病的低保群体一般都无法获得医疗救助，为此，需要逐步扩展医疗救助项目，除覆盖患重特大疾病的困难群体外，还要逐步覆盖其他一些就医困难群体，防止"小病拖成大病"与"贫病循环"。对教育救助而言，许多地方要求受助家庭的青少年向学校提出申请，这种方式会产生"不利用（non-take-up）"或低使用率问题②，为了保证贫困家庭子女的受教育权，需要重新设计救助方式，比如，符合资格者应在开学前到户籍所在地录入在社会救助系统中的信息，开学时由学校对照社会救助体系信息系统中的有关信息进行审核，确认其身份后主动实施救助，这样可以保护受助者的隐私、防止其尊严受损，并减少"不利用"问题。此外，我国教育救助应该重视并加大贫困家庭学前教育儿童的教育救助，避免贫困代际传递。对住房救助而言，要规范住房救助的方式，对于城市的住房救助对象，可采取提供廉租房、优先配租公租房、发放租赁补贴等多种形式，其中优先配租公租房，应给予租金减免，对于农村的住房救助对象，优先纳入农村危房改造计划，优

---

① 章晓懿:"基于满足因病致贫人群需求的医疗救助制度完善研究"，《首届中国社会救助研讨会论文集》，2009 年。

② "不利用"问题的主要原因之一是社会救助的社会污名效应（stigma），即社会对领取救助者持有负面的看法与评价，使其产生耻辱感。在社会救助较发达的西方国家，耻辱感已经越来越成为贫困者明明符合条件却不申请社会救助的主要原因。见〔日〕副田义也:《生活保护的社会史》，东京大学出版社 1994 年版，第 245 页。

先实施改造。

　　第三，要适度提升现有各类专项救助的水平。目前，我国各类专项救助的水平较低，难以满足获助家庭的实际需要。根据对2013年城乡困难家庭社会政策支持系统调查数据的分析，可以发现，各类专项救助项目的金额较少、水平较低。比如，农村困难家庭享受医疗、教育、住房救助和水电、燃料及取暖减免的平均金额分别为545元、97.6元、44.5元和52.4元，这种救助水平相对于高额的医疗、教育负担等，实在是杯水车薪。2008年上海城市低保家庭生活状况抽样调查的结论显示，医疗负担沉重是造成城市低保群体收不抵支的最主要原因，而由于医疗救助水平低，其缓解受助群体医疗困难的作用有限。①2014年在成都对低保对象的访谈结果也表明，医疗、教育、住房等救助对低保对象的帮助有限。比如，在教育救助方面，家有初中生的G先生很有感慨："我儿子学费是免了的，这些方面国家做得很好。生活费是自己出，不过每年有500元的补贴。一个月很多钱用在补课上，补课是自愿的，但是不补就跟不上。他们班主任知道他是低保户，所以补课费就会少收一些，后面实在不行，就让他到其他班去。他现在对学习是很有信心，但自己也不敢补了，肯定是嫌花钱。我儿子以前不是这样爱学习，但通过补课后，积极性提起来了。小学的时候是喜欢玩，但初中不一样了。他们班比其他班要多两倍的作业，学生和家长没有节假日了，都要搞作业。现在最头疼的就是补课费，太恐怖了。"在被问到希望通过哪种形式来提供教育补助，是现金，还是服务（如提供教师辅导）时，G先生毫不犹豫地回答："辅导老师，

---

①　上海调查数据显示，城市低保家庭获得的政府救助金收入中，低保补差所占比例最大，达到71.68%，而医疗救助金所占比例仅为1.25%。

可以组织四川大学的学生,帮助我们弱势群体。"以上叙述说明G先生认为目前教育方面的救助水平有限,还有不足之处,尤其是补课方面,他对教育救助的未来改进存在期待,希望获得服务性的救助。之前已经有经验研究表明低保家庭的孩子有没有上过辅导班、补过课对孩子学习成绩排名有显著影响①,这说明G先生的需求并非不切实际,其在叙述中也反复强调了自己儿子补课后成绩的提高以及对学习兴趣的加深。总之,要适当提高包括医疗、教育、住房救助在内的各类专项救助的救助金额,此外,还应注重提供各类救助服务,比如在教育救助中对贫困家庭提供补习服务,这类服务可以由非营利组织和志愿团体提供。最后,还要将专项救助与其他更广泛的社会服务与基础设施等领域的完善有效地结合,例如,若公共住房数量不足、质量低下,那么住房救助就很难发挥效果。

第四,增设新型服务类专项救助,满足弱势群体多方面的需要。成都市的问卷调查发现,除现金和实物帮助仍占较大比重外,不少低保对象有照料护理、心理安慰、就业与法律援助等服务方面的需求。(见表7-7)

表7-7 被调查低保家庭最迫切需要的救助类型(%)

迫切需要的救助类型	现金资助	照料护理	心理安慰	就业机会	实物帮助	法律援助
所占百分比	85.6	11.1	6.7	10.6	17.9	1.1

资料来源:成都市低保家庭调查数据2013—2014,笔者统计。

---

① 郑飞北:"贫困儿童的发展状况与儿童福利的政策转向",载米勇生主编:《社会救助与贫困治理》,中国社会出版社2012年,第197—216页。

2014年对成都市低保对象的访谈也表明,受助者除对教育、医疗等服务救助需求外,其对服务类救助的需求还包括心理辅导、入住养老院或享受养老服务、社会保险等。

老年低保对象主要关注养老问题,比如,H先生就求助于社区帮他找养老院,但最后发现收费较贵,"我现在关心的主要问题就是养老,我问了一下,养老院一个月要3000多块钱,我自己不能动,要把护理费和生活费加起来,就比较贵,要3000多。"(低保对象,H先生)66岁的L1先生则表示"希望能有自己的社保,对低保没什么特别多的想法。"(低保对象,L1先生),这其实说明了他担心自己的养老问题,目前的低保只能解决生存,根本无法应对他们的老年生活需要,他们需要老年生活和护理方面的救助。基层工作人员也认识到了老年低保对象养老问题的迫切性,社区的Z女士认为:"有一些老年的残障低保对象,我觉得政府应该考虑建立专门的养老院来看管他们,我觉得政府还是应该在这方面多考虑。"(社会基层工作者,Z女士)

在问到心理方面的需求时,许多低保对象其实都表达了孤单、无助的心理,甚至还有两位直接提到了"想死"的感受。比如,W2先生表示:"我挺悲观的。大不了我就引火自焚,我煤气一打开就来个自我了结,我是真的有这样的想法哦,我们这个岁数就是国家的负担,走到路上都影响市容。"(低保对象,W2先生)H先生说道:"我就想着我哪天死,死快一点。"(低保对象,H先生)这种"绝望"叙述使听众感受到了其内心的痛苦和绝望,也感受到了低保对象急需心理辅导和情绪疏通,在被问到如果有心理救助是否愿意去参加时,H先生则明确表示非常需要。其实,认为社区多组织些活动包括心理辅导等,表示愿意参加的研究对象还是不少，G 先生明确表示自己"很想进行心理辅导，但是市场上心理辅导最便宜是 20 块每小时，"他表示"因为没钱所以没接受过心理辅导"。（低保对象，G 先生）以上说明了目前相关救助服务的缺失和受助者对其的需求与期待。在未来，在完善教育、医疗、住房等现有专项救助项目的同时，由于受助者还存在精神和心理慰藉、生活照料、养老服务等方面的需求，因此，未来的专项救助制度还要进一步拓展项目，设立心理救助、照料救助等新型服务类专项救助，以满足受助者的多元需求。也就是说，访谈表明，除了对低保这类现金救助的需求外，不少研究对象还论及了现有医疗、教育和就业这类服务型救助的不足，表示了对这类救助以及其他相关服务型救助（如养老、心理辅导等）的需求与期待。受助者除了现金救助的需求外，还有对服务型救助的需求，除了对满足基本需求的"工具性"救助方式的需求外，还有对"情感性"救助方式的需求，这和我国传统社会救济时期在"社会主义不能饿死人"原则下受助者只有对温饱的需求明显不同，现有这种救助需求的多样化反映出受助者对自身权利的诉求，他们越来越从维护自身权益的角度提出需求。

2013 年民政部城乡困难群体社会支持系统的调查表明，不同类型的困难家庭对社会救助的需求存在差别，城市困难家庭最需要的社会救助排在前三位的分别是低保，医疗救助和水电、燃料及采暖补助，流动人口困难家庭最需要的社会救助排在前三位的是住房救助、医疗救助和教育救助，农村困难家庭最需要的社会救助排在前三位的分别是低保、医疗救助以及临时重大事故救助，此外，还有不少困难群体需要就业帮扶、创业扶持、法律援助、心理服务等。在从获得救助上升到脱贫目标后，城市困难家庭的获助需要也有所不同，包括直接提供生活金和生活品、资助子女完成学业、帮家里劳动力找份工作、减免医疗费和提供技能培训、指点致富门路等（见表7-8）。

表7-8 城乡与流动困难家庭认为脱贫所需的扶助

需要的扶助	城市困难家庭	流动人口困难家庭	农村困难家庭
第一需要	直接提供生活金和生活品 27%	提供技能培训、指点致富门路 29%	直接提供生活金和生活品 45%
第二需要	资助子女完成学业 20%	资助子女完成学业 16%	减免医疗费 16%
第三需要	帮家里劳动力找工作 20%	帮家里劳动力找工作 13%	资助子女完成学业 12%

资料来源：民政部中国城乡困难家庭社会政策支持系统建设调查数据2013，笔者统计。

总之，以上调查与访谈结果表明，我国贫困家庭的需求已经日益多元化，尤其存在对医疗、教育、就业、住房等各种救助服务的需求，为贫困家庭提供其所需要的救助服务，既可以满足贫困家庭的不同需要，还可以与现金救助有效配合，提高对贫困家庭的救助效果。目前，我国偏重现金救助，服务救助比较薄弱，应当予以重视并促进其发展。从本书调查发现的实际需求看，笔者认为，我国的社会救助服务应当优先发展以下项目：康复与护理救助服务，照料、看护与托管救助服务，心理救助服务等（见表7-9）。这些救助服务应该先采取局部试点探索并积累经验的方式，对于需求面广、容易评估、质量可控的救助服务要逐步固定下来成为政策。①实施救助服务时,仅靠政府难以保证,需要借助社会力量和专业的社会工作者,以政府购买服务等方式,彻底改变目前的救助递送,以受助者的需求为导向提供各种组合的"救助套餐",这部分将在下文完善社会救助管理与服务体系的部分中进行详细阐述。

表 7-9　我国应新增的社会救助服务项目

救助服务的类别	目标群体
康复与护理	贫困的残疾人、病患者、高龄老人等
照料、看护与托管	贫困家庭的老人、儿童,孤儿,流浪儿童等
心理咨询与疏导	贫困家庭中有心理问题的成员,社区矫正人员(吸毒、刑满释放者)
就业扶持和指导	贫困家庭中有劳动能力与有劳动条件的失业者

7.3.4　通过试点逐步实施有条件现金转移支付项目

拉美发展中国家有条件现金转移支付模式的发展型社会救助实践表明,有条件现金转移支付项目可以帮助贫困群体积累和发展人力资本。证据表明,社会成员(尤其是儿童)健康状况的改善和教育水平的提高对人力资本积累非常关键,因为营养、健康和教育状况差和贫困关系密切②,有条件现金转移支付项目把救助资格和营养、健康和教育等方面的条件相结合,使贫困群体能够改善其营养、健康和教育水平,取得了诸多方面的积极成效。我国

---

① 亚洲开发银行:"在中国开展有条件现金转移支付项目的理据",http://www.mof.gov.cn/mofhome/guojisi/pindaoliebiao/diaochayanjiu/201304/t20130418_830099.html,2013 年。
② 江治强:"经济新常态下社会救助政策的改革思路",《西部论坛》2015 年第 4 期,第 31—39 页。

出现长期救助和贫困代际传递问题的根本原因是受助者的人力资本存量和能力较低，难以摆脱对救助的依赖。另外，根据中国疾病防控中心的数据，中国身高低于正常值的儿童数量在世界上列第二位，并且农村地区有20%的儿童贫血，营养状况有待提高[①]。为此，中国需要通过试点逐步实施有条件现金转移支付项目，因为有条件现金转移制度在促进人力资本开发和提升能力方面的成效明显，无条件的现金转移支付不一定会转化为受教育水平或健康及营养水平的提高，也不一定会通过促使受助者开展微型创业活动或增加就业机会而产生长期影响，易导致受助者不得不长期依靠救助维持低水平生活。另外，如果不设置条件限制，受助家庭获得现金后可能会把这些现金存起来或用于购买非必需品，这对改善受助者的生活状况没有帮助，容易造成贫困代际传递。[②]

由于有条件现金转移支付项目在规模上比较灵活，多数拉美国家选择了逐步实施的策略，即先试点，后评估和调整，之后再扩大规模，虽然有条件现金转移支付项目在实施最初成本较大，但这些成本会分摊在随后整个项目执行期，并且与传统的社会救助项目相比，其总体成本并不高。对中国来说，也可以考虑循序渐进的方式，先在农村地区开展试点，通过试点检测方法，评估结果、适度调整，然后再进一步推广，在项目后期可以扩展项目的受助群体范围，覆盖老年人、残疾人和城市贫困者等弱势群体，并考虑与低保项目相协调、配套实施。[③] 比如，目前我国低保已实施"分类施

---

① 亚洲开发银行："在中国开展有条件现金转移支付项目的理据"，http://www.mof.gov.cn/mofhome/guojisi/pindaoliebiao/diaochayanjiu/201304/t20130418_830099.html，2013年。
② 同上。
③ 同上。

保",即对低保家庭中有老人、儿童、残疾人等家庭上浮一定比例的低保金,然而在实践中,分类粗疏、群体的界定模糊,另外,上浮的现金是作为家庭低保金的一部分,无法保证上浮部分用于家庭中的特殊弱势人员。为此,可以借鉴拉美发展中国家有条件现金转移支付模式,对我国目前的"分类施保"加以调整,对分类进一步细化并规范,在此基础上,为不同类别的弱势群体提供有条件的现金转移支付,比如,可以向有学龄儿童的低保家庭提供额外的现金救助,条件是要求这些家庭保证儿童的营养水平、接受体检并完成学业;对于低保家庭中有孕妇、老人或残疾人的,可以考虑提供额外的现金并以定期体检、保证营养、接受医疗和护理等服务为条件等。笔者在成都市的访谈中发现,低保的"分类施保"由于是无条件的现金转移,它对于提升贫困家庭中的弱势群体的生活质量十分有限。以儿童为例,成都市规定低保家庭若有学龄儿童,每月低保金可增加20%—40%,一位女性受访者表示:"如果没有分类施保增加的部分钱,我们每月都是收不抵支,需要从亲戚那借,现在基本可以做到收支相抵。实话说,我想在我儿子身上花钱,但是没办法,我丈夫有肝病每月都需要买药吃,所以增加的低保金并没有用在我儿子上。"(低保对象,P女士)事实上,不少低保对象表示尽管分类施保是针对家中的弱势对象的,如残疾人、儿童、老年人等,但实际上却并没有用在他们身上,这使他们很难获得发展和提升。一位女性受访者的话比较有代表性:"分类施保确实一定程度地提升了家庭收入,但是仍然不够,我们家还是收不抵支。我们不能常吃肉蛋奶,上周我还让我女儿不要参加补课了,因为补课费太贵,根本负担不了。"(低保对象,L女士)由上可见,贫困家庭的儿童在营养和教育方面都处于不利地位,这会阻碍他们的成长，并易导致贫困的代际传递。因此，通过引入有条件现金转移支付制度，并确保贫困家庭中的儿童在营养、健康等方面得到改善，这对于他们的未来发展是非常重要和关键的。

7.4 完善社会救助管理与服务体系

发展型社会救助制度设计的完善和健全，需要有高效的管理和服务体系与之配套，这样才能最大限度地发挥社会救助的功效。

7.4.1 适度集中与厘清关系：规范社会救助管理体系

就社会救助管理体系而言，进一步规范的指导方针应是适度集中管理，一家主管、多家配合。

我国社会救助行政管理体制经过中华人民共和国成立60多年的嬗变，特别是民政部在大部制改革中对内设机构进行了新的调整以后，社会救助、灾害救助、慈善事业、社会福利都有了专司其职的主管机构，这在中华人民共和国成立以来尚属首次。[1]目前，城乡低保、"五保"、医疗救助、临时救助均由民政部门负责管理实施，在民政部门内部分属不同的机构，其他各类专项救助，包括教育救助、住房救助、法律援助等分别由教育部门、住建部门和司法部门负责管理，现有的管理体系造成了政策和政策之间、部门和部门之间、政府和社会之间的分割和脱节，交叉重叠与残缺漏洞

---

[1] 岳宗福："新中国60年社会救助行政体制的嬗变：回顾、思考与展望"，《第一届社会救助研讨会论文集》，2009年。

并存,重复救助或救助资源分配不均,不利于救助资源发挥合力,同时各部门之间的协调也存在一定困难,不利于发挥社会救助的合力,影响了社会救助整体效能的发挥。

为此,要厘清两方面的关系。一方面,需要厘清社会救助行政管理体制和专项救助行政管理体制的关系。如前所述,各类专项救助,包括教育救助、住房救助、法律援助、就业救助等分别由教育部门、住建部门、司法部门、人力资源和社会保障部门等多部门负责管理,因此,厘清社会救助行政管理体制和专项救助行政管理体制的关系十分重要。民政部门作为社会救助的主管部门在专项救助方面应该先从协调和沟通入手,划分权责界限以及相互配合和协调的关系,先通过部际协调机制进行管理,理想是在将来把专项救助的内容整合到民政部门统一管理。另一方面,要厘清社会救助行政管理体制和社会福利行政管理体制的关系。我国社会救助和社会福利在行政管理体制上关系紧密,两者有时从机构到业务内容都是合在一起的,有时虽然机构名称看是分开的,但其负责的业务内容却交织在一起,这种状况一直持续到现在,比如慈善事业和社会捐助管理纳入的是社会福利管理体系,但是很多地方政府在界定社会救助时,均将慈善和社会捐助划入社会救助管理的范畴,实际上,慈善事业和社会捐助属于社会互助,这是社会救助的领域,划入社会福利并不合适,应加以调整。①

在厘清上述关系的基础上,社会救助管理应采取民政部门主管、相关部门配合的适度集中管理方针,即民政部门作为主管部门,应全面负责对各项社会救助事务的管理,教育、住建、司法、

---

① 岳宗福:"新中国 60 年社会救助行政体制的嬗变:回顾、思考与展望",《第一届社会救助研讨会论文集》,2009 年。

人力资源和社会保障等部门应在相关救助项目的实施中积极配合民政部门,承担不同的责任,这要求将目前分散于各部门的专项救助项目逐步统一到社会救助主管部门管理,以使救助资源发挥合力,也利于协调各项社会救助项目。基于我国现实情况,可以考虑将不同部门所能提供的资金集中起来,所有救助对象由各级民政部门牵头分类统计,根据提供的财政性救助资金的多少,由民政部门具体分配,有助于避免救助对象的重复和遗漏,也便于建立统一标准。2013年,我国已在中央层面成立了社会救助部级联席会议制度,以加强对全国社会救助工作的管理与协调,即在国务院统一部署下,民政、发展改革、财政、教育、住房和城乡建设、人力资源和社会保障、卫生、司法等部门在各自职责范围内为困难群体提供帮助,并加强协调配合,提高管理成效。以上只是规范我国社会救助管理体系的第一步,之后,各级政府部门也应采取同样的方式增进社会救助工作的统筹管理,建立联席会议制度,再之后,到时机成熟时还要将各项社会救助事务统一到民政部门,在民政部门设置设立专门的社会救助局,将现有的最低生活保障、救灾救济、临时救助、医疗救助等专项救助的管理职责全部并入,全面承担起社会救助的管理职责。当然,任何机构都必须置于"有令必行"的法治框架下来进行,以实现管理机构和体系转变的法治化,这才是最终的理想管理状态[1],这种管理体系有助于我国发展型社会救助的建立和完善,因为低保、"五保"等基本生活救助只是最基础的制度,而促进受助者发展离不开教育、医疗、就业等

---

[1] 郑功成、杨立雄:"中国社会救助改革与发展战略:从生存救助到综合救助",载郑功成主编:《中国社会保障改革与发展战略(救助与福利卷)》,人民出版社2011年版,第21—22页。

专项救助的辅助,规范社会救助管理体系无疑对发展型社会救助制度建设至关重要。

另外,在管理方面,精准的目标定位也非常关键,要尽量避免漏保和错保,使救助资源集中于最有需求的人身上,真正发挥其保基本、托底线和救急难的制度功能。目前,我国低保对象的瞄准由于居民收入变化大,邻里亲情、单位本位思想等,传统的自我申报、邻里(单位)访谈、入户复核等瞄准方法很难准确了解真实收入。家庭收入中的存款及利息、有价证券及红利等收入不好验证,低保申请人可能瞒报、漏报。因此,收集与验证申请人的收入及财产信息对民政部门的行政能力是一个重大挑战,强化家计调查是必然趋势。随着经济社会发展,仅靠居委会实施家计调查是行不通的,应该有专门机构来实施。最近几年,国家高度重视低保的瞄准工作,积极建立申请低保家庭经济状况核对机制。2012年,国务院发布了《关于进一步加强和改进最低生活保障工作的意见》,民政部发布了《最低生活保障审核审批办法(试行)》,2015年民政部出台了《关于居民家庭经济状况核对信息系统建设的指导意见》,民政部、国家统计局联合制发了《关于进一步加强农村最低生活保障申请家庭经济状况核查工作的意见》,民政部、中国银监会联合下发了《关于银行业金融机构开展社会救助家庭存款等金融资产信息查询工作的通知》,各地也成立了核对机构,积极开展工作。这方面走在最前列的是上海,最早在2006年年末就开始探索,最早应用于廉租房制度,后逐渐为低保等各类公共政策提供服务,2009年上海居民经济状况核对中心正式挂牌成立,民政部给予了高度重视。通过专业核对机构和核对工作机制的建立,可以使瞄准或目标定位更加精确,促进救助资源的公平合理分配,也就是说，虽然社会救助的行政成本会有所上升，但如果精确定位或瞄准释放出来的资源中有一部分用于提高每个受助人或家庭的福利，那行政成本在项目总成本中的比重会下降。根据理论上的家计调查定位方式的适用情况，受助者数量庞大和分配的福利较多的项目适合使用家计调查。我国低保 2014 年的对象农村是 5000 万左右，城市 2000 万左右，受助者数量庞大。另外，低保资金支出总额 1500 多亿元，适合用家计调查。尽管家计调查是一种较昂贵的定位方法，但如果它能带来足够好的瞄准效果，这种高成本是可以接受的。因此，需要从认识上重视家计调查和瞄准效果，具体核对收入和财产时，对于收入可分为工薪收入、经营性收入、财产性收入和转移性收入四类收入，并用举例法将每类收入详细举例。对于财产，可分为现金资产（包括现金、存款）、消费型财产（汽车、家用电器、自住房等）、投资性资产（股票、基金、投资房产、期货等）和保全性资产（如黄金、珠宝），核算时不应过于严苛，宜低不宜高，适当有度，这可以鼓励受助者通过就业自立，也更加人性化。① 除加强家计调查外，还应重视类别定位和需求定位，因为贫困家庭成员结构和需求各不相同。如单纯在低保对象上加诸更多的救助，会造成低保含金量大，而低保边缘人口难以获得任何救助，形成所谓的"悬崖效应"，所以未来应解除医疗、教育、住房等专项救助对低保的捆绑，根据家庭成员的类别和需求给予相应的帮助。比如，香港的综援制度，在目标定位上即采用家计调查 + 类别定位 + 需求定位，取得了较好的瞄准效果。综援金包含三个部分：标准金、补助金和特别津贴。标准金主要用于满足基本

---

① 韩华平："关于建立居民家庭经济状况核对机制的思考"，载邓大松、刘喜堂、杨红燕主编：《当代中国社会救助制度比较与借鉴》，人民出版社，第 221—242 页。

生活需要，不同类别受助人均可享受，补助金面向高龄、伤残人士与单亲家庭，特别津贴主要用于应付个人与家庭的特别需要。不可否认，家计调查较适用于城市，在农村面临很多困难和问题，农村居民家庭收入很难量化。另外，农业经营性收入核算也较特殊缺乏统一标准，有些地方农村低保轮流坐庄或平均分配低保金违背了低保制度的内涵与初衷，部分农村地区在探索中采用了"指标代理法"，这是代理家计调查的目标定位方法，可以先通过试点考察其效果，再逐步推开。

7.4.2 社会参与和需求导向：创新社会救助服务体系

就社会救助服务体系而言，其创新改革的指导方针应是管办分离、社会参与。

管办分离是指社会救助行政与具体业务经办要分开。社会救助对象分布在基层，社会救助法规政策落实也在基层，繁杂的社会救助事务性工作都需要靠基层完成，尤其是街道和乡镇一级。不少街道办事处和任务多的乡镇按需要建立了社会救助机构，配备了专职和兼职工作人员，社区居委会、村民委员会也把社会救助列为其工作内容。然而，街道与居委会干部、乡村干部文化水平普遍不高，对社会救助理论和政策认识较为粗浅，缺乏相关的专业知识和技能，政策执行水平较低。此外，他们一般还有许多其他工作，这种身兼数职的方式不仅加重了基层工作者的工作量，同时也因服务不专业导致受助者不满意。大众传媒不时报道基层干部优亲厚友、操作混乱等问题。社会救助是政策性很强的社会保障事业，因此，有必要根据管办分离的方针建立专业的社会救助经办机构。可以考虑在中央和省市二级建立社会救助经办中心,负责指导下一级社会救助经办机构,再按需要在街道和乡镇设立派出机构,具体承办社会救助业务。设立社会救助经办机构,整合民政部门主管的社会救助和其他部门管理的教育、住房等专项救助项目,这样可以使基层分散的社会救助工作集中起来并把救助对象统一纳入社会救助管理体系,有利于资源的优化配置、整体效能的发挥和救助项目间的协调,实现基层社会救助工作的综合性与一体化。① 此外,还要建立"一口上下"的救助服务平台,通过该平台申请和发放救助资源和服务,避免重复和遗漏,还可以方便救助对象,减少成本并提高效率。同时,要加快社会救助信息化建设步伐以准确把握社会救助动态信息,要逐步建立和完善居民家庭经济状况核对机制以使救助核准更加准确科学,要建立社会化发放机制以使受助者及时方便地领取救助金,并节省经费、减轻经办业务。

社会参与是指要充分调动社会力量参与社会救助事务,一方面是强调非政府组织要参与社会救助,另一方面是强调社会工作者要介入社会救助。

社会救助的资源传递系统分为政府组织和非政府组织(民间组织或社会组织),政府组织是各国社会救助工作的主要渠道,没有其他组织能够替代,但是非政府组织,包括社区中的组织网络,也是十分必要、有效的。在我国扶贫开发领域,就有不少非政府组织发挥了积极作用,且其作用不仅体现在投入现金和物资,还包括关爱特殊贫困群体、传播知识和技术等。另外,在现有社会救助的

---

① 郑功成、杨立雄:"中国社会救助改革与发展战略:从生存救助到综合救助",载郑功成主编:《中国社会保障改革与发展战略(救助与福利卷)》,人民出版社2011年版,第21—22页。

资源递送过程中，基层社区中的组织网络也发挥了识别和管理救助对象的作用，比如，低保实施中一般要求在社区张榜公示受助者名单或组织社区成员对申请者评议等。① 未来我国在建设发展型社会救助制度的过程中，需要精准定位、针对不同家庭的不同困难情况，给予不同的救助组合，既包括现金，也包括各种救助服务，目的是帮助受助者增强能力以获得发展并摆脱救助。这就表明仅靠政府组织的力量是不够的，尤其是涉及服务型救助的准确供给时，就迫切需要非政府组织发挥力量，因为这类组织直接接触最底层，了解穷人的需要，信息畅通，工作方法灵活，容易引导贫困者参与脱贫活动并学会自我管理，工作热情度和效率较高。② 若政府组织完全包揽社会救助事业，最后不仅政府将负担沉重，使得在救助中缺少非政府组织弥补政府救助的不足并造成政府失去缓冲和回旋余地，还会使得民众和社会缺失慈善爱心意识，形成"有问题找政府"的思维定式。③

放眼国际，国外社会救助中虽然承担主要责任的是政府组织，但各种类型的非政府组织仍然活跃并发挥着不可替代的作用。比如，美国的非政府组织在筹集慈善资源、开展社会服务方面作用非常重要，民间社会互助项目齐全，即民间的救助项目远多于政府开展的救助项目。据不完全统计，相对成熟的社会互助项目有1000多项，涉及生活、住房、医疗、教育等方面的救助，覆盖了老年人、残疾人、儿童、流浪者等弱势群体。另外，美国从事社会救

---

① 洪大用：《转型时期中国社会救助》，辽宁教育出版社2004年版，第316页。
② 同上书，第334—335页。
③ 高冬梅：《新中国成立初期中国共产党社会救助思想与实践研究（1949—1956）》，人民出版社2009年版，第242—243页。

助的非政府组织发育充分,在各个地区、各个方面的社会救助中都活跃着专业化的非政府组织,其公益服务意识强、管理制度完善、运作机制较成熟。①

回顾历史,中华人民共和国成立初期民间慈善团体曾经和政府组织良性互动,在社会救助中发挥了重要作用,比如,上海沪东理教普元堂施材会,积极参与上海市政府、救济分会领导的各种慈善救济事业,1950年接上海冬令救济委员会委托开展施粥工作,共给难民施粥202439份,消耗食米65503斤,用煤17707斤,木柴228125斤。德本善堂1950年将自身储备的大米、棉衣等物资交给上海市救济分会,积极参与政府的各种救济活动。② 这类民间慈善团体虽然没有得到合法性地位,却仍然本着坚持慈善的理念积极参与救助活动,与政府形成了较和谐的良性互动关系,这些慈善组织的积极参与既解决了新政权在社会救助领域工作人员缺乏专业知识的难题,而且还使相关的政府工作人员尽快地借鉴与吸取了经验,更好地开展了各项社会救助工作。然而,随着国际国内形势的变化,这种良性互动被破坏,政府通过没收官僚资本、土地改革、统购统销、合作化运动等方式掌握了国家绝大多数资源的合法性和全部社会资源,只有在国家体制中定位的组织才能获得生存空间,由此,民间活力受到压抑,民间的慈善团体丧失了社会资源。尽管政府和民间组织互动的历史较为短暂,却可以对今天的社会救助带来启示并在服务体系建设方面提供可资借鉴的

---

① 洪大用:《转型时期中国社会救助》,辽宁教育出版社2004年版,第334—335页。
② 高冬梅:《新中国成立初期中国共产党社会救助思想与实践研究(1949—1956)》,人民出版社2009年版,第242—243页。

视角。①

从相关理论来看，首先，根据救助多元主义理论的观点，社会救助的唯一供给方不应是政府，政府应该让各类非政府组织参与分担社会救助的供给责任，从而实现社会救助供给主体的多元化，其理论依据是福利多元论，即国家应该在社会福利供给方面适当地缩减责任，转为关注顶层设计和规划指导，引入非政府组织组织分担社会福利供给，救助多元主义理论既强调由政府、非政府组织等多元主体共同向社会提供救助，也强调非政府组织的参与能够凸显其高效、灵活等功能，可以适度弥补政府的缺陷。其次，根据社会公共治理理论，在社会治理中政府需要利用较为有限的社会资源满足有效的社会公共需求，从而最大限度保护社会公共利益。该理论强调社会治理既不能单纯依靠市场，因为市场在公共产品供给方面存在市场失灵，同时也不能仅依赖政府，因为单纯依靠政府的行政权力则资源难以实现优化配置，不利于保护私人利益。因此，社会公共治理理论提出应该在政府和市场的基础上，引入第三方介入，即主张由政府、市场和第三方共同治理国家和社会，社会救助引入非政府组织。正是因为第三方有政府所不具备的优势，社会公众的需求可以通过政府购买服务来满足，从而社会中贫困和弱势群体的基本生存权可以在政府、市场和第三方共同参与下获得保障。再次，根据由社会公共治理理论派生出的第三部门治理理论，政府和市场都会出现失灵的状况，由此在政府治理和市场调节之外，还需要让第三部门发挥参与社会治理的功效，公共需求可以通过政府购买第三部门的服务

---

① 李小尉：《新中国建立初期的社会救助研究》，社会科学文献出版社2012年版，第318—319页。

来满足,政府需要通过转变职能,向第三部门提供资金等各项支持,部分社会治理权限应让第三部门来行使,以克服由政府失灵和市场失灵所带来的社会公共服务供给短缺。该理论中所指的第三部门即非政府组织,非政府组织参与社会救助具备不少优势,充分引入非政府组织来参与并治理社会,有利于提高社会治理的民主与合法性,有利于社会救助水平的提升,还有利于实现社会救助制度和资源的有效供给。[①] 总之,基于我国未来建立发展型社会救助的需要和目前我国社会救助的现状,再结合国际视野、历史经验与相关理论,可以发现我国急需大力建设和发展救助类的非政府组织,使其和政府组织的社会救助形成良性互动,因为让非政府组织参与社会救助可以有效缓解社会救助在供求方面的矛盾,两者在力量和功能上可以实现互补互动,在救助范围、水平等方面可以不断满足社会成员的需要。此外,非政府组织参与社会救助是服务型政府建设的当然要求,还符合社公共治理理论兴起和社团革命的发展趋势。

当然,目前非政府组织参与社会救助还存在诸多现实问题,这包括:相关法律制度缺位,使得非政府组织在社会救助的参与过程中难以充分发挥优势,非政府组织参与社会救助的法律机制尚未形成,政府在监督和管理非政府组织参与社会救助时缺乏法治程序和准则;管理体制不顺畅,在实践中民政部门负责对非政府组织进行登记和管理,但在民政部门登记之前,需要明确非政府组织的业务主管部门并挂靠于相关政府机关,否则将不予办理登记,这种管理体制导致非政府组织的设立非常困难,会对非政府组织

---

① 项贤国:"民间组织参与社会救助的正当性与法制路径前瞻研究",《第四届社会救助研讨会论文集》,2015年。

发起人参与社会救助的积极性带来打击;组织机制行政化,我国非政府组织大多自上而下成立,按政府的指令建立,社会基础比较薄弱,往往受政府干预,同时又需要按照市场规律发展,在市场自由和政府干预的夹缝中艰难生存,因此,其组织机构并不健全,非政府组织参与社会救助处于半民间半行政化的状态,非政府组织设立发起社会救助项目,但救助项目在实施过程中处处受到政府的干预。[1]

为此,首先,应从实现"中国梦"的高度,在社会成员中加强社会互助精神的培育,这是发展建设救助类非政府组织的思想基础。社会互助精神是支撑社会救助的重要力量,是建设和谐社会的根基所在,一个缺少社会互助精神和意愿的社会,不可能承载有活力的救助类的非政府组织,更不可能有完善的社会救助制度,当然也就不可能为贫困和弱势群体提供基本的生活保障,这明显不利于"中国梦"的实现。其次,在实际工作中要对非政府组织在社会救助中的地位予以明确,虽然社会力量和社会参与的重要性已经逐步为政府所认识,但在实际工作中,民间力量普遍缺少主动性和积极性,创造性不足,应进一步拓展非政府组织介入社会救助的空间,让其自主发挥作用。笔者认为,明确非政府组织的地位必须要实现社会救助的法制化,即通过立法来确定非政府组织在社会救助中的地位和职责,科学合理地界定政府、非政府组织、社会、市场四者之间的关系,确保非政府组织参与社会救助项目实施的规则与程序的合法。[2] 另外,在当前全面取消民间组织的业务

---

[1] 项贤国:"民间组织参与社会救助的正当性与法制路径前瞻研究",《第四届社会救助研讨会论文集》,2015年。

[2] 同上。

主管部门还尚待时日,因为现行非政府组织的自律机制还没有完善,监督机制和评估机制也不健全,非政府组织的活动难以被相关政府部门有效监管,这使得非政府组织的社会公信力和认同感较差。基于此,要依据市场经济发展的现实需求,逐渐简化非政府组织的审批程序并改革非政府组织的管理体制,放宽非政府组织实施社会救助项目的条件。① 再次,要设计科学、合理的政策,鼓励促使企事业单位和个人捐赠,促进救助类非政府组织的发展建设。比如,可以鼓励企事业单位、组织和个人利用自身捐赠的财产设立私立基金会,从事社会救助工作,并允许私立基金会以个人或企业、组织的名称命名,进一步落实相关税收优惠政策,对捐赠的资金给予税前扣除,这既有利于筹集社会救助资源,而且有助于培养公益慈善精神。② 最后,要积极规范救助类非政府组织的日常运作,为非政府组织高效地开展救助工作提供基础条件。要对非政府组织的运行机制进行改革,在非政府组织内部设立理事会,在理事会领导下实施三权分立体制,社会救助项目由理事会负责运作和管理,在非政府组织内部构建民主评议机制,使决策机构与执行机构分开,让其各司其职,避免领导负责制产生的各种问题,非政府组织的财务状况由理事会监督管理,增强非政府组织行为的透明度,进而提高非政府组织的社会公信力,为其开展救助工作打下良好基础。

在发展完善社会组织的过程中,让专业的社会工作者介入社会救助很重要。在成都的访谈中发现,虽然研究对象申请低保的

---

① 项贤国:"民间组织参与社会救助的正当性与法制路径前瞻研究",《第四届社会救助研讨会论文集》,2015年。
② 洪大用:《转型时期社会救助》,辽宁教育出版社2004年版,第340页。

对象是"国家",但是他们对国家求助经验的诠释是以具体的社区工作人员来表征的,因为社区工作人员是低保的守门员,是受助者接触的最前线的人,是潜在受助者能否获得国家救助的第一关,社区人员和研究对象的互动构成了助人者和受助者的互动。若社区工作人员能积极主动的响应贫困者的需求,受助者会对受助于国家的经验进行正面肯定,工作人员主动、热情的态度使受助者乐于接受救助并产生了一定安全感,正如 M 女士所言:"现在国家的政策好了,我们大家才会好,我很感激现在社会,很感激党,而且社区工作人员工作态度很好,把我的心病解决了一部分有这个低保政策我现在放心了,起码自己挣的钱可以花一点。"(低保对象,M 女士),这说明低保提供了一种心理上的安定剂,一定程度上起到了促进消费的作用。另外,虽然国家相关法律法规规定了人民有从政府或社会获得帮助的权利,但是 M 女士的话透露出她对国家救助的感恩戴德,看到的是将国家的帮助视为一种善举,而不是从权利和国家责任角度诠释国家的帮助。一些研究对象还表示对社区人员的不满意,H 先生表示:"社区人员服务态度一般,高高在上的。我们应该站在平等的角度,我有我的权利。"(低保对象,H 先生)在问到"您觉得社区的服务还是有限的,对么?"时,他答道:"对,反正政策是一方面,另一方面看你社区怎么搞。"这表明 H 先生对社区人员的态度认可度不高,认为他们有一种恩惠的态度,他把社区工作者看成了政府政策的执行者,是活的、具体的政府,由此产生了即使"政策"方面可以,还要看"社区怎么搞"的经验。S 女士在回答社区逢年过节是否看望时,答道:"以前有,现在没有了。前几年逢年过节还经常来看望,现在没有了。"(低保对象,S 女士)她对"现在没有了"的反复强调吐露出她对相关福利减少和工作人员不作为的不满,这说明非专业的社区工作人员在社会救助的递送和管理中还是有一定问题的。2014年2月,国务院颁布的《社会救助暂行办法》首次明确提出县以上地方人民政府应当充分发挥社会工作者作用,为社会救助对象提供社会融入、能力提升、心理疏导等专业服务。这一规定是《社会救助暂行办法》中的一大亮点和特色,它打破了传统的救助要靠政府包办的固有思想,提倡政府和社会的合作与互补。

让社会工作者介入社会救助有以下一些益处:

第一,社会工作者介入有利于为救助对象提供有针对性的服务。社会工作者的专业介入,一般能够针对不同类型救助对象的需求,从比较微观的层面通过个案工作、个案管理、小组工作等专业化的方法提供个性化、专业化服务,例如行为矫治、教育培训、家庭治疗、心理疏导、精神慰藉等手段,提高社会救助工作的效率。在上文提到的对成都的调查中已经发现,不少受助者心情悲观甚至出现厌世的状态,还有受助者直接言明对心理咨询服务的需求,这说明由专业社工提供精神慰藉和心理辅导的重要性。此外,在就业救助方面,目前虽然有一些就业咨询和指导的服务,但是对于受助者就业发动机方面激励不足,而这方面要有所加强离不开社会工作者的介入。同时,社会工作者还可以针对特定类别救助对象的群体特征,开展老年人社会工作、妇女社会工作、残疾人社会工作、青少年社会工作等,增强社会救助的针对性。例如,对于一些因为贫困而心理不平衡甚至出现怨恨社会的极端行为的救助对象,专业的社会工作者可以针对其具体状况开展心理救助,疏解他们的怨恨情绪,减轻他们的心理压力,最终使他们恢复良好的心理状态,重新融入社会。其实,社会工作者介入社会救助的过程是一个促变消极救助为积极救助,最终实现助人自助的过程。

第二,社会工作者的介入有利于增强救助对象的自我发展能力。社会救助的目的并不是要维持一个规模庞大的低收入群体,而是要使贫困者最终能够脱离贫困。就当前的社会救助而言,还只是停留在为救助对象提供能够维持其基本生存的最低生活标准的物质帮助,是一种"输血"式的救助,而无法满足救助对象高层次的需求,也无法提升其能力和素质,也就是说,现有的社会救助无法为救助对象"造血"。当前社会救助过程中被忽视的救助对象的自我发展能力以及素质的培养,正是社会工作的核心所在。社会工作者在开展救助时不是单方面的给予现金和服务,而是一个与受助者互动的过程,不仅通过向受助者提供相关资源帮助其应对目前的困难,而且更注重增强受助者的能力以帮助其获得发展。社会工作者始终坚持每个受助者都有自己的权利,只是因为自身或者某些外在的原因没有意识到,或者缺乏行使权利的机会,因此社会工作者在介入社会救助的过程中,注重帮助受助者创造行使权利的机会,注重提升其自我意识和能力,这种赋权增能的手段和目标对于长期救助、贫困代际传递、机会缺乏等问题的解决都有积极的推动作用,有利于发展型社会救助制度的建设。[1]

第三,社会工作者的介入有利于改善受助者的生活质量。现实经验显示,受助家庭的复杂性和不稳定性极高,通常其家庭内部的婚姻关系、子女教育、家庭冲突等方面都存在严重问题,当前的社会救助主要针对这些家庭的贫困状况提供物质帮扶,难以顾及

---

[1] 张华、周勤:"专业社会工作介入社会救助服务的研究与实践",《第四届社会救助研讨会论文集》,2015年。

他们面临的由贫困所引发的其他问题,但是这些问题如不加以妥善解决会直接影响社会救助的效果和这些贫困家庭的生活质量。社会工作重视人和社会的互动,强调社会关系的协调,专业的社工作者会在既定的社会救助制度框架下,根据受助家庭的实际情况,分析其家庭产生问题的具体原因并寻找解决方法,通过整合利用各种社会资源,拓展到社会救助无法顾及的领域,从原来的只关注受助者的生理需求拓展到关注其心理和情感需求,从原来只关注受助者自身拓展到关注其生活环境和社会支持网络,通过向社会救助对象提供心理调整和环境改善等方面的服务和支持,在微观层面上会有助于调节贫困家庭的矛盾与问题,进一步改善其家庭生活质量,有助于社会救助功能的发挥,在宏观层面上会有助于提升社会救助的内涵,使其向发展型制度迈进,增强社会救助的服务功能。[①]

总之,笔者认为,借助社会工作者介入的机会,可以考虑彻底改变社会救助的递送方式,建立需求导向的社会救助递送模式,即把社会救助建立在贫困者及其家庭的需求之上,借助社会工作者通过入户调查的方式了解每户贫困家庭的实际需要,设计并落实具体的救助和帮扶方案,方案的制定要充分利用并整合既有的各项救助制度和救助方案,使其与贫困家庭的需要对接起来,使原有的民政部门"有什么就给什么"改变为贫困者"需要什么就尽量提供什么",形成针对性的、综合性的"救助套餐"。需求导向的递送模式有助于我国发展型社会救助制度的建构和落实,具有以下几方面的积极作用:第一,可以使救助

[①] 张华、周勤:"专业社会工作介入社会救助服务的研究与实践",《第四届社会救助研讨会论文集》,2015年。

更有针对性，有助于受助家庭的发展并提高救助效果。以需求为导向提供救助可以使贫困者的需求和社会救助的供给有效对接。比如，在基本生活救助（低保）的需求外，有儿童的贫困家庭对教育救助的需求很高，存在有劳动能力者的贫困家庭对就业救助有很大需求，有病患的贫困家庭则对医疗救助存在需求。社会工作者通过入户调查了解贫困家庭需求后提供相应的"救助套餐"，可以使救助更有针对性，使救助方案符合受助家庭的实际，有助于其摆脱贫困并实现发展，可以提升救助效果。第二，可以适度扩展救助对象，帮助更多的弱势群体。社会工作者介入可以大大加强基层的社会救助力量，可以使社会救助对象扩展到低保边缘群体，使更多的社会弱势群体享受到社会救助，而非仅局限于低保群体。第三，可以避免"悬崖效应"，使救助资源的分配更加公平、合理。现有的各项专项救助一般都建立在低保资格的基础上，这大大增加了低保制度的含金量，低保户既可以享受低保待遇，还可以享受各种专项救助，而低保边缘群体则不能享受任何救助待遇，这种巨大落差形成了救助实践中的"悬崖效应"。以需求为导向递送"救助套餐"有助于破除"悬崖效应"，使救助资源的分配更加公平、合理；可以一定程度地避免长期救助、不愿退出低保等问题；还可以使受助者及其家庭获得符合其需要的救助和帮扶，有助于其实现长期发展。

这种需求导向的模式也是最近东亚国家社会救助改革的趋势。比如，日本原有的社会救助以提供现金为主，2015年4月日本开始重新编织贫困安全网，在现金待遇外，开始针对贫困家庭的需求通过就业救助和日常生活支援等救助服务供给来帮助他们。[①]
在韩国，情况和中国更为相近，韩国社会救助制度的主体是1999年建立的国民基础生活保障，该制度在选择目标群体时有两条标准，即是否有家庭支持以及收入是否低于最低生活成本，其基础生活保障待遇包含基本生计、住房、医疗、教育、妇产、丧葬与自救给付等7项，应当说该救助水平基本可以满足受助者多方面的需要。然而，随着这项制度的实施，它逐步暴露出一些问题，最主要的就是基础生活保障的受助者除基本生计待遇外还可以获得教育、医疗、住房等给付，而如果不是国民基础生活保障的对象就不能获得任何救助给付，这一方面造成"叠加效应"，即国民基础生活保障的受助家庭获得多项救助给付，进而产生福利依赖、不愿退出基础生活保障；另一方面也造成了"悬崖效应"，即基础生活保障对象与非基础生活保障的低收入者在享受救助政策上存在巨大落差，会使低收入群体产生不公平感，影响社会救助的救助效果。针对上述问题，2015年7月，韩国对国民基础生活保障实施了最新的改革措施，基本生计、医疗、教育和住房救助等救助给付分开运行，基本生计主要针对绝对贫困群体提供最基本生活救助，而医疗、教育、住房等救助给付针对有需要的绝对和相对贫困人群。[②]也就是说，改革后，一方面，各种救助的给付建立在家庭的需求之上，而不是像原来的不问家庭需求一律给予所有救助补贴，这使救助资源的使用更为科学与合理，提高了社会救助的效率；

[①]〔日〕垣田裕介："贫困安全网的再编？——日本贫困政策的新尝试"，《第十一届国际社会保障论坛论文集》，2015年。

[②]〔韩〕李贤珠："收入贫困的两面：贫困测量的实验性对策"，《第十一届国际社会保障论坛论文集》，2015年。

另一方面，医疗、住房、教育等救助给付扩大了覆盖面，涵盖相对贫困人口，这既可让更多贫困者受益、增加社会救助的公平性，还可以使贫困家庭若通过自身工作努力超出一定收入线后，不至于丧失所有救助给付，这强化了就业动机，有利于受助者阶段性自立。

韩国与中国的社会救助存在诸多类似之处，两国都在1999年确立了新型社会救助制度，即韩国的基础生活保障和中国的最低生活保障；两国所确立的新制度都明确了公民权利的理念，放弃了原有带有恩惠、慈善色彩的旧制度；与韩国基础生活保障含有基本生计、住房、教育、医疗等救助给付类似，中国在低保制度外，还逐步建立了住房、医疗、教育等专项救助制度，以满足受助者多方面的生活需求。同样，随着中国低保制度的实施，由于各类专项救助一般都建立在低保资格的基础上，这大大增加了低保制度的含金量，低保户既可以享受低保待遇，还可以享受各种专项救助，造成了与韩国类似的"叠加效应"和"悬崖效应"。根据2013年民政部城乡困难家庭社会政策支持系统建设的数据，可以发现，同时享受两到三项救助的低保家庭占48.75%，同时享受四到五项救助的低保家庭占33.94%，此外，所有低保对象中有超过60%的是有劳动能力的低保受助者，占比很高，说明我国低保户不愿退保，长期依靠救助生活。在2014年新颁布的《社会救助暂行办法》中，专项救助依然未摆脱对"低保"制度的捆绑，仍把住房、医疗、教育救助的对象首先界定为"最低生活保障家庭成员"或"特困供养人员"，这种捆绑实施的方式必然无法破除"叠加效应"和"悬崖效应"。因此，笔者认为，中国应该从韩国的最新改革经验中汲取养分并获得相应启示：第一，规范专项救助的救助对象。考虑将各类专项救助纳入统一的社会救助管理体系,对各个项目在救助对象、标准、给付方式和水平以及管理等方面都统一设计,以提升各项目之间的协调性,同时,要打破专项救助资格和低保对象的捆绑,可将专项救助的基本资格扩大到低保以外的低收入群体,要本着家庭的实际困难情况通过需求测试的方式来确定专项救助的对象,而绝不是按照是否具有"低保证"来确定专项救助的对象,以使救助更有针对性,提高救助的公平性和效率。第二,设立专项救助渐退等与就业联动的相关政策。专项救助渐退是指低保对象通过努力在就业后,其家庭所需要的相关专项救助待遇并非马上随之取消,而是会保留一段时间。韩国基础生活保障的成员工作后收入超过绝对贫困线后,仍可以获得其所需的其他救助给付,直到其收入超过相对贫困线后才完全退出救助,这种方式增强了受助者的工作诱因,有助于其阶段性自立。再如,英国政府在受助者就业后,也会对住房救助等延长一个月,使受助者可以进行过渡。我国采取这种方式有助于激励有劳动能力的低保对象积极参与劳动就业,提高社会救助的可持续性。

　　由上可见,借助社会工作者的介入可以建立以受助者需求为导向的救助递送模式,这有利于我国建构和实施发展型社会救助制度,促进社会救助实现发展的功能。但是也应看到,目前中国社会工作领域的相关政策还不够完善,发展模式也不够科学,受助者对社会工作者了解和认知度较低,社会工作者的服务能力有待提升。为此,首先,要重视社会救助方面专业社会工作人才队伍的建设,要在我国目前已有的社会工作人才队伍中培养专业的社会救助社会工作者,通过社会救助业务的培训和教育,这些社会工作者将掌握社会救助理念与政策,能运用社会工作的专业方法,实现社会工作与社会救助的有效对接。其次,要对社会工作者在社会救助中的角色予以明确定位,确定其服务提供者、策划评估者和倡导建议者的作用。最后,专业社会工作者在介入社会救助时应该维护受助者的基本权益,注重受助者精神需求和社会需求的满足,同时为社会救助政策制定提供决策参考。[①]

[①] 张华、周勤:"专业社会工作介入社会救助服务的研究与实践",《第四届社会救助研讨会论文集》,2015年。

第八章 结 语

贫困问题一直困扰着人类社会，对贫困的认识和看法随着社会的发展而有所变化。在工业化之前与工业化初期，关于贫困的价值观念是一种贫困者个人责任论，即贫困是个人无能、懒惰等造成的，相应的社会福利观是"慈善"，慈善救助是这一时期应对贫困的重要手段，受助者和施助者之间是不平等的，救助带有浓重的恩惠色彩。随着工业化发展和社会结构的变迁，对贫困问题的认识发展到社会结构论，即社会转型变迁、工业化大生产等结构性因素成为造成贫困的主要原因，这时相应的社会福利观是"权利"，福利成为公民的一项基本权利，个人有权利在有需要时要求政府满足其合理的需求，社会救助在这一时期强调无条件的权利，注重收入补偿和再分配，待遇较慷慨，对受助者的要求少。随着全球化和知识经济的到来，再加上福利依赖等社会救助引发的问题，相应的社会福利观成为"责任与权利的平衡"，即福利不应助长社会成员消极等待，应注重机会而非收入再分配，在这种福利观的影响下，发展型社会救助应运而生，它不仅要保障受助者的基本生活，还要促进其提升能力、获得发展，更好地融入社会。社会救助制度及其背后福利观的发展历程，可归结为图8-1：

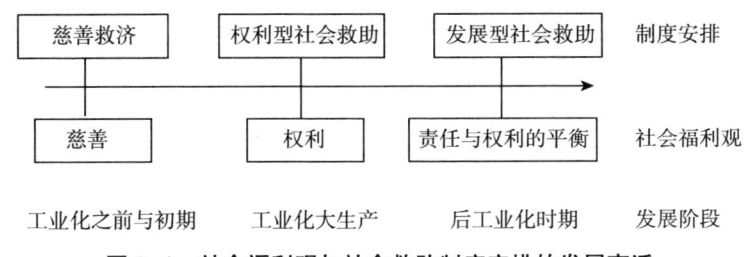

图 8-1　社会福利观与社会救助制度安排的发展变迁

对中国来说，20世纪90年代末城市居民最低生活保障制度的建立，意味着获得救助成为了一项基本权利，中国开始逐步从"慈善"福利观向"权利"福利观转变。由于低保制度定位于最低水平的收入救助且可以给予低保对象比较稳定的预期，因此带有一定消极性，易导致长期救助，不利于受助者能力的提升和自身的发展。从国外发展型社会救助的发展历程和实践经验看，我国建设发展型社会救助需要选择"责任和权利平衡"的社会福利观，这就需要为当前的社会救助注入发展的理念，这是改变生存型救助现状的有效途径，是应对国内复杂化贫困形势的有力手段，是顺应国际社会救助改革趋势的必要之举，也是汲取社会救助历史经验的合理选择。总之，随着改革发展的不断深入和经济社会结构的深刻调整，单纯依靠政府提供物质资金的扶助难以帮助受助者获得发展，也无法有效化解受助者心理行为偏差引发的个体和社会问题，迫切需要推动社会救助向物质保障、精神慰藉、能力提升相结合的发展型救助转型。

首先，是要从理念上进行突破，即培育发展型的社会救助理念。因为理念属于意识形态范畴，其作用非常关键，会影响乃至决定社会救助的功能定位与制度实践。培育发展型社会救助理念需要从两条重要途径入手：其一是调整政府的社会救助思路。一方面要从消极救助转向积极救助的思路。社会救助过去的发展历史表明，中华人民共和国成立初期，基于当时资源禀赋的限制，社会救助通过以工代赈、生产自救、介绍就业、转业培训、移民生产等方式，调动救助对象的积极性，立足于救助对象能力和素质建设，这种积极的思路使社会救助具备了促进发展的功能，对于推动制度的可持续发展和中国经济、社会进步具有重要意义。放眼国际，最近20年，发达国家的社会救助纷纷采取工作福利模式，"激活"受助者，使其重返劳动力市场、摆脱福利依赖，发展中国家的社会救助将救助资格与家庭成员的教育、健康、营养等状况结合起来以使救助对象的人力资本获得发展，以上积极的救助思路取得了一定成效，是国际社会救助改革的大趋势。我国目前占主导的是较为消极的救助思路，值得肯定的自力更生和生产自救传统正在走向式微，以工代赈也正在被送进历史，在这种思路下，社会救助的基本功能是提供托底性质的保障，其功能无法得到拓展。从历史和国际经验看，都迫切需要调整为积极的思路，进而拓展社会救助的基本功能，除了让其发挥保障基本生活需求的功能外，还要发挥其促进受助者积累人力资本、帮助社会成员提升能力并融入社会的基本功能。另一方面要从单一救助转向多元救助的思路。回顾历史，中华人民共和国成立初期民间慈善团体曾经和政府组织良性互动，慈善团体的积极参与解决了新政权在社会救助领域政府工作人员缺乏专业知识的困境，更好地开展了社会救助工作。尽管政府和民间组织互动的历史较为短暂，却可以对今天的社会救助带来思路方面的启示。放眼国际，国外社会救助中虽然政府组织承担主要责任，但各种类型的非政府组织仍然活跃并发挥着不可替代的作用，非政府组织在筹集慈善资源、开展社会服务方面作用巨大。我国目前主要是单一救助的思路,即由政府筹集资源并作为社会救助的唯一供给方,在这种思路下,政府负担沉重,受助者难以满足个性化需要并获得发展机会,还会使得民众和社会缺失慈善文化和意识,形成"有问题找政府"的思维定式。因此,需要调整为多元救助的思路,政府应让民间组织参与分担社会救助的筹资和供给,由多元主体共同提供救助,弥补政府的缺陷,提供个性化、有助于救助对象长期发展的帮扶措施。其二是转变救助对象的心理感受。一方面要使救助对象的感受从感激之情转变为应得权利。我国宪法和社会救助的相关法规确立了救助对象在困难时有获得帮助的相应社会权利。新世纪以来随着政府职能的转变,在强化责任政府和公共服务型政府的过程中,社会救助越来越被党和政府看成是保障公民基本社会权利的重要工作,但是也应看到在一些政府和官员的意识中,仍将社会救助当成政绩工程,看成政府对百姓的恩赐,大众传媒在宣传各级政府对弱势群体、贫困群体提供帮助时常使用"送温暖"、"关怀"等字眼,这种话语的建构将救助对象置于受施者地位的同时,把政府摆在了施舍者的位置上,使救助对象认为接受救助是一种施舍,对党和政府充满感激之情,这会使救助对象产生较低的自我评价,不利于其能力的提升与信心的树立。为此,需要深化社会救助的权利观念,牢固树立政府和官员提供社会救助的责任意识,并借助大众传媒对获得救助是公民应得的基本权利这一点在社会上进行宣传和推进。另一方面要使救助对象的感受从"羞耻感"转变为"上进心"。对社会救助而言,救助对象可能被贴有负面标签,如好逸恶劳、不良嗜好、能力低下等,这使他们有一种强烈的"羞耻感",低保制度审核过程中的张榜公示方法其实是一把双刃剑,虽然发挥了社区的监督作用,却使救助对象面临较大的心理压力和"羞耻感",他们往往被动地接受救助,无法产生摆脱贫困、获得发展的动力。回顾历史,中华人民共和国成立初期的社会救助非常注重对救助对象的思想进行改造,通过教育使各类弱势群体恢复"上进心",摆脱不劳而获的思想和宿命观念。从国际视野看,单纯的"羞耻感"会造成对于救助制度的不利用问题,还可能引发社会悲剧,许多福利国家在提供救助时注重帮助救助对象树立信心,激发其改变自身境遇的上进心。为此,需要重新认识受助者,不能将其当成社会的包袱,而是看作重要的人力资源和平等的社会成员,通过教育宣传等方式,树立救助对象的上进心,使积极思路的救助措施真正发挥作用。

其次,要选择符合我国具体国情的制度模式。原有社会救助的基础,经济、社会与文化背景等都是发展型社会救助制度模式选择的相关决定性因素。西方发达福利国家之所以选择工作福利模式,原因是这些国家的社会救助的政策基础完善,现金救助项目广泛存在且在救助体系中占主体地位,而过于慷慨的救助水平引发了较为严重的福利依赖,使已经丧失工作动力的救助对象摆脱救助并自力更生成为政府面临的首要课题,再加之通过工作福利来防止福利依赖的思想在欧美福利国家由来已久,工作福利模式的发展型社会救助自然成为主导。拉美国家选择有条件现金转移支付模式的原因包括:这种模式现金成本低又可促进救助对象的人力资本积累,与拉美发展中国家的经济、社会状况相适应;拉美国家原有的社会救助政策基础以类别型救助为主,不存在普遍型救助,有条件现金转移支付实质上是对类别救助增加了条件,是类别型救助的补充发展和进一步完善;拉美政治家倾向于新自由主义并把这种模式当成政绩以在选举中获得支持。以上原因共同作用,促成了有条件现金转移支付模式的产生。东南亚国家之所以选择专项救助模式,是由于其成本较低,且能提升救助对象的生活水平和素质,适合这些国家经济、社会发展状况,并且东南亚国家原有的政策基础薄弱,再加之政府习惯于在社会福利方面扮演最后出台的角色,专项救助模式最终形成。依据我国目前的社会救助政策基础,结合经济社会条件以及文化背景等因素,宜选择混合型制度模式,即包含工作福利、专项救助与有条件现金转移支付的因素,因为我国已建立了以最低生活保障为基础,以医疗、教育、住房等救助为补充的综合性社会救助体系,其中最低生活保障属于普遍型救助,医疗、教育、住房等救助属于专项型救助,具备了一定的社会救助政策基础,有条件现金转移支付目前有个别地方试点,同时还和低保制度中的分类施保类似,此外,混合型模式现金救助成本较低,可以共同促进救助对象发展,再加之我国社会救助制度较为复杂性的思想来源,选择混合型模式比较恰当。

再次,要进行社会救助制度的再设计。一是要适度提升救助水平。随着经济社会的发展和全面小康社会的实现,应该逐渐从过去的绝对贫困概念向相对贫困概念转化,即考虑低保标准与人均收入(或中位收入)挂钩的动态变动机制,使我国低保标准从目前占人均收入的20%左右提升到30%的标准,当然这是一个需要考虑救助规模和力度、政府财政负担能力、最低工资替代率等多方面因素来循序渐进达成的目标。此外,还需要建立低保标准的制度化动态调整机制,既应对通货膨胀,又让贫困群体通过标准的变化而适度地享受到经济社会的发展成果。二是重新定位和设计就业救助。就业救助在2014年颁布的《社会救助暂行办法》中成为我国社会救助体系的八项基本组成制度,就业救助制度有助于解决贫困群体的现实困难、帮助其摆脱对救助依赖,有助于完善我国社会救助体系,增进社会救助公平性与可持续性、实现"授人以渔"的目标,还是顺应国际社会救助改革大趋势的需要。由于我国救助建立之初是以为下岗失业人员提供补偿为主,对受助者在就业方面几乎没有要求,这使得我国就业救助的基础比较薄弱,存在一些不完善之处,为此,需结合发达国家和发展中国家就业救助的经验,客观、合理地界定就业救助的对象,要在相关法规文件中对就业救助的对象进行较为客观和合理的规定,并对可以免于参与劳动力市场义务者明确规定,这是完善就业救助的前提和基础工作。要提供以救助对象需求为导向的个性化、内容全面的培训,国外许多经验研究已经证明,为了减少福利依赖,重视教育和培训等人力资本投资方面比单纯地强制受助者进入低级劳动力市场就业更为有效,对此,可以考虑强制性地要求长期受助的低保对象(3年以上)必须参与培训相关项目。要改进现有就业援助措施并细化援助流程,需要进一步扩大就业援助措施的覆盖范围,让更多的救助对象享受到技术支持、扶贫资金、就业介绍、就业指导等服务。另外,要充分发挥社区推荐、职业介绍所等作用,帮助救助对象找到"合适"的工作,即契合受助者劳动力市场特征和家庭实际情况的就业岗位,还要细化就业援助的流程,在帮助受助者准备工作、寻找工作和适应工作方面,都要有相应举措。要重新设定财务激励和惩罚措施,目前,我国就业救助在财务激励方面没有全国性规定,部分地区设计有收入豁免、救助渐退及就业补助金等。国外经验表明,财务激励作为对受助者的经济奖励措施，可以增强工作诱因，是非常重要的制度，我国应当规定收入豁免和渐进扣除，可以考虑设置 60% 以下的扣除率以取代现有 100% 的扣除率，同时结合救助渐退，让就业后的低保家庭仍可以享受一段时间的住房、医疗和教育救助等相关待遇，同时，要为就业者设立交通、通信和服装补助金等，以降低低保对象对救助的依赖。除了奖励之外，还要考虑惩罚措施，明确受助者的责任和义务，除了无故不接受就业者外要减少甚至停发其低保金外，可以对较年轻的受助者规定救助时限，要求其连续享受低保不得超过 3 年，累计不得超过 5 年等。要增加针对受助者家庭的儿童、老人等社区日间照料，完善以工代赈和小额信贷的救助方式。在我国，对于因照顾家庭原因而无法工作的人来说，应该增加儿童托管、老人社区日间照料等服务，这可以使受助家庭减少后顾之忧、积极投身劳动力市场，现有的政府公益岗位属于一种以工代赈，但是目前能够获得这种就业救助的对象比例很低。根据 2013 年民政部调查，只有 4.6% 的城市困难家庭和 1.5% 的流动困难家庭通过政府公益岗位就业，这说明应该进一步增加政府公益岗位，同时可以考虑在建筑、环保等领域实施大规模以工代赈的方式，解决受助者的就业困难。此外，应该继续对小额信贷加以完善并在城市和农村地区扩大范围去推广。要优化就业救助管理体制并重构递送方式，在管理上，除了继续加强民政部和各级民政机构的职能以外，还可以加强与分管劳动就业的部门和各地就业中心的管理互动和信息共享，力图通过阶段性救助来促使待遇受助者返回就业市场；在递送上，除引入专业的社会工作者扩充基层工作队伍以提高其专业性并减少"人情"因素外，还要积极引入包括志愿组织等在内的第三部门参与递送以彻底改变现有递送方式。还要注意就业救助与相关配套制度的衔接。就业救助要想更好地发挥作用,不能孤立运行,还要关注老人、残疾人和儿童福利制度,失业保险制度,医疗救助制度和就业促进制度等的衔接配合。三是强化各类专项救助尤其是增加服务类专项救助。医疗、教育、住房等专项救助主要通过提供服务来帮助贫困群体解决特殊方面的困难,并帮助奠定发展的基础,具体可以从以下几个方面入手:规范专项救助的救助对象,避免叠加效应,打破专项救助资格和低保对象的捆绑,即可将专项救助的基本资格扩大到低保领取者以外的群体,或将其缩小到低保领取者中的某些特殊家庭,还可以与低保范围交叉,要本着家庭的实际困难情况通过需求测试的方式来确定专项救助的对象;优化现有各类专项救助的制度设计,比如,对医疗救助而言,需要逐步扩展救助项目,除覆盖患重特大疾病的困难群体外,还要逐步覆盖其他一些就医困难群体,对教育救助而言,要改变申请和审核方式,防止对制度的不利用问题,对住房救助而言,要规范住房救助的方式,采取提供廉租房、优先配租公共租赁房、发放租赁补贴等多种形式给予救助;要适度提升现有各类专项救助的水平,适当提高包括医疗、教育、住房救助在内的各类专项救助的救助金额,还要将专项救助与其他更广泛的社会服务与基础设施等领域的完善有效地结合;要增设新型服务类专项救助,满足弱势群体多方面的需要,随着经济社会的发展进步,受助者除对教育、医疗等救助需求外,对服务类救助的需求还包括心理辅导、入住养老院或享受养老服务、社会保险等,也就是说,在完善教育、医疗、住房等现有专项救助项目的同时,由于受助者还存在精神和心理慰藉、生活照料、养老服务等方面的需求,未来的专项救助制度还要进一步拓展项目,设立心理救助、照料救助等新型服务类专项救助，以满足受助者的多元需求。四是通过试点逐步实施有条件现金转移支付，这一方式把救助资格和营养、健康和教育等方面的条件相结合，使贫困群体能够改善其营养、健康和教育水平，成效明显。针对目前我国出现长期救助和贫困代际传递问题，迫切需要提升受助者的人力资本和能力，可以考虑循序渐进的方式，先在农村地区开展试点实施有条件现金转移支付，通过试点检测方法，评估结果、适度调整，然后再进一步推广，在项目后期可以扩展项目的受助群体范围，覆盖老年人、残疾人和城市贫困者等弱势群体，并考虑与低保制度相协调、配套实施。

最后，要完善社会救助的管理和服务体系。一方面，就社会救助管理体系而言，进一步规范的指导方针应是适度集中管理，一家主管、多家配合并厘清重要关系。目前，城乡低保、"五保"、医疗救助、临时救助均由民政部门负责管理实施，在民政部门内部分属不同的机构，其他各类专项救助，包括教育救助、住房救助、法律援助等分别由教育部门、住建部门和司法部门负责管理，现有的管理体系造成了政策和政策之间、部门和部门之间、政府和社会之间的分割和脱节，交叉重叠与残缺漏洞并存，重复救助或救助资源不足同时存在，各部门之间的协调也存在一定困难，不利于发挥社会救助的合力，影响了社会救助整体效能的发挥。社会救助管理应采取民政部门主管、相关部门配合的适度集中管理方针，即民政部门作为主管部门，应全面负责对各项社会救助事务的管理，教育、住建、司法、人力资源和社会保障等部门应在相关救助项目的实施中积极配合民政部门，承担不同的责任，这要求将目前分散于各部门的专项救助项目逐步统一到社会救助主管部门管理，这有利于我国社会救助资源发挥合力，也利于协调各项社会救助项目。这种一家主管的管理体系有助于我国发展型社会救助的建立和完善，因为低保、"五保"等基本生活救助只是最基础的制度，而促进受助者发展离不开教育、医疗、就业等专项救助的辅助，规范社会救助管理体系无疑对发展型社会救助制度建设至关重要。另一方面，就社会救助服务体系而言，其创新改革的指导方针应是管办分离、社会参与，并借助社会参与建立需求导向的服务递送方式。管办分离是指社会救助行政与具体业务经办要分开，由于社会救助是政策性很强的社会保障事业，因此，有必要根据管办分离的方针建立专业的社会救助经办机构，可以考虑在中央和省市二级建立社会救助经办中心，负责指导下一级社会救助经办机构，再按需要在街道和乡镇设立派出机构，具体承办社会救助业务，这有利于资源的优化配置、整体效能的发挥和救助项目间的协调，实现基层社会救助工作的综合性与一体化。此外，还要建立"一口上下"的救助服务平台，减少成本并提高效率。社会参与是指要充分调动社会力量参与社会救助事务，除了是强调各类非政府组织要参与社会救助外，还要强调社会工作者介入社会救助。未来我国在建设发展型社会救助制度的过程中，需要开展精准化救助、针对不同家庭的困难情况，给予有差异的救助组合，既包括现金，也包括各种救助服务，目的是帮助受助者增强能力以获得发展并摆脱救助，这就表明仅靠政府组织的力量是远远不够的，尤其是涉及服务型救助的准确提供时，就非常需要非政府组织发挥力量，因为这类组织直接接触社区的贫困者，了解他们的需要，能够保持信息畅通，工作方法灵活、效率高、态度热情，容易引导贫困者参与各项扶贫脱困活动并提升自我能力、加强自我管理。救助多元论等理论和国际经验都表明，我国急需大力发展救助类的非政府组织，使其和政府组织在社会救助方面形成良性互动。同时，还要让专业的社会工作者介入社会救助，2014年2月，国务院颁布《社会救助暂行办法》，首次明确要求应当充分发挥社会工作者作用，为社会救助对象提供社会融入、能力提升、心理疏导等专业服务。社会救助中社会工作者的介入有利于为救助对象提供有针对性的服务，可以使消极救助变为积极救助，最终实现助人自助。社会工作者的介入有助于增强救助对象的自我发展能力，激发救助对象的主观能动性，这种增能赋权的终极目标也有利于克服长期救助、贫困代际传递等问题，即有利于发展型社会救助制度的建设和完善。此外，社会工作者的介入还有利于改善救助对象的生活质量，基于救助对象的基本情况，社会工作者会分析救助对象问题产生的根源并通过调动整合社会资源，拓展到当前社会救助难以关照的领域，使社会救助从解决救助对象的生理需求向关照其心理和精神需求转变，从关注救助对象自身向关注救助对象的相关支持网络和所处社会环境转变，这在宏观层面上有利于提升社会救助的内涵，使其向发展型的制度安排迈进。总之，社会工作者介入社会救助有利于建构我国的发展型社会救助制度，能够实现社会救助促进发展的功能，应该借助社会工作者介入的机会，彻底改变现有的救助递送模式，建立以贫困者及其家庭的需求为导向的递送模式，为其提供符合其实际需要的有针对性的、综合性的"救助套餐"，通过各项社会救助制度和资源的有机组合去满足贫困家庭的需要，提升其发展的能力。为此，首先，要注重社会救助领域的专业社会工作人才队伍的建设；其次，要客观准确地定位社会工作者在社会救助中的角色，明确其服务提供者、策划评估者和倡导建议者的作用；最后，在介入社会救助时，专业社会工作者应该注重救助对象基本权益的维护，注重救助对象心理需求和社会需求的满足，同时要为社会救助政策的制定提供决策参考。①

关于发展型社会救助，存在两种误解：一是认为社会救助保障的是底层弱势群体，提供的是最低生活的保障，因此将发展作为社会救助的目标与特点似乎是悖论；二是认为发展型社会救助即促进救助对象参与劳动力市场，通过就业来自力更生。本书通过梳理理论和考察国际实践经验，提出发展型社会救助是指社会救助除了要满足受助者的基本生活需要并使其适度共享经济社会发展成果之外，还要具有并发挥积极的、促进贫困群体发展的功能和作用，使受助者最终从根本上摆脱贫困、融入社会。这个界定自然驳斥了以上两种误解性说法，因为这个界定的第一层含义是社会救助需要满足受助者的基本生活需要并使其适度共享经济社会发展成果，这说明社会救助不仅包括让受助者维持生存，还包括让他们渡过难关、摆脱困境，并适度分享发展成果，目前的"最低"水平只是一种策略性选择，而非社会救助的最终目标；这个界定的第二层含义是要具有并发挥积极的、促进贫困群体发展的功能和作用，而促进贫困群体发展，不能狭义地理解为促使受助者就业，虽然促进有劳动能力低保对象就业是我国发展型社会救助的重点，但是因为就业只能针对有劳动能力的受助者，而无法解决无劳动能力受助者的发展和融入社会的问题，发展型社会救助是指需要通过提供医疗、教育、养老等多种服务型救助措施促进受助者能力和素质的整体提升，使受助者获得发展并最终摆脱贫困、

---

① 张华、周勤："专业社会工作介入社会救助服务的研究与实践"，《第四届社会救助研讨会论文集》，2015年。

融入社会。

发展型社会救助的建构不仅有利于社会救助的自我完善,而且还会对社区建设、慈善事业与社会工作的发展带来益处。从制度的自我完善来说,发展型社会救助不是为了维持一个庞大的低收入群体,而是要通过满足受助者的基本生活需求和促进受助者能力和素质的提升使其脱离贫困,这有助于社会救助制度的完善和可持续发展。从与社区建设的关系来看,不少地方通过社区公益项目容纳低保群体和低保边缘群体等参与社区服务,为他们创造了服务社区与居民的平台,使他们提升了自我价值并获得了自信。通过社区服务,救助对象实现了从被动接受救助到向社区居民提供服务的角色转变,不仅得到了参与社区服务的报酬,同样还获得了服务社区带来的精神上和心理上的满足,会改变其自我封闭状态,促进他们的社区认同和社会融入,很多社区内的低保对象和困难群众有自卑的心理特点,同时比常人更加内向、敏感,他们有融入社区的强烈愿望,但又因自身问题惧怕被人看不起,因而封闭自我、顾影自怜。[①] 在发展型社会救助的建设过程中,社区发育和社会救助相得益彰,互相促进:社区的组织化促进了社区救助服务的拓展,而救助服务的实施与提供也促进了社区参与和受者归属感的形成。从与慈善事业的关系来看,近来政府高度重视慈善事业的发展,慈善事业的立法进程也在积极推进过程中,积极发展慈善事业并引入社会力量参与社会救助,既有利于扩展社会救助的资源,也可以提高社会救助的效率并提供多样化、个性化的救助服务,建设发展型社会救助需要政府和社会组

[①] 刘杰、袁泉:"发展型社会救助体系的理论建构及其实践探索",载王治坤、林闽钢主编:《中国社会救助:制度运行与理论探索》,人民出版社2015年版。

织之间的良性互动，也需要慈善事业的健康发展。从与社会工作的关系来说，发展型社会救助必然包含诸多社会工作的基本理念和价值，发展型社会救助的理念意识到了能力和心理问题既是个体陷入困境的表现，也是其摆脱困境的阻碍，在这样的问题意识下，发展型社会救助提出在满足受助者的基本生活需要之外，还需要提升受助者的能力并改善其心理状况；同时，发展型社会救助关注了个体生存的社会关系维度，把贫困群体融入社会和避免社会排斥作为其摆脱贫困的重要方式，而这样的手段不仅能有效实现基本的救助目标，还能产生更广泛的社会效益，因此，社会工作介入发展型社会救助非常重要，在救助对象的确定、救助进程的监控以及对救助对象的能力建设和心理舒缓方面，社会工作价值重大。[①]

总之，在剧烈的社会变迁与社会转型时期，应对贫困问题的最有效和最直接手段就是社会救助，不论是中华人民共和国成立初社会主义改造时期还是20世纪90年代末由计划经济向市场经济转型时期，面对凸显的贫困和弱势群体问题，社会救助的作用都非常重大。目前，我国经济发展进入新常态，经济结构将进一步调整，新型城镇化不断推进，这会造成复杂的贫困形势和问题。如何在对之前的制度进行反思的基础上构建能够促进受助者发展的、积极的救助制度并推进有效的社会救助实践，是重要且关键的课题。可以说，发展型社会救助制度在我国的建立，有助于实现补偿性和发展性社会政策的有机结合，可以帮助受助者彻底摆脱困境、改善生存状况并谋求独立与发展，还可以通过管理和服务体系的

---

① 刘杰、袁泉：“发展型社会救助体系的理论建构及其实践探索”，载王治坤、林闽钢主编：《中国社会救助：制度运行与理论探索》，人民出版社2015年版。

规范创新，实现社会救助绩效显著、政府有效治理和公民社会有序发展的共赢局面，对于社区建设、慈善事业和社会工作乃至整个社会治理体系而言都大有裨益。

参考文献

中文文献：

1. 白桦等："贫困老年人救助模式研究",中国（国际）老年健康论坛,http://www.cihfs.com,2005 年。
2. 北京师范大学课题组："中国社会救助体系改革研究报告",http://www.mca.gov.cn/mca/news/2003luntan/lunwen06.html,2003 年。
3. 蔡和平："哈茨改革能否扭转德国劳动力市场的颓势",《中国劳动》2007 年第 1 期。
4. 曹清华："德国社会救助制度的反贫困效应研究",《德国研究》2008 年第 3 期。
5. 曹淑芹："智利政府克服贫困的新举措",《拉丁美洲研究》2005 年第 4 期。
6. 曹扶生、武前波："国外城市反贫困理论研究综述",《城市问题》2008 年第 10 期。
7. 陈泽群："低保养懒人！：由指控低保户而显露出的福利体制问题",《社会保障研究》2007 年第 1 期。
8. 慈勤英、张建华："中央、地方与公民权利——中国城镇反贫困政策地区差异研究的综述与反思",《江海学刊》2007 年第 5 期。
9. 〔德〕卡尔·马克思：《资本论》,郭大力、王亚南译,上海三联书店 2009 年版。

10. 〔德〕卡尔·马克思:《马克思恩格斯选集》(第一卷),人民出版社 1972 年版。
11. 〔丹麦〕埃斯平·安德森:《福利资本主义的三个世界》,苗正民、滕玉英译,商务印书馆 2010 年。
12. 丁煜、李琴:"基于社区的城市贫困治理问题研究",《首届中国社会救助研讨会论文集》,2009 年。
13. 丁建定:"中国社会保障相关专业术语",载郑功成、〔日〕武川正吾、〔韩〕金渊明主编:《东亚地区社会保障论》,人民出版社 2014 年版。
14. 丁建定:"城市居民最低生活保障管理中的问题与完善对策——以武汉市武昌区最低生活保障制度实施为研究对象",《学习与实践》2008 年第 9 期。
15. 多吉才让:《中国最低生活保障制度研究与实践》,人民出版社 2001 年版。
16. 方巍:"发展型社会政策:理论、渊源、实践及启示",《广东工业大学学报(社会科学版)》2013 年第 1 期。
17. 房连泉:"拉美现代福利体制的形成与历史演变",载苏振兴主编:《拉美国家现代化进程及其启示》,知识产权出版社 2012 年版。
18. 付晓光:"泰国医疗制度:人人受益的 30 铢计划",《世界知识》2005 年第 17 期。
19. 付小平:"人力资本理论的形成与发展",http://www.chinaqking.com/%D4%AD%B4%B4%D7%F7%C6%B7/2009/64818.html,2009 年。
20. 费希宾、谢迪等:"有条件现金转移支付(CCT):减少当前和未来的贫困",http://iprcc.org/pdf/gjjpdtdwq.pdf,2009 年。
21. 冯华:"一些贫者从暂时贫困走向跨代贫穷",《人民日报》2015 年 1 月 23 日,第 17 版。
22. 冯英、聂文倩编著:《外国的社会救助》,中国社会出版社 2008 年版。
23. 傅征:"扶助弱势群体共圆中国梦",载王治坤、林闽钢主编:《中国社会救助:制度运行与理论探索》,人民出版社 2015 年版。

24. 高鉴国主编:《资产建设与社会发展》,社会科学文献出版社 2005 年版。
25. 高清辉:"城市最低生活保障的实质救助指标探讨",《厦门大学学报(哲学社会科学版)》2008 年第 2 期。
26. 顾昕:"泰国的医疗救助制度及其对我国的启示",《中国行政管理》2006 年第 7 期。
27. 顾昕:"为了公平与发展:东南亚地区发展中国家的社会救助",载顾昕著:《中国社会安全网的制度建设》,浙江大学出版社 2008 年版。
28. 关信平:"我国城市居民最低生活保障制度研究",载米勇生主编:《社会救助与贫困治理》,中国社会出版社 2012 年版。
29. 关信平:"中国综合型社会救助制度发展战略研究",载郑功成主编:《中国社会保障改革与发展战略(救助与福利卷)》,人民出版社 2011 年版。
30. 关信平:"完善我国综合性社会救助体系的基本原则和主要议题",《中国人民大学学报》2010 年第 5 期。
31. 郭存海:"巴西和墨西哥的'有条件现金转移'计划评析",《拉丁美洲研究》2010 年第 3 期。
32. 高冬梅:《新中国成立初期中国共产党社会救助思想与实践研究》,人民出版社 2009 年版。
33. 江树革、比约恩·古斯塔夫森:"国外社会救助的经验和中国社会救助的未来发展",《经济社会体制比较》2007 年第 4 期。
34. 〔韩〕李贤珠:"收入贫困的两面:贫困测量的实验性对策",《第十一届国际社会保障论坛论文集》,2015 年。
35. 韩克庆、郭瑜:"'福利依赖'是否存在?——中国城市低保制度的一个实证研究",《社会学研究》2012 年第 2 期。
36. 何文炯:"社会救助:优化配置兜住底",《第四届中国社会救助研讨会论文集》,2015 年。
37. 洪大用、房莉杰、邱晓庆:"强化政府责任,改进农村五保",《社会福利》2003 年第 12 期。

38. 洪大用：《转型期中国社会救助》，辽宁教育出版社 2004 年版。
39. 黄晨熹："城市低保对象动态管理研究：基于'救助生涯'的视角"，《首届中国社会救助研讨会论文集》，2009 年。
40. 江治强："我国社会救助建设的经验、议题与展望"，《首届中国社会救助研讨会论文集》，2009 年。
41. 江治强："经济新常态下社会救助政策的改革思路"，《西部论坛》2015 年第 4 期。
42. 焦培新："中国城乡统一的最低生活保障制度救助标准计发办法和调整机制的探讨"，《第十届社会保障国际论坛论文集》，2014 年版。
43. 康新营、张伯生："发展型社会救助制度创新研究"，《南北桥·人文社会科学学刊》2010 年第 2 期。
44. 黎民："我国社会救助资源分配的公平性研究"，《福建论坛》2008 年第 9 期。
45. 李曜、史丹丹编著：《智利社会保障制度》，上海人民出版社 2010 年版。
46. 李实："我国城市贫困的现状及其原因"，http://www.cass.net.cn/file/2005101446846.html，2005 年。
47. 李强："户籍分层与农民工的社会地位"，《中国党政干部论坛》2002 年第 8 期。
48. 李晓明："贫困代际传递理论述评"，《广西青年干部学院学报》2006 年第 2 期。
49. 李小尉：《新中国建立初期的社会救助研究》，社会科学文献出版社 2012 年版。
50. 李迎生、韩央迪、肖一帆、张宁："超越统合救助模型：城市低保制度改革中的分类救助问题研究"，《学海》2007 年第 2 期。
51. 李文编著：《东南亚：政治变革与社会转型》，中国社会科学出版社 2006 年版。
52. 李磊："新加坡与泰国医疗救助的经验及其启示"，《经济研究导刊》

2012 年第 3 期。
53. 李丹:"欧美国家的工作福利政策及其启示",《厦门大学学报(哲学社会科学版)》2008 年第 4 期。
54. 粟芳、魏陆等编著:《瑞典社会保障制度》,上海人民出版社 2010 年版。
55. 林闽钢、张瑞利:"农村贫困家庭代际传递研究——基于 CHNS 数据的分析",《农业技术经济》2012 年第 1 期。
56. 林闽钢:"城市贫困救助的目标定位问题——以中国城市居民最低生活保障制度为例",《东岳论丛》2011 年第 5 期。
57. 林卡、赵怀娟:"论生产型社会政策和发展型社会政策的差异和意蕴",《社会保障研究》2009 年第 1 期。
58. 罗云力:《西方国家的一种新治理方式——社会民主主义第三条道路研究》,重庆出版社 2003 年版。
59. 梁祖彬、肖萌:"社会救助就业福利政策研究",《首届中国社会救助研讨会论文集》,2009 年。
60. 刘纯阳:"西方人力资本理论的发展脉络",《山东农业大学学报(社会科学版)》2004 年第 4 期。
61. 刘继同:"英国社会救助制度的历史变迁与核心争论",《国外社会科学》2003 年第 3 期。
62. 刘杰、袁泉:"发展型社会救助体系的理论建构及其实践探索",载王治坤、林闽钢主编:《中国社会救助:制度运行与理论探索》,人民出版社 2015 年版。
63. 刘涛:"德国社会救助制度改革对我国低保制度的启示",《第二届中国社会救助研讨会论文集》,2011 年。
64. 刘振杰:"走向发展型社会救助的新福利时代",《行政管理改革》2014 年第 1 期。
65. 刘璐婵、林闽钢:"养懒汉是否存在?城市低保制度中'福利依赖'问题研究",《东岳论丛》2015 年第 10 期。
66. 〔美〕吉尔伯特等编:《激活失业者——工作导向型政策跨国比较研

究》，王金龙等译，中国劳动社会保障出版社 2004 年版。
67. 〔美〕米奇利："发展型社会政策：理论与实践"，载顾昕：《中国社会政策》，北京师范大学出版社 2006 年版。
68. 〔美〕加里·S. 贝克尔：《人力资本》，北京大学出版社 1987 年版。
69. 〔美〕西奥多·舒尔茨：《论人力资本投资》，北京经济学院出版社 1990 年版。
70. 〔美〕西奥多·舒尔茨：《对人进行投资——人口质量经济学》，首都经贸大学出版社 2002 年版。
71. 〔美〕雅各布·明塞尔：《人力资本研究》，中国经济出版社 2001 年版。
72. 〔美〕哈瑞尔·罗杰斯：《美国的贫困与反贫困》，刘杰译，中国社会科学出版社 2011 年版。
73. 〔美〕玛丽亚·康西安、谢尔登·丹齐革：《改变贫困，改变反贫困政策》，刘杰等译，中国社会科学出版社 2014 年版。
74. 马凤芝：《转型期社会福利的内卷化及其制度意义》，北京大学出版社 2010 年版。
75. 〔墨〕萨尔瓦多·埃斯科韦多·佐莱托："墨西哥机会均等项目：内容、机制与效果"。http://www.chinareform.net/2009/1231/749.html，2009 年。
76. 民政部救灾救济司编：《城市居民最低生活保障制度文件资料汇编（一）》，1998 年版。
77. 民政部：《中国东盟社会救助研讨会论文集》，2010 年版。
78. 彭华民等著：《西方社会福利理论前言》，中国社会出版社 2012 年版。
79. 秦睿、乔东平："儿童贫困问题研究综述"，《中国青年政治学院学报》2012 年第 4 期。
80. 乔晓春、张恺悌、孙陆军："中国老年贫困人口特征分析"，《人口学刊》2006 年第 4 期。
81. 钱宁、陈立周："当代发展型社会政策研究的新进展及其理论贡献"，《湖南师范大学社会科学学报》2011 年第 4 期。

82. 钱志鸿、黄大志:"城市贫困、社会排斥和社会极化",《国外社会科学》2004年第1期。

83. 〔日〕垣田裕介:"贫困安全网的再编?——日本贫困政策的新尝试",《第十一届国际社会保障论坛论文集》,2015年。

84. 时正新、廖鸿:《中国社会救助体系研究》,中国社会科学出版社2002年版。

85. 尚晓援、王小林等:《中国儿童福利前沿(2012)》,社会科学文献出版社2012年版。

86. 尚玥佟:"巴西贫困与反贫困政策研究",《拉丁美洲研究》2001年第3期。

87. 史威琳:"巴西的现金转移支付制度及对我国的借鉴意义",《首届中国社会救助研讨会论文集》,2009年。

88. 苏振兴主编:《拉美国家社会转型的困惑》,中国社会科学出版社2010年版。

89. 孙立平:《断裂——20世纪90年代以来的中国社会》,社会科学文献出版社2003年版。

90. 孙莹、周晓春:"我国城市贫困家庭子女青少年的教育救助问题研究",《中国青年政治学院学报》2004年第4期。

91. 唐钧:"中国的城市贫困与社会救助制度",《江海学刊》2001年第2期。

92. 唐钧:"城市低保制度、可持续生计与资产建设",《商洛师范专科学校学报》2005年第1期。

93. 唐钧:"社会政策的基本目标:从克服贫困到消除社会排斥",《江苏社会科学》2002年第3期。

94. 唐兴霖、周幼平:《整体型社会政策——对发展型社会政策的理性认识》,《学海》2011年第5期。

95. 童星、王增文:"农村低保标准及其配套政策研究",《天津社会科学》2010年第2期。

96. 王三秀:"英国促进贫困人群可持续就业政策及其借鉴",《中国行政管理》2011 年第 2 期。

97. 王三秀:"中外救助与就业促进联动模式比较及创新研究",载王治坤、林闽钢主编:《中国社会救助:制度运行与理论探索》,人民出版社 2015 年版。

98. 王永红:《美国贫困问题与扶贫机制》,上海人民出版社 2011 年版。

99. 王晓丹:"印度贫困农民的状况及政府的努力",《当代亚太》2001 年第 4 期。

100. 王作宝:"贫困儿童分类救助机制研究",载王治坤、林闽钢主编:《中国社会救助:制度运行与理论探索》,人民出版社 2015 年版。

101. 温俊萍:"印度农村就业保障政策及对中国的启示",《南亚研究季刊》2012 年第 2 期。

102. 苑涛:"欧洲社会福利理论中的中间道路学派及其影响",《南开学报》2000 年第 2 期。

103. 邬沧萍:"聚焦中国农村老年人贫困化问题",《市场与人口分析》2005 年第 2 期。

104. 吴小芳:"就饿业救助的制度设计及对中国的启示",《第四届中国社会救助研讨会论文集》,2015 年。

105. 项贤国:"民间组织参与社会救助的正当性与法制路径前瞻研究",《第四届社会救助研讨会论文集》,2015 年。

106. 肖萌:"发达国家的工作福利制对中国低保政策的启示",《中国青年政治学院学报》2005 第 1 期。

107. 徐丙奎:"西方社会保障三大理论流派述评",《华东理工大学学报》(社科版)2006 年第 3 期。

108. 徐丽敏:"国外福利依赖研究综述",《国外社会科学》2008 年第 6 期。

109. 徐世澄:"墨西哥的贫困问题和政府的扶贫政策",载丁玉灵主编:《世界发展调研:经济与社会》,经济管理出版社 2004 年版。

110. 徐世澄:《墨西哥革命制度党的兴衰》,世界知识出版社 2009 年版。

111. 徐月宾、张秀兰、王小波:"国际社会福利改革:对中国社会救助政策的启示",《江苏社会科学》2011 年第 5 期。
112. 亚洲开发银行:"在中国开展有条件现金转移支付项目的理据",http://www.mof.gov.cn/mofhome/guojisi/pindaoliebiao/diaochayanjiu/201304/t20130418_830099.html,2014 年。
113. 姚玲珍编著:《德国社会保障制度》,上海人民出版社 2011 年版。
114. 严晓:"印度劳动力就业政策及其启示",《改革与战略》2009 年第 11 期。
115. 杨冬民:"社会排斥与我国的城市贫困",《思想战线》2010 年第 3 期。
116. 杨立雄、陈玲玲:"发达国家社会救助制度改革趋势",《中国民政》2004 年第 9 期。
117. 杨立雄:《社会救助研究》,经济日报出版社 2008 年版。
118. 杨立雄:"最低生活保障标准计算方法实证调查及检验",《第二届中国社会救助研讨会论文集》,2011 年。
119. 杨立雄:"中国老年贫困人口规模研究",《人口学刊》2011 年第 4 期。
120. 杨团:"社会政策的理论与思索",《社会学研究》2000 年第 4 期。
121. 杨团、杨刚:"对中国农村社会救助政策的框架性思考",载高鉴国主编:《资产建设与社会发展》,社会科学文献出版社 2005 年版。
122. 杨雪冬:"新增长理论对人力资本理论的发展",http://www.china.com.cn/chinese/zhuanti/xxsb/545317.htm,2004 年。
123. 叶普万:《中国城市贫困问题研究论纲》,中国社会科学出版社 2007 年版。
124. 叶崇扬:"社会投资福利国家?论当代社会救助政策逻辑的转变",《第四届中国社会救助研讨会论文集》,2015 年。
125. 叶晓恬:"经济增长与社会发展:拉美国家的经验与教训",载谢立中主编:《经济增长与社会发展:比较研究及其启示》,社会科学文献出版社 2008 年版。
126. 尹乃春:"走向发展型救助:社会救助的制度转型与目标选择",《广西社会科学》2012 年第 1 期。

127. 〔意〕诺贝尔托·博比奥:《左与右:政治区分的意义》,陈高华译,江苏人民出版社 2012 年版。

128. 〔印〕阿玛蒂亚·森:"评估不平等和贫困的概念性挑战",《中国社会科学文摘》2003 年第 5 期。

129. 〔英〕安东尼·吉登斯:《超越左与右——激进政治的未来》,李惠斌、杨雪冬译,社会科学文献出版社 2003 年版。

130. 〔英〕艾伦·迪肯:《福利视角》,周薇等译,林闽钢校,上海人民出版社 2011 年版。

131. 于学军:"老年人口贫困问题研究",载中国老龄科学研究中心:《中国城乡老年人口状况一次性抽样调查数据分析》,中国标准出版社 2003 年版。

132. 岳宗福:"新中国 60 年社会救助行政体制的嬗变:回顾、思考与展望",《第一届社会救助研讨会论文集》,2009 年。

133. 赵晶:"百姓·民生——共享基本公共服务 100 题",人民网,http://theory.people.com.cn/GB/68294/117763/6982067.html,2008 年。

134. 郑秉文、齐传钧:"智利:即将走出"中等收入陷阱"的首个南美国家",载吴白乙主编:《拉美黄皮书:拉丁美洲和加勒比发展报告 2010—2011》,社会科学文献出版社 2011 年版。

135. 郑飞北:"农村儿童营养贫困与公共服务均等化",《中国农村贫困与社会发展论坛论文集》,2013 年。

136. 郑功成:《社会保障学——理念、制度、实践与思辨》,商务印书馆 2000 年版。

137. 郑功成等:《中国社会保障制度变迁与评估》,中国人民大学出版社 2002 年版。

138. 郑功成:"中国社会保障制度改革研究及理论取向",《经济学动态》2003 年第 6 期。

139. 郑功成:《中国社会保障改革与发展战略——理念、目标与行动方案》,人民出版社 2008 年版。

140. 郑功成:"当代社会保障发展的历史观和国际视野",载郑功成、〔日〕武川正吾、〔韩〕金渊明主编:《东亚地区社会保障论》,人民出版社2014年版。
141. 郑功成、杨立雄:"中国社会救助改革与发展战略:从生存救助到综合救助",载郑功成主编:《中国社会保障改革与发展战略(救助与福利卷)》,人民出版社2011年版。
142. 郑皓瑜:《拉美国家扶贫政策研究》,对外经济贸易大学出版社2013年版。
143. 张浩淼:"协调视角下的社会救助",《社会科学研究》2007年第2期。
144. 张浩淼:"我国城市贫困救助政策调整的动因探析",《理论探索》2008年第3期。
145. 张浩淼:"拉美国家的社会救助改革及其启示",《新视野》2010年第4期。
146. 张浩淼:"中国社会救助制度改革的新思考——基于发展型模式的视角",《黑龙江社会科学》2011年第4期。
147. 张磊:《中国扶贫开发历程》,中国财政经济出版社2007年版。
148. 张时飞:"加快健全低保制度亟待深化的问题及对策",《首届中国社会救助研讨会论文集》,2009年。
149. 张时飞、唐钧:"中国的贫困儿童:概念与规模",《河海大学学报》2009年第4期。
150. 张伟兵:"发展型社会政策理论与实践",《世界经济与政治论坛》2007年第1期。
151. 张友琴、肖日葵:"人力资本投资的反贫困机理与途径",《中共福建省委党校学报》2008年第11期。
152. 张敏杰:"工作福利政策及对中国的启示",《浙江社会科学》2006年第4期。
153. 章晓懿:"基于满足因病致贫人群需求的医疗救助制度完善研究",《首届中国社会救助研讨会论文集》,2009年。

154. 张秀兰、徐月宾:"中国发展型社会政策论纲",http://www.sociology.cass.cn/shxw/xstl/xstl37/P020070921343565318327.pdf,2011年。

155. 张志新:"中印两国农村劳动力转移进程的比较研究",《亚太经济》2010年第4期。

156. 张华、周勤:"专业社会工作介入社会救助服务的研究与实践",《第四届中国社会救助研讨会论文集》,2015年。

157. 中国国际扶贫中心:"墨西哥的有条件现金转移支付(CCT)项目",http://iprcc.org/pdf/gjjpdtdwq.pdf,2009年。

158. 钟仁耀:"支出型贫困社会救助制度建设:必要性及难点",《中国民政》2015年第7期。

159. 周怡:"贫困研究:结构解释与文化解释的对垒",《社会学研究》2002年第3期。

160. 周沛:"社会福利视野下的发展型社会救助体系及社会福利行政",《南京大学学报(哲学社会科学版)》2012年第6期。

161. 周蕾:"救助渐退思路下的国际救助制度经验与启示",《第三届中国社会救助研讨会》,2013年。

英文文献:

1. Abt Associates Inc. (2002), "Survey of Social Assistance in OECD Countries Cross-Country Paper", http://info.worldbank.org/etools/docs/library/78802/Fall%202002/elearning/fall2002/readings/pdfpapers/crosscountry.pdf.

2. Adema,W., Gray,D., Kahl, S. (2003), "Social Assistance in Germany", *OECD Labor Market and Social Policy Occasional Papers*, No. 58, OECD Publishing, 2003.

3. Aust A., Arriba, A.(2004), "Policy Reforms and Discourses in Social Assistance in the 1990s", paper presented at the ESPAnet Annual Conference, Oxford, http://www.ipp.csic.es/doctrab2/dt-0411.pdf.
4. Barrientos, A. & Santibanez, C.(2009), "New Forms of Social Assistance and the Evolution of Social Protection in Latin America", *Journal of Latin America Studies*, 41 (1) : 1-26.
5. Bauman,Z.(1998),*Work, Consumerism and the New Poor*, Buckingham: Open University Press.
6. Bayu Fajar Nugroho(2013), "Micro Financing: Peoples Entrepreneurs Credit (KUR) of Small and Medium Enterprises in Indonesia", http://www.sesric.org/imgs/news/image/675-s3-indonesia.pdf.
7. Bleses, P., Seeleib-Kaiser, M. (2004), *The Dual Transformation of the German Welfare State*, Hampshire, New York: Palgrave Macmillan.
8. BOS（2012）, "School Operational Assistance in Indonesia",http://www.ilo.org/dyn/ilossi/ssimain.viewScheme?p_lang=en&p_scheme_id=3149&p_geoaid=360 .
9. BOSDA（2012）, "Improvement Program: Enhancing Equity and Performance through LocalSchoolGrants", http://www-wds.worldbank.org/external/default/WDSContentServer/WDSP/IB/2012/06/13/000333037_20120613013418/Rendered/PDF/698700BRI00PUB0ngle0page0small0file.pdf .
10. Braithwaite, J., Grootaert, C., and Milanovic, B.(2000),*Poverty and Social Assistance in Transition Countries*, Macmillan, Basingstoke.
11. Burchatdt,T., LeGrand, J., and Piachaud,D.(1999), "Social Exclusion in Britain 1991-1995",*Social Policy & administration*,33(3) : 227-244.
12. Castel, R.(2000), "The Roads to Disaffiliation: Insecure Work and Vulnerable Relationships",*International Journal of Urban and Regional Research*,24(3) : 514-535.

13. Chan, Chak Kwan (1996), "Colonial Rule, Chinese Welfare Ideologies and the Reproduction of Social Policy:The Case of Hong Kong Security", Ph.D. diss., Sheffield University.
14. Clasen,J.(2005). *Reforming European Welfare States: Germany and United Kingdom Compared*,Oxford: Oxford University Press.
15. Costanza Biavasch,etc.(2012), *Youth Unemployment and Vocational Training*, http://ftp.iza.org/dp6890.pdf.
16. Cusmings, R.(1983), "Social Development:The Economic,the Political and the Normative Emphases", *International Social Work*, 26(1): 13-25.
17. Daguerre, A.(2008), "The Second Phase of US Welfare Eeform 2000-2006:Blaming the Poor Again?" *Social Policy&Administration*, 42(4): 362-378.
18. Didier Jacobs(1998), "Social Welfare System in East Asia:A Comparative Analysis including Private Welfare",Center for analysis of socil exclusion, London school of economics,case paper.
19. Diego Sanchez-Ancochea and Lauro Mattei(2011), "Bolsa Familia, Poverty and Inequality: Political and Economic Effects in the Short and Long Run", *Global social policy*,11: 299-318.
20. Driver,S., Martell,L.(2000), "Left,Right and the Third Way",*Policy and Politics*,28(2): 147-161.
21. Eardley, T., Bradshaw, J., Ditch, J., Gough, I., and Whiteford, P. (1996), *Social Assistance in OECD Countries (Volume I): Synthesis Report*, London: HMSO.
22. Elliott,D.(1993), "Social Work and Social Development:Towards an Integrative Model for Social Work Practice", *International Social Work*,36(1): 21-36.
23. Foucault ,M. (1984), "The Order of Discourse", in M. Shapiro, *Languages and Politics*, Oxford : Basil Blackwell.

24. Glewwe, P., Kassouf, A.F.(2009), "The Impact of the *Bolsa Escola/Familia* Conditional Cash Transfer", www.anpec.org.br/encontro2008/artigos/200807211140170-.pdf.
25. Graham, C.(1994), *Safety Nets, Politics, and the Poor: Transitions to Market Economies*, Washington, D.C.: Brookings Institution.
26. Grover C., Stewart J.(2000), "Modernizing Social Security? Labor and its Welfare-to-Work Strategy", *Social Policy&Administration*,34(3): 235-252.
27. Gustafsson, B., Deng,Q.(2011), "Dibao Receipt and its Importance Combining Poverty in Urban China", *Poverty & Public Policy*, 3(1): 1-32.
28. Harris,K. M.(1991), "Teenage Mothers and Welfare Dependency: Working Off Welfare", *Journal of Family Issues*,12(4): 492-528.
29. Hemerijck, A. (2015), "The Quiet Paradigm Revolution of Social Investment", *Social Politics: International Studies in Gender, State & Society*, 22(2): 242-256.
30. Howell, F. (2001), "Chapter 8 Social Assistance: Project and Program Issues" ,in I. Ortiz (eds.) ,*Social Protection in Asia and the Pacific*, Asian Development Bank, 2001.
31. Inter-American Development Bank(2003), *Social Development, Sustainable Development*, Washington D.C.:Inter-American Development Bank.
32. Joachim R.Frick, Olaf Groh-Samberg (2009), "Caim or not to Claim:Estimating non-take-up of Social Assistance in Gernmany and the Role of Measurement Error", http://www.diw.de.
33. *Key Indicators of Developing Asian and Pacific Countries*(2010)http://www.adb.org/documents/books/key_indicators/2006/pdf/tr01.pdf.
34. Kenworthy,L.(1999), "Do Social-Welfare Policies Reduce Poverty? A

Cross-National Assessment", *Social Forces*, 77(3) : 1119-1139.
35. Knuth,M.(2008), "Implementing the New Basic Allowance for Job Seekers in Germany" ,discussion paper, http://www.resqresearch.org/uploaded_files/publications/knuth3.pdf.
36. Laura B. Rawlings(2005), "A New Approach to Social Assistance: Latin America's Experience with Conditional Cash Transfer Programs", *International Social Security Review*, 58(2-3) : 133-161.
37. Lee,P. (1994), "Housing and Special Deprivation: Relocating the Underclass and the New Urban Poor" , *Urban Studies*, 31(7) : 1191-1209.
38. Levitas,R.(1998), *The Inclusive Society?Social Exclusion and New Labor*, UK: Macmillan.
39. Lloyd-Sherlock, P.(2008), "Doing a Bit more for the Poor? Social Assistance in Latin America", *Journal of Social Policy*,37(4) : 621-639.
40. Marshall, T.H. (1981), *The Right to Welfare and other Essays*, London: Heinemann Educational Books.
41. Mead,L.M.(1991), "The New Politics of the New Poverty" , *Public Interest*, Spring, 91:103-106.
42. Midgley,J. (1995), *Social Development:The Development Perspectives in Social Welfare*, London:Sage publications.
43. Midgley,J., Tang,K.L.(2001), "Social Policy, Economic Growth and Development Welfare" , *International Journal of Social Welfare*, (10) 4 : 244-252.
44. Midgley, J. (1997), "Social Work and International Social Development: Promoting a Developmental Perspective in the Profession" ,in Midgley (eds.), *Issues in International Social Work: Global Challenges for a New Century* ,Washington, DC: NASW Press.
45. Moore, J. (1987), "Welfare and Dependency ", Speech to Conservative Constituency Parties Association, September.

46. OECD Factbook (2009), *Economics, Environment and Social Statistics*.
47. Page,R. (1984), *Stigma*, London:Routledge & Kegan Paul.
48. Pearce,D. (1979), "Women, Work and Welfare: The Feminization of Poverty", in Feinstein,Karen Wolk(ed.), *Working Women and Families*, Beverly Hills,CA:Sage.
49. Pongsapich, Amara(2002), "Social Safety Nets: Programmes and Projects in Thailand", in Peter Whiteford(ed), *Towards Asia's Sustainable Development: The Role of Social Protection*, OECD.
50. Rawlinss, L., Rubio,G. (2005), "Evaluating the Impact of Conditional Cash Transfer Programs", *World Bank Economic Observer*, 20(1): 29-55.
51. Powell, Justin (2003), "Stigma",in Fitzpatrick, et al. (eds.), *International Encyclopedia of social policy, Routledge*, http://www.mpib-berlin.mpg.de/en/institute/dok/full/powell/stigma/stigmaPreprint Jpowell02.pdf.
52. Sherraden, M.(1998), "Rethinking Social Welfare: Toward Assets", *Social Policy*, 18(3): 37-43.
53. Sherraden, M. (1991), *Assets and the Poor: A New American Welfare Policy*, Armonk,NY:M.E. sharpe.
54. Sjoberg, G.,Williams,N., Vaughan,T., and Sjoberg,A.(1991), "The Case Study Approach in Social Research: Basic Methodological Issues", in J.Feadgin,T. Orum, and G.Sjoberg (Eds.) *A Case for the Case Study*,Chapel Hill: University of North Carolina Press,pp.27-29.
55. Torjman, S.(1996), *Workfare: A Poor Law*, http://caledoninst.org/Publications/PDF/10ENG.pdf.
56. Torfing, J.(1999), "Workfare with Welfare: Recent Reforms of Danish Welfare State", *Journal of European Social Policy*, 9(1): 5-28.
57. Townsend, P., Gordon,D.(2002),*World Poverty: New Politics to Defeat an Old Enemy*, The Policy Press.

58. US-SSA(2008), "Social Security Programs throughout the World: Europe", Vol. SSA Publication, Washington, DC.: Social security administration, Office of retirement and disability policy, Office of research, evaluation and statistics.
59. Wilem Adema(2006), "Social Assistance Policy Development and the Provision of a Decent Level of Income in Selected OECD Countries", OECD Social, Employment and Migration Working Papers, No.38.
60. Wilson,W.J. (1987), *The Truly Disadavantaged: The Inner City, the Underclass,and the Public Policy*, Chicago: the University of Chicago Press.
61. Wilensky, H.L., Lebeaux, C.N.(1995), *Industrial Society and Social Welfare*, New York: The Free Press.

附录 1

2013—2014 年成都市城镇低保家庭调查问卷

您好！本问卷调查是由四川大学"我国发展型社会救助模式研究"课题组的一项研究，旨在了解低保对象的生活及发展情况。本问卷中会问到一些您个人的情况和想法，但这项研究只作学术研究和政策分析使用，所有个人资料会绝对保密，不会公开发布，也不会提交给任何组织和个人。我们希望您都能回答，但对您实在不愿意回答的问题，也可以不回答。谢谢您的合作！

四川大学公共管理学院

一、个人及家庭基本情况

a1 您的性别是：1. 男□　　2. 女□

a2 您的年龄是_____岁。

a3 您的受教育程度是：

1. 没上过学□　2. 小学□　3. 初中□　4. 高中□

5. 中专/技校/职高□　6. 大专□　7. 本科□

8. 硕士及以上□

a4 您的婚恋状况是：

1. 未婚□　2. 已婚□　3. 离异□　4. 丧偶□

a5 以下职业技能您拥有的是：(可多选)

1. 驾驶□　2. 车工□　3 会计□　4. 计算机□

5. 外语□　6. 都不拥有□

a6 您的身体健康状况怎么样：

1. 很健康，几乎不生病□　2. 比较健康，很少生病□

3. 身体状况不是很好，小病不断□

4. 患有重病　□所患疾病是：_____

a7 您家里一共有_____口人，其中学龄前_____人，在校学生____人，老年人有____人，处于工作年龄阶段（学生除外）工作的有____人，不工作的有____人，不工作的原因是_____

a8 您家的主要经济收入来源是：

1. 最低生活保障金□　2. 退休金□　3. 打零工收入□

4. 固定工资收入□　　5. 亲友接济□　6. 其他□

a9 您的家庭年收入（包括政府救助资金在内）是：

1.1000 元以下□　2.1001—2000 元□　3.2001—3000 元□

4.3001—5000 元□　5.5001—10000 元□　6.10001 元以上□

a10 您家是否有贷款或欠债？（1 有□　2 没有□）如果有，是因何欠债？

1. 子女教育□　　2. 购买或租用住房□

3. 医疗支出□　　4. 其他_____

a11 您家一个月的生活支出总计约为_____元。

二、消费和生活状况

a12 您目前居住在什么地方：

1. 企业员工宿舍□　2. 私人出租屋□　3. 工作场所□

4. 自购房□　　　5. 自建房□　　　6. 借住亲友房□

7. 公租房□　　　8. 廉租房□　　　9. 其他 _____

a13 您居所内有哪些设施或工具：（可多选）

1. 阳台□　　2. 厨房□　　3. 微波炉□　　4. 油烟机□

5. 卫生间□　6. 热水器□　7. 电视机□　　8. 洗衣机□

9. 影碟机□　10. 音响□　11. 电冰箱□　　12. 空调□

13. 电脑□　14. 电动车□　15. 摩托车□

a14 您闲暇时最主要的活动：（可多选）

1. 做家务□　2. 玩手机□　3. 上网□　　4. 看电视□

5. 看书□　　6. 逛街□　　7. 打牌打麻将□　8. 体育运动□

9. 睡觉□　　10. 旅游□　11. 看电影□　12. 打游戏□

13. 其他（请注明）_____

a15 您平常患小病的就医方式是：_____，您患大病的就医方式是：_____。

1. 自己扛着□　2. 去药店买药□　3. 去小诊所治疗□

4. 去医院治疗□

a16 您最近一年看病就医的总费用是_____元，其中医疗保险报销_____元。

a17 您平均每周参加几次体育锻炼：

1. 基本不参加□　2. 1—2次□　3. 3—4次□　4. 5次以上□

a18 您会外出就餐吗：

1. 经常外出就餐□　2. 偶尔在外面就餐□

3. 基本都在家中自己吃饭□

a19 您和家庭成员之间关系相处得怎么样：

1. 很融洽□　2. 比较融洽□　3. 一般□　4. 不是很好□

a20 您有关系要好，联系密切的朋友吗：

1. 很多□　2. 比较多□　3. 比较少□　4. 没有□

a21 您在所居住的社区人际交情怎么样：

1. 彼此认识，关系融洽□　　2. 大多数认识，有的关系很好□

3. 只和个别人见面打招呼，不是很熟悉□

4. 和大所数人不认识，平常也没有交流□

三、个人获得救助状况与发展需求

a22 在您家庭遇到困难的时候，您一般能从以下哪些途径获得帮助（可多选）_____其中从_____、_____（选2项）获得的帮助最多。

1. 政府□　2. 工作单位□　3. 社区□　4. 亲戚□

5. 朋友□　6. 社会机构□　7. 得不到以上帮助，自己解决□

a23 您的家庭通过各种渠道已经获得的帮助有：

1. 现金资助□　　　2. 照料服务（如护理等）□

3. 心理及精神安慰□　4. 就业机会□

5. 基本生活物资□　　6. 其他_____

a24 您家获得的救助金种类有：(可多选)

1. 低保金□　2. 粮油帮困□　3. 医疗救助金□　4. 教育救助□

5. 廉租房补贴□ 6. 城乡困难群众临时补助□ 7. 其他____

a25 您领低保金多长时间了？

1. 一年以内□ 2.1—2年□ 3.2—3年□ 4.3—5年□

5.5—10年□ 6.10年以上□

a26 找到工作后你愿意还接受低保金吗？

1. 愿意□ 2 不愿意□

a27 今年一年中，对您家庭生活改善帮助较大的三项因素是：（不超过三项）

1. 低保补助水平提高□ 2. 养老金水平提高□ 3. 医疗救助□

4. 医疗保险□ 5. 廉租房补贴水平□ 6. 教育救助□

7. 工作收入增加□ 8. 社会帮困□

9. 城乡困难群众临时补助□ 10. 其他（请注明）_____

11. 都没什么帮助□

a28 您觉得在您家庭日常生活中，负担最重或最困扰您的一项因素是：

1. 物价水平提高□ 2. 子女升学负担□ 3. 家庭有成员患病□

4. 家庭有成员失业□ 5. 住房负担大□ 6. 其他_____

a29 您现在获得的帮助，能够解决家庭中所遇到的困难吗？

1. 完全能够□ 2. 基本能够□

3. 不太能够□ 4. 完全不能够□

a30 您获得的补助金主要花费在下列哪个方面？

1. 基本生活支出□ 2. 医疗支出□

3. 子女教育支出□ 4. 社交□ 5. 参加培训□

6. 找工作□ 7. 其他_____

a31 您对政府的低保和医疗、教育救助等各项救助政策了解吗?

1. 非常了解□　　2. 比较了解□

3. 一般□　　　4. 不太了解□　　5. 很不了解□

如果了解（选1、2、3），您是通过何种途径了解的?

1. 媒体□　　　2. 街道、居委会□　　3. 民政干部□

4. 亲朋告知□　　5. 其他□

如果不了解（选4、5），原因是：

1. 不关心这些信息□　　2. 信息获得途径少□

3. 宣传不到位□　　　4. 其他_____

a32 您觉得申请和领取低保以及其他的社会救助政策方便吗?

1. 非常方便□　　2. 比较方便□

3. 一般□　　　4. 不太方便□　　5. 很不方便□

如果不方便，那不方便的原因是_____

a33 您觉得低保和医疗、教育救助等各项救助金的发放及时吗?

1. 及时□　　2. 一般□　　3. 不及时□

如果不及时，那是哪一项或几项的发放不及时_____

a34 您对目前的低保及相关的救助制度：

1. 满意□　　2. 一般□　　3. 不太满意□（原因是：_____）

a35 您的家庭目前最迫切需要的帮助是：

1. 现金资助□　　　2. 照料护理服务等□

3. 心理及精神安慰□　　4. 就业机会□

5. 实物帮助□　　　6. 法律援助□

7. 其他帮助_____

a36 您对政府最低生活保障制度及其他救助制度的意见或建议：_____

四、孩子的基本情况

a37 您孩子目前的状况是

1. 上学□　　2. 工作□

a38 您的孩子在生活中是很乐观的吗？

1. 是□　　2. 一般□　　3. 不是□

a39 您的孩子享受了下列哪些救助？（可多选）

1. 学费减免□　　2. 教育贷款或助学金□

3. 学校免费营养餐□　　4. 公开考试费减免□

5. 信息科技的服务□　　6. 就业服务中心的服务□

7. 就业培训□　　8. 青少年创业支持计划□

9. 心理辅导等健康教育活动□　　10. 医疗救助□

a40 您的孩子在学习工作生活中愿意接受他人的帮助吗？

1. 愿意□　　2. 一般□　　3. 不愿意□

五、个人工作与收入状况

a41 您目前的就业状况

1. 全职工作□　　2. 非全职工作□　　3. 正在找工作□

4. 没有□（本题如果选 3 或 4，请直接跳至 a40 继续作答）

a42 您现在的就业类型是

1. 有编制职工□　　2. 合同制员工□　　3. 劳务派遣工□

4. 实习生□　　5. 临时工□　　6. 自己经营□

7. 小店铺或工厂的雇工□　　8. 散工□

9. 其他方式（请注明）＿＿＿＿＿＿＿＿

a 43 您的职业属于下列哪类：

1. 生产工人□　　　　　2. 后勤服务人员□

3. 专业技术人员□　　　4. 销售人员□

5. 办公室工作人员□　　6. 基层管理人员□

7. 中高层管理者□　　　8. 其他（请注明）＿＿＿＿＿＿

a 44 您的月收入是：

1. 300 元以下□　　2. 301—500 元□　　3. 501—1000 元□

4. 1001—2000 元□　　5. 2000 元以上□

a 45 您在工作单位是否参加了"五险一金"计划？（1 是□ 2 否□）如果有，每年缴纳的保险金金额是＿＿＿＿＿＿元，缴纳保险金对您的日常生活影响程度如何：

1. 基本无影响□　　　　2. 影响比较小□

3. 严重影响了当下正常消费和生活□

a 46 您在现在的工作岗位上工作了多久：

1. 1 年以内□　　　2. 1—2 年□　　　3. 2—3 年□

4. 3—5 年□　　　　5. 5—10 年□　　　6. 10 年以上□

a 47 您的这份工作发展前景如何：

1. 前景很好，上升空间很大□

2. 发展前景较好，有上升空间□

3. 虽然日趋稳定，但现状很不错□

4. 上升空间不大，对现状也不太满意□

a 48 选择工作时主要考虑以下那些因素：（可多选）

1. 工资高低□　　2. 工作难易□　　3. 工作环境好好坏□

4. 工作是否体面□　　5. 距家远近□　　5. 职业发展前景□

B 下列问题由访问员根据自己的判断与感受填写：

b1 根据您的调查，该家庭属于什么类型？（可多选）

1. 独居老人□　　　　2. 一老养一老□

3. 单亲或离异□　　　4. 有残疾人□

5. 有患重病或大病的家庭成员□　　6. 有劳教释放人员□

7. 近年遭遇过突发事件□　　　　　8. 其他特点_____

b2 您认为导致该家庭贫困的根本原因是什么？您认为帮助该家庭脱贫最有效方法是什么？

_____

b3 补充信息或感想：_____

附录 2

2013—2014 年成都市低保家庭访谈提纲

一、基本信息

1. 性别_____，出生年_____，家庭有无就业人员_____，若无原因是_____，_____年____月开始领取养老金

2. 您申请低保花了大概多长时间_____
   A.10 天以内　B.11—20 天　C.21—30 天　D. 一个月以上

3. 除了低保您是否申请了其他救助项目，如果有，它（们）是_____

4. 您家庭成员里是否有学生_____，有的话，是否享受教育救助_____

二、家庭的保障情况

1. 您领取低保金的主要原因是什么？除了低保金您有没有领取其他的救助？

2. 您认为现在成都市的低保金的水平能否满足您的最基本的

生活需求？能不能改善您的贫困状况？

3. 在您领取低保救助的过程中有没有感觉到受歧视，社区工作人员的服务态度怎么样？领取了低保救助后，您周围的人（如亲戚朋友）对您的态度有没有发生改变？您的家庭成员（如孩子）有没有感到难为情？

4. 您或您的家庭成员有没有在享受低保救助期间接受过社区或街道的就业指导或培训？您认为这种政策能否帮助您或您的家人找到工作？您是否愿意经常参加这种指导或培训？

5. 您有没有享受过社区一些服务性的救助项目，例如心理咨询？您有没有这方面的需求？

附录 3

2013—2014 有关成都市低保情况对社区工作人员的访谈提纲

一、基本情况

您的职位_____主要负责业务_____从事工作_____年

二、低保政策情况

1. 近几年社区的低保政策有什么样的新发展？有没有开展发展型的救助项目？

2. 目前社区接受低保救助人群构成是什么样的？（家里有老人的、家里有学龄儿童的、家里有重病或残障成员的等）

3. 根据您的判断，您认为现有的政策能不能帮助低保家庭解决基本的生活问题？能不能改善他们的贫困状况？（请说明原因）

4. 低保金除了上级政府的划拨还有没有其他来源，比如社会捐赠等？

5. 除了现金救助和实物救助社区是否对低保家庭进行过就业指导、就业培训等相关帮助？如果有，受助群体接受的态度怎么样?受助群体还有没有其他的服务型的救助需求?

6. 对于现有的低保政策您认为还有哪些地方需要改善?您有什么样的建议?

后　记

本书是本人国家社科基金青年项目"我国发展型社会救助模式研究"（批准号：13CSH107）的成果。通过该项目的研究，我提出了发展型社会救助的两层含义并澄清了关于此概念的一些误解，在借鉴国际经验的基础上，立足本土探讨了构建我国发展型社会救助制度的途径。在项目研究和书稿完成的过程中，经历了不少挑战和困难，我也曾迷惘无助、烦躁不安，好在一直坚持并努力，终于克服了各种困难，2016年6月项目顺利结项，并在此基础上完成了书稿。

在开展研究的过程中，因为调研的需要，我接触了许多低保家庭，这些家庭不仅收入短缺，而且面对医疗、教育、住房、就业等各方面的困境，他们的贫困是多维的。另外，低保家庭在表达对满足其基本需求的"工具性"救助方式的需要之外，还有对"情感性"救助方式的需要。因此，若仅仅从收入补偿的角度给予他们有限的现金救助，是难以满足他们的需要并帮助他们真正脱贫的。国外社会救助改革的经验表明，关注贫困群体的健康、教育、技能等人力资本，帮助他们进入劳动力市场或获得各种社会服务是大势所趋。我国社会救助应该向更加积极、发展型的制度迈进，在满足受助者基本生活需要外，还应具有促进贫困群体发展的作用，使其最终从根本上摆脱贫困。

在书稿完成之际，首先感谢国家社科基金项目的资助，感谢民政部社会救助司、四川省低收入家庭认定指导中心、成都市民政局等对本项目调研提供的帮助和配合；感谢导师中国人民大学郑功成教授一直以来对我的支持和鞭策，感谢博士后期间的合作导师南开大学关信平教授对项目成果提出的意见和建议，还要感谢南京大学林闽钢教授，四川大学罗哲教授、蒲晓红教授，华中科技大学丁建定教授等，他们对本人项目研究提供了支持并提出了许多宝贵建议；感谢我可爱的学生们，从课题开始到书稿完成，我所有的硕士研究生都参与其中，马朵朵、蔡志珍、杨尧、赵跃进以及许多本科生都参与了问卷调查和访谈，田华丽和秦嘉主要参与了书稿的文字校对和格式调整工作，感谢他们的辛苦付出。

最后，特别感谢我家人的理解和支持，因为研究和写作，他们分担了许多家务劳动，感谢他们的包容。还要感谢我的孩子，你的到来给我带了许多快乐和感动。愿你们永远幸福健康！

张浩淼

2016.7